Knaur
MensSana

Über die Autorin:

Martina Kaiser ist Journalistin und befasst sich seit vielen Jahren mit spirituellen Themen. Ihre große Erfahrung mit Seminaren, in denen sie Rituale als Mittel spiritueller und psychologischer Verwandlung einsetzt, inspirierten sie zu diesem Praxisbuch.

Martina Kaiser

RITUALE –
Quellen der Kraft

Knaur
MensSana

Besuchen Sie uns im Internet: www.droemer-knaur.de
Alle Titel aus dem Bereich MensSana finden Sie im Internet unter
www.knaur-mens-sana.de

Originalausgabe März 2005

Redaktion: Jutta Ressel, München
Umschlaggestaltung: ZERO Werbeagentur, München
Umschlagabbildung: Zefa
Satz: Pinkuin Satz und Datentechnik, Berlin
Druck und Bindung: Clausen & Bosse, Leck
Printed in Germany
ISBN 3-426-87230-7

2 4 5 3 1

Inhalt

3 Praxis der Rituale 71

4 Mit Ritualen das Leben gestalten: sich anbinden an den Großen Kreis 127

Rituale – ein Weg der Verbindung und Verwandlung

Rituale sind faszinierend. Selbst in unserer modernen Gesellschaft, die kaum mehr echte Rituale kennt, spüren viele Menschen die eigenartige Anziehungskraft, die Riten und kultische Handlungen auf uns ausüben. Die Bilder von indianischen oder afrikanischen Stammeskulturen, bei denen sich maskierte und bemalte Tänzer Generationen-alten Gesängen und Rhythmen hingeben, wecken auch in uns eine Sehnsucht danach, die allgegenwärtige Kontrolle einmal loszulassen und ganz archaischen und ursprünglichen Impulsen nachzugeben.

Wir kennen sie nicht mehr, die alte Welt der Rituale, die uns mit der wilden und göttlichen Seite der Welt in uns und um uns verbindet. Was für unsere Vorfahren noch selbstverständlich war, ist für uns *terra incognita*, ein unbekanntes Land, geworden. Für die europäischen Stammeskulturen – Germanen, Kelten, Balten und Slawen, um nur einige zu nennen – waren Rituale ein wichtiger Bestandteil ihrer religiösen Praxis. Vor etwa 1000 bis 1500 Jahren, vor der Zeit der Christianisierung, wurden auch hierzulande ekstatische Rituale praktiziert, die geprägt waren von intensiver Nähe zur Natur.

Heute sind diese Praktiken vergessen oder wurden in die bestehenden Religionen integriert. Wer heute Rituale wieder entdecken will, geht einen weiten Weg zurück und erforscht eine für heutige Maßstäbe neue Welt.

Ich selbst wurde zum ersten Mal vor vielen Jahren mit der Praxis spiritueller Rituale konfrontiert, als ich die US-amerikanische Hexen- und Heidenszene kennen lernte. In dieser spirituellen Subkultur, die sich auf die naturreligiösen Vorstellungen der vorchristlichen Kulturen bezieht, werden die

alten europäischen Ritualtechniken und -praktiken Schritt für Schritt neu entdeckt und entwickelt.
Nach zaghaften und etwas verschämten Anfängen allein im stillen Kämmerlein erlebte ich im Laufe der Jahre viele verschiedene Rituale mit den unterschiedlichsten Menschen. Anfangs fällt es nicht leicht, Zugang zu Ritualen zu finden. Schließlich gibt es in Europa kaum Überlieferungen und Traditionen, auf die wir uns berufen können. Wer sich für Rituale interessiert, dem bleibt nur das kreative Ausprobieren der eigenen Ideen und das genaue Beobachten der Ergebnisse, die sich während eines Rituals und auch danach einstellen. Ich erlebte Rituale, in denen praktisch nichts zu spüren war, aber auch solche, die ganz unerwartete Wendungen nahmen. Manche Rituale endeten mit Tränen der Dankbarkeit, andere veränderten das Leben der Beteiligten. Fast immer wurde etwas in Bewegung gesetzt – gerade als hätte man einen Wagen ins Rollen gebracht, der dann alleine weiterfährt.
Für mich sind Rituale ein Weg geworden, wieder in Kontakt zu mir selbst, zur Natur und zu dem zu kommen, was ich als »das Göttliche« definiere. Rituale sind nicht nur Werkzeuge, die mich dabei unterstützen, mein Leben selbst zu gestalten. Im Laufe der Jahre gab mir das Feiern der Rituale immer mehr Anregungen, mich zu entwickeln und all das zu entfalten, was zuvor Unentdecktes in mir schlummerte.

In dieser Zeit der schnellen Veränderungen und der zunehmenden Unsicherheiten sehnen sich viele Menschen nach einem individuellen und undogmatischen Zugang zu Bereichen des Lebens, die über die Welt des Alltags und Konsums hinausweisen und dem Leben Sinn und auch ein Ziel geben. Rituale sind ein sehr alter Weg der Rückbindung an das große Netzwerk des Lebens, das wir als »Natur« bezeichnen. In Ritualen finden wir keine fertigen Wahrheiten, sie ermöglichen es uns vielmehr, einen individuellen Weg zu beschreiten. So kann jeder Einzelne seine eigene Wahrheit entdecken, wenn

er bereit dazu ist. In Ritualen erleben wir wieder das Gefühl, dieser Welt anzugehören, stimmig und erwünscht zu sein und uns nicht gegen, sondern mit unserem inneren Rhythmus zu bewegen. Das macht stark und lebendig.
Rituale bereichern das Leben und sind ein Werkzeug, um sich wieder an jene Quellen anzubinden, aus denen die Lebenskraft aller sprudelt. Die Namen dieser Quellen sind dabei so unterschiedlich wie die Menschen, die diese Verbindung suchen. Es ist deshalb gleichgültig, woran man glaubt und welche Bilder des Göttlichen man bemüht, um wieder mit der Natur und ihren Kreisläufen in uns und um uns in Kontakt zu kommen.
Jeder Mensch kann Rituale feiern. Zum Gelingen eines Rituals bedarf es nur der Bereitschaft, sich einzulassen und nicht in der Rolle des Zuschauers zu verharren. Dann wird für jeden spürbar, dass Rituale »funktionieren«; sie bewirken Veränderungen, die gezielt angestoßen werden und denen man eine Richtung geben kann.
Natürlich gibt es auch ohne unser Zutun Veränderungen. Ein Baby wird geboren, eine Arbeitsstelle gewechselt, oder eine Liebe geht zu Ende. Ein Ritual hilft uns bei solchen Gelegenheiten, die Situation bewusst wahrzunehmen und im Kontakt mit unserer ureigenen Lebenskraft den Übergang in ein neues Dasein zu vollziehen. In Ritualen gestaltet man den Start in die Zukunft selbst. Man hält inne und stellt – bei Bedarf – die Weichen neu. Dabei wird man zunehmend mutiger und schränkt die eigenen Potenziale immer weniger ein. Rituale stärken so das Individuum, sie schaffen jedoch auch Gemeinschaft und Zusammenhalt, wenn sie in Gruppen gefeiert werden.

Mit diesem Buch soll Ihnen eine Art Handwerkszeug gegeben werden, mit dessen Hilfe Sie dann Rituale für Ihre eigenen Zwecke entwickeln können. In Kapitel 1 erfahren Sie einiges zur Theorie der Rituale, zu ihren Merkmalen, zu ihrer Erforschung in der Wissenschaft sowie zu den Ritualtypen, in die man all diese enorm vielfältigen Zeremonien unterteilt hat. Kapitel 2 gibt Ihnen Erklärungsversuche zur Wirkungsweise von Ritualen, ohne dabei jedoch zu weit ins Metaphysische auszuholen. Kapitel 3 handelt von der Praxis und vermittelt Ihnen konkrete Anleitungen zum Aufbau eigener Rituale. Und in Kapitel 4 erhalten Sie schließlich eine Vielzahl von Ideen, wie Sie im Kreislauf eines Jahres Rituale zu ihrer persönlichen Entwicklung und zur Feier der großen Lebensübergänge zelebrieren können und dabei in Einklang mit den Energien der Natur stehen.

Rituale sind klassisches Erfahrungswissen. Jedes Buch darüber ist nutzlos, wenn es nicht in die Praxis umgesetzt wird. Wir alle sind Pioniere bei der Arbeit mit Ritualen. Wie alte Teppichweber knüpfen wir an das an, was wir bereits haben, und verweben es mit unseren eigenen Fäden aus Wünschen und Vorstellungen. Das Vergangene integrieren wir in die Gegenwart, und daraus erschaffen wir dann eine lebendige Zukunft. Wir bringen dabei unsere gesamte Persönlichkeit ins Spiel – unser klares Denken, die starken Gefühle, die vielleicht etwas vage Intuition und die Begeisterung für Neues. Mit tiefstem Ernst und dennoch auch mit einem humorvollen Augenzwinkern tun wir das, was wir als Kinder so gern gemacht haben: Wir probieren aus. Und dabei wünsche ich Ihnen nun viel Spaß und Erfolg.

1

Theorie der Rituale

Merkmale eines Rituals

Viel Interessantes wurde bereits über das Thema »Rituale« geschrieben, doch bevor wir uns gleich näher mit dem theoretischen Aspekt befassen, werfen wir zunächst einmal einen Blick auf den Begriff des »Rituals« selbst. Was versteht man eigentlich unter einem Ritual?
Es ist gar nicht so einfach zu erfassen, was genau ein Ritual ausmacht und was eher der Alltagsroutine angehört. Ist Zähneputzen oder Händeschütteln schon ein Ritual? Können Gewohnheiten Rituale sein? Oder benötigt ein Ritual die Dimension eines katholischen Ostersegens oder einer muslimischen Pilgerreise nach Mekka, zu der sich Tausende von Gläubigen versammeln, um diesen Terminus für sich in Anspruch nehmen zu können?
Generell wird der Begriff überaus unterschiedlich definiert. Jeder Wissenschaftler oder Autor hat seine ganz persönlichen Vorstellungen von Ritualen; sie definieren sich durch die Art, wie er sich dem Thema annähert, und durch die Ziele, die er verfolgt. Um einen tieferen Einblick in die komplexe und vielfältige Welt der Rituale zu gewinnen, empfiehlt es sich also, Rituale mit Hilfe ihrer Merkmale zu erfassen und zu bestimmen.

Rituale sind Handlungen, die sich wiederholen

Das erste Merkmal, das vielen spontan einfällt, wenn sie an Rituale denken, ist ihre Wiederholbarkeit. Rituale sind »wiederholbare ... Handlungsweisen in Situationen, die in ganz bestimmter Weise als gleich gelten können«.[1] Rituale müssen also theoretisch, sowohl was den Ablauf als auch was Zeitpunkt und Umstände angeht, wiederholbar sein. Da dies ja nun auf die meisten Handlungen zutrifft, gehen viele Theoretiker davon aus, dass es sich in all diesen Fällen auch um Rituale handelt. Dies ist jedoch nicht der Fall.

Rituale haben einen tieferen Sinn

Ein wesentliches Merkmal des Rituals hat mit seiner Zielsetzung zu tun, das heißt, es muss einen tieferen Sinn haben. Somit ist ein Ritual also *nicht* in erster Linie sachlich bedingt oder eine reine Gewohnheit und es dient auch nicht dazu, einen Handlungsablauf zu vereinfachen, indem man ihn routinemäßig wiederholt.[2] Ein Ritual muss eine weitergehende Bedeutung für den jeweiligen Menschen haben, der es durchführt. Hände schütteln könnte also durchaus ein Ritual sein, allerdings nur dann, wenn die beiden Beteiligten ihrem Tun eine tiefere Bedeutung beimessen.
Doch woher stammt denn nun beispielsweise diese Geste des Händeschüttelns? Einem Fremden zur Begrüßung die rechte Hand – die Schwerthand – entgegenzustrecken, galt in früheren Zeiten als Zeichen, dass man unbewaffnet und bereit war, mit dem anderen auf Tuchfühlung zu gehen. Man begab sich buchstäblich »in die Hände« des Fremden. Händeschütteln ist also ein Ritual des Berührens und des Vertrauens, das damit einen tieferen Sinn erfüllt. Anders verhält es sich mit dem Zähne putzen, das als reine Routinehandlung aus unserer Definition herausfällt.

Im ländlichen Brauchtum gibt es auch heute noch viele traditionelle Rituale mit tieferem Sinn. Das Aufstellen eines Maibaums ist ein altes Symbol der Fruchtbarkeit, der Verbindung von weiblich und männlich, von Himmel und Erde. Schon die Kelten feierten Mairituale der Liebe und Lebenslust, die bis heute in den Festen zum 1. Mai Ausdruck finden. Andere regionale Bräuche besitzen zwar formal rituellen Charakter, der ursprüngliche Sinn ist jedoch häufig verloren gegangen. Adventskränze im Dezember hängen in jeder Amtsstube und jedem Wohnzimmer, doch wer erinnert sich noch an die eigentliche Idee, aus immergrünen Zweigen einen Kreis der Hoffnung zu winden, der in der unfruchtbaren Winterzeit daran gemahnt, dass das Leben ein Kreislauf ist und daher auch Aussicht auf neues Leben besteht?

Rituale verweisen auf verschiedene Wirklichkeiten

Die relativ oberflächliche Definition als »tieferer Sinn« reicht als Beschreibung für viele Rituale nicht aus. Es gibt Kulturen, deren gesamter Alltag von Ritualen geprägt ist. Warum pilgern Millionen Inder an einem bestimmten Jahrestag zu ihrem heiligen Fluss Ganges, um sich zu reinigen und zu erneuern? Warum versammeln sich Hunderttausende katholischer Christen in Lourdes, um Heilung zu finden?
Rituale spiegeln die Mythen eines Volkes und ihren Glauben wider. Die religiösen Mythen beantworten auf sehr unterschiedliche Weise die Frage, woher wir kommen und wohin wir gehen, welche Bilder des Göttlichen wir verwenden und welchen Sinn wir unserem Leben geben. Rituale sind die Praxis der Mythen, ihre Umsetzung in praktische Handlungen. Spirituelle Rituale basieren also darauf, dass jenseits unserer alltäglich erfahrbaren Welt noch ein Bereich existiert, der allerdings nur selten unmittelbar von uns wahrnehmbar ist. Rituale verweisen auf die »nicht-alltägliche Wirklichkeit«.[3]

Wir alle kennen diese Wirklichkeit. Wir verlassen nämlich die uns bekannte Welt während etwa eines Drittels unseres Daseins. Jeden Abend tauchen wir in eine ganz andere Dimension ein: in die Träume. Diese Welt der Träume markiert die Grenze unseres normalen Bewusstseins. Der Schlaf verweist auf eine völlig andere Ebene der Wahrnehmung und eine daran geknüpfte Wirklichkeit, die unser denkendes Bewusstsein nicht verstehen, kontrollieren oder beherrschen kann. Selbst wenn wir diese Grenze täglich überschreiten, messen wir dieser Ebene im Alltag keine Bedeutung bei. Für andere Kulturen – die australischen Aborigines zum Beispiel – ist die Traumwelt ungleich bedeutender, wichtiger sogar als das normale Alltagsbewusstsein. Ihnen gilt Letzteres als trügerisch und unwirklich. Für sie ist die Traumwelt die »echte« Wirklichkeit, während der Alltag nur als Produkt der Traumwelt erscheint. Die nicht-alltägliche Wirklichkeit ist der Ort des Geheimnisses, des Mysteriums, das unbekannte Land. Und genau zu diesem Land schlagen Rituale eine Brücke. Sie verbinden die alltägliche, gewohnte Welt mit der nicht-alltäglichen, meist unsichtbaren Wirklichkeit.

Rituale sind Brücken zwischen den Welten

Was für uns oft schwierig zu verstehen ist, gilt in anderen Kulturen als normal und alltäglich. Die Grenzen zwischen den Welten können bewusst überschritten werden. Rituale sind das Mittel dazu. Die Aufgabe eines Rituals besteht darin, Verbindungswege zwischen der alltäglichen und der nicht-alltäglichen Wirklichkeit zu schaffen, indem es einen geschützten Rahmen bietet. Den Zugang dazu finden wir in uns selbst. Durch rituelle Handlungen aktivieren wir unsere »sieben Sinne«, die alltäglichen wie auch die intuitiven. Mit ihnen können wir dann im Hüben ebenso handeln wie im Drüben, dem Raum jenseits der Grenze des alltäglichen

Denkens und Fühlens. Besteht diese Verbindung, ist die Brücke geschlagen, und sie lässt sich dann zur Kommunikation und Inspiration ebenso nutzen wie zu Veränderungen in den Welten selbst.

Rituale verweisen auf die Dimension des Göttlichen

Doch wozu braucht man überhaupt derartige Verbindungswege zur »anderen Seite« der Realität? Was suchen die Menschen in jenem Raum, der so schwierig zu verstehen und umständlich zu erreichen ist? Der Kontakt zur nicht-alltäglichen Wirklichkeit verbindet mit dem, was in allen Kulturen als »das Göttliche« bezeichnet wird. Welche Bilder und Namen für diese Transzendenz verwendet und welche Wege der Kontaktaufnahme beschritten werden, hängt vom Glauben der jeweiligen Ritualteilnehmer bzw. -teilnehmerinnen ab. Rituale sind stets in eine ganz bestimmte Weltsicht eingebettet, die von Kultur zu Kultur und von Zeitalter zu Zeitalter variiert. Im Folgenden wird in diesem Zusammenhang einfach von »Energie« die Rede sein, denn sie vermag jede Form und jedes Bild in unserem Kopf anzunehmen, die wir uns nur wünschen. Die Verbindung mit dieser Energie lässt uns eintauchen in die Urkraft des Lebens, die Galaxien ebenso bewegt wie Atome.

Rituale sind Gemeinschaftserlebnisse

Die meisten Gemeinschaften, die spirituelle Rituale zelebrieren, tun das miteinander, weil sie eine gemeinsame Weltsicht und den gleichen Glauben teilen. Christen erfahren in ihren kirchlichen Ritualen nicht nur die Verbindung zu ihrem Gott auf individueller Ebene, sie haben auch ein Gemeinschaftserlebnis, das auf demselben Glaubensinhalt und den gleichen

Bildern des Göttlichen beruht. Das Ritual verbindet den Einzelnen und die Gemeinschaft also mit den göttlichen Kräften in und um sich und stärkt auf diese Weise beide Aspekte. Die Gemeinschaft erhält ihre Grundlage durch ihre Verbindung zu den Mythen, Mysterien und Geschichten. Für jeden Einzelnen bedeutet dies eine schützende und stärkende Basis, Rückhalt und Unterstützung.

Rituale sind eine Form der Kommunikation

Rituale richten sich an einen Adressaten, der im Hier und Jetzt nicht unmittelbar erfahrbar ist. Somit handelt es sich um eine ungewöhnliche Kommunikation mit etwas Unbekanntem und in unserer Wirklichkeit Unsichtbarem. Im Kontakt zu jener höchsten Energie in ihren unendlich vielen Variationen und Wesenheiten verbinden wir uns mit Mächten und Kräften, von denen wir glauben, dass ihre Weisheit die unsere übersteigt und sie uns somit Hilfe, Rat und Unterstützung geben können. Es werden neue Quellen der Kraft, der Heilung und der Lebendigkeit nutzbar gemacht und Möglichkeiten des Erlebens und Verbindens mit dem geschaffen, was als das Mysterium, das große Geheimnis jenseits der so genannten Normalität liegt.

Die Kommunikation vollzieht sich dabei in zwei Richtungen: Wir senden oder sprechen einerseits aus, was uns bewegt, und versuchen andererseits, wahrzunehmen oder zu vernehmen, was wir an Botschaften erhalten. Gebete sind Beispiele für eine derartige Kommunikation, jedoch auch ekstatische Trancezustände, in denen durch die Vereinigung mit einer Gottheit deren Wille erforscht wird. Im Ritual ist Kommunikation grundsätzlich mit allem und jedem möglich. Es kann also Kontakt zur Energie von bestimmten Tieren, Pflanzen und Steinen ebenso aufgenommen werden wie zur Energie von Sternen, Engeln oder Feen.

Rituale gestalten Wirklichkeit

Rituale haben Auswirkungen, sie be-wirken etwas; darüber wird noch einiges zu sagen sein. Wenn wir uns entschließen, mit Ritualen zu arbeiten, gehen wir von der Grundannahme aus, dass die Welten, zwischen denen das Ritual eine Brücke schlägt, energetisch und ihrem Wesen nach miteinander in Verbindung stehen. Handlungen auf der Schwelle zwischen diesen Welten nehmen somit Einfluss auf beide Seiten. In Ritualen gestalten wir bewusst unsere Wirklichkeit auf der energetischen Ebene. Wie das genau vonstatten geht, darüber gibt das zweite Kapitel (siehe Seite 43 ff.) ausführlich Auskunft. Da wir selbst natürlich Bestandteil unserer Wirklichkeit sind, verändern Rituale in erster Linie uns selbst. Wir vertrauen uns den jenseitigen – und zugleich in uns befindlichen – Energien an im Vertrauen darauf, dass wir in jenen uralten Kräften geborgen sind und alles, was geschieht, unserer Entfaltung und Lebendigkeit dient. Rituale können sich aus diesem Grund nicht zufällig ereignen, sondern werden initiiert und geplant. Voraussetzung dafür ist ein konkretes, erreichbares und möglichst auch überprüfbares Ziel. Dieses Ziel wiederum setzt eine Entscheidung voraus. Es gilt, sich bewusst zu machen, was einem wichtig genug ist, um den Aufwand auf sich zu nehmen, ein Ritual zu planen und durchzuführen.

Rituale verbinden Dualität

Rituale stehen auf der Schwelle zwischen den Welten und in allen Welten zugleich. Im Chaos unserer inneren und äußeren Welt schaffen Rituale Ordnung, ohne jedoch dieses Chaos in seiner Lebendigkeit kontrollieren zu können oder auch nur den Versuch zu unternehmen. Aus dem Meer der unendlichen Möglichkeiten und Energien zirkeln sie einen abgegrenzten Raum, in dem wir handelnd in die Welt eingreifen können. Rituale bringen das Alltägliche und das Heilige zusammen. Sie sind eine Einladung an das Unvorhersehbare, an das Wilde, an die unkontrollierten Kräfte des Lebens selbst. Gleichzeitig bieten sie einen Rahmen, um dem Unwägbaren gewachsen zu sein und sich mit dem tieferen Sinn und der umfassenden Ordnung der Dinge zu verbinden.

Wir können Rituale immer neu erfinden oder auf Bewährtes zurückgreifen. Wir verbinden Innovation und Erneuerung mit Wiederholung und Tradition. Rituale geben Raum, einen Teil des Unerklärlichen zu begreifen, ohne es irgendwie festlegen zu müssen oder ewige Wahrheiten zu etablieren. In Ritualen erfährt jeder genau das, was seinen beziehungsweise ihren persönlichen Erfahrungen entspricht. Rituale sind einerseits geplant und werden gezielt durchgeführt, andererseits sind sie umso wirkungsvoller, je mehr Eigendynamik sie entfalten, je mehr das Unwägbare Einzug zu halten vermag. Sie sind eine Methode zur Veränderung und die Veränderung selbst, Mittel und Zweck in einem.

Wer sich nach diesen theoretischen Erwägungen bereits der Praxis zuwenden möchte, findet im dritten Kapitel (siehe Seite 71 ff.) ausführliche Beschreibungen von Ritualen. Wer sich dem Thema allerdings vertieft zuwenden möchte, liest nachfolgend einiges über Rituale in der Wissenschaft und die verschiedenen Ritualtypen, die so vielfältig in unterschiedlichen Kulturen zu finden sind. Das spirituelle Anliegen macht nun also zunächst weiter gehenden Erläuterungen zu Ritualen und ihren Funktionen Platz.

Rituale in der wissenschaftlichen Forschung

Rituale wurden von Seiten der Wissenschaft intensiv untersucht – vielleicht gerade wegen der Faszination für das, was außerhalb der engen Grenzen wissenschaftlichen Denkens liegt. So wurden in der Religionswissenschaft Rituale ebenso zum Thema wie in der Anthropologie, der Ethnologie, der Soziologie und der Psychologie. Im 19. Jahrhundert rückten im Zuge der Kolonialherrschaft und dem damit einhergehenden Kontakt zu naturnah lebenden Stammeskulturen – sie wurden als »Eingeborene« bezeichnet – Rituale verstärkt ins Zentrum des wissenschaftlichen Interesses. Man war auf der Suche nach einer umfassenden Erklärung für menschliches Verhalten. Rituale und Riten der Stammeskulturen in aller Welt sollten Erkenntnisse liefern, wo die Ursprünge und Anfänge religiösen Lebens generell zu finden sind. Die Forschung im 19. Jahrhundert war geprägt von christlichem, aufgeklärt wissenschaftlichem und kolonialem Denken. Rituale und die zugehörigen Religionen erschienen hier entweder als heidnischer Aberglaube oder als eine Art unterentwickelte, primitivere Vorstufe auf dem Weg zur rationalen, so genannten zivilisierten Welt. Ansätze dieses Denkens finden sich bis heute im Weltbild vieler Menschen und machen sich als Vorurteile allem Fremden gegenüber bemerkbar. Noch immer besteht im öffentlichen Bewusstsein die Tendenz, »modern« gleichzusetzen »mit Überwindung des Primitiven, mit Überlegenheit über die Stammeskulturen«.[4] Dabei wird völlig übersehen, dass auch Europa einst von Stammeskulturen samt ihrem Wissen geprägt war – ein Erbe, das allerdings hartnäckig verdrängt wird. Die Schwierigkeit der rationalen Wissenschaft im Umgang mit der Sphäre des Irrationalen – der Rituale – ist bis heute spürbar.

Im Zuge der Erforschung von Ritualen kristallisierten sich im Laufe des 19. und 20. Jahrhunderts drei grundsätzlich verschiedene wissenschaftliche Richtungen[5] heraus.

- Die **Religionswissenschaft** beschäftigte sich mit dem Zusammenhang von Religionen, Mythen und Riten der einzelnen Völker. Rituale, davon ging man aus, waren die zentrale Ausdrucksform von kulturellem Leben in allen Zivilisationen, von der Antike bis zur Gegenwart. Während Mythen die Frage klärten, wie ein Volk entstanden war und von welchen göttlichen Mächten es unterstützt oder bedroht wurde, übten die Rituale dieses Wissen durch praktische Umsetzung immer wieder ein, um es so zu vertiefen. Rituale waren also der direkte Ausdruck der Werte und Vorstellungen eines jeden Volkes und stellten dadurch die gemeinsame Grundlage für alle Mitglieder der Gemeinschaft dar. Aus Mythen und ihren zugehörigen Ritualen gingen die verschiedenen Religionen hervor. Religion und Ritual wurden hier stets als zusammengehörig betrachtet. Diese Form der Ritualforschung betont daher vor allem die spirituelle Aufgabe von Mythen und Ritualen, für die chaotischen, zufälligen und sich ständig verändernden Wirklichkeiten der menschlichen Existenz eine verlässliche Erklärung zu geben[6], die auch die »höhere Ebene« mit einbezieht. Rituale vermitteln das Gefühl von Gehaltensein in einem als willkürlich erfahrenen Weltablauf. Sie schaffen Identität, indem sie sich auf ein bestimmtes, gemeinsames mythisches Wissen beziehen, das durch seine ständige Wiederholung zu einer gemeinsamen Wahrheit wird. Gerade bei Kulturen, die keine Schrift kennen, dienen Rituale der lebendigen Erinnerung von Glaubensinhalten, die auf diese Weise regelmäßig wiederholt werden.

- Die zweite Richtung in der Ritualforschung entwickelte sich aus dem **soziologischen Blick** auf das Leben in Gemeinschaften. Hier wurde der religiöse Aspekt fast völlig ignoriert und stattdessen untersucht, inwieweit Mythen und Rituale dazu dienen, eine Gemeinschaft hervorzubringen, sie zu erhalten und zu stabilisieren. So gesehen entsteht eine Gemeinschaft, indem sich ihre Mitglieder auf gemeinsame Ursprungsmythen beziehen, welche die Herkunft der Gruppe als Folge der Erschaffung durch bestimmte Götter oder andere übernatürliche Kräfte erklären. Alle berufen sich auf diese gemeinsame religiöse Basis und haben so denselben mythischen Ursprung. Es prägt sich eine Gruppenidentität aus. Die religiöse Grundlage definiert, wer zu dieser Gruppe gehört und wer nicht, welche Regeln von wem zu befolgen sind, und was geschieht, wenn jemand sich nicht an diese Normen hält. Auch der Aufbau der Gesellschaft, die gesellschaftlichen Privilegien und die Zuweisung von »höheren« beziehungsweise »niederen« gesellschaftlichen Rollen wurde und wird legitimiert, indem man ihnen einen »göttlichen Ursprung« zuschreibt. Das Kastensystem in Indien ist dafür ebenso ein Beispiel wie die unterlegene Rolle der Frau im christlichen Mittelalter, die damit begründet wurde, dass Frauen als Nachfolgerinnen der »gottlosen« Eva per se sündig und daher dem Mann untergeordnet sein müssten. Rituale stützen also ein bestimmtes, in jeder Gemeinschaft anderes Wertesystem. Da die meisten Gesellschaften eine ungleiche Verteilung von Rollen aufweisen, die dem Einzelnen verschiedene Rechte, Pflichten und Entfaltungsmöglichkeiten zugesteht, haben Rituale hier eine wichtige Funktion der Befriedung. Sie kanalisieren sowohl die Gefühle von Unterdrückung und Angst auf Seiten der Benachteiligten als auch die Schuldgefühle auf der Seite der Privilegierten. Der traditionelle, so genannte Sündenbock ist ein Beispiel für ein Ritual, das derartige Energien kanalisiert. Rituelle Tieropfer – in der Nachfolge von Menschenopfern – hatten die Aufgabe, alle Vergehen der Gemeinschaft mit sich in

den Tod zu nehmen. Sämtliche Hass-, Neid- und Aggressionsgefühle lassen sich auf den jeweiligen Sündenbock projizieren. Fehlen Rituale dieser Art, suchen sich Wut und Frustration in der Bevölkerung andere Opfer, wie sie in der europäischen Geschichte in Form von Pogromen gegen Randgruppen – Juden, Hexen oder Zigeuner etwa – stattfanden. Hier fehlten entsprechende positive Rituale, welche die »Fremden«, die Außenseiter in die herrschende Mehrheit integriert hätten.
Auch Rechtssysteme haben ihren Ursprung in der Religion. So begründete das germanische Rechtssystem seine Legitimation durch die Verbindung zu den Göttern und der germanischen Vorstellung vom so genannten Schicksal. Die muslimische Scharia ist ein aktuelles Beispiel für die Legitimation von Rechtssprechung aufgrund einer religiösen, der höchsten Instanz zugeschriebenen Quelle.
Rituale sind also, den Soziologen zufolge, ein Mittel, um bestimmte gesellschaftliche Systeme zu erhalten und zu untermauern. Doch auch der Wandel in Gesellschaften schlägt sich in ihren Ritualen nieder.

- Im Laufe der Entstehung der **Psychoanalyse** von Sigmund Freud (1856–1939) Anfang des 20. Jahrhunderts entwickelte sich die dritte wissenschaftliche Richtung, welche die psychologische Wirkung von Ritualen auf den Einzelnen sowie auf die Dynamik in Gruppen untersuchte. Neben den bereits erläuterten Gruppenprozessen sind Rituale mittlerweile fester Bestandteil der individualpsychologischen Praxis. Da sie, wie noch genauer zu zeigen sein wird, ein Mittel sind, um mit den eigenen unterbewussten Kräften in Kontakt zu kommen und dadurch einen Heilungsprozess in Ganz zu setzen, arbeiten viele Psychologen mit Ritualen. Ziel der Rituale ist es hier, seelische Verletzungen zu heilen, die ein Mensch in der Vergangenheit erlebt hat, deren Auswirkungen für den Betreffenden jedoch bis in die Gegenwart spürbar sind und sich als hinderlich oder zerstörerisch erweisen. Der rituelle Kontakt zu den tiefen Kräften des Unbewussten setzt Heilungsenergie frei.

Es bleibt also festzuhalten, dass Rituale auf das Individuum ebenso einwirken wie auf Gemeinschaften. Sie sind ein traditionelles, altes Mittel, um Religion zu praktizieren und Gemeinschaften zu stärken. Ihre Wirkung ist komplex und vollzieht sich auf verschiedenen Ebenen.

Fünf Typen von Ritualen

Rituale sind ein Bestandteil aller Kulturen. So vielfältig die Kulturen sind beziehungsweise waren, so groß ist auch das Spektrum an gefeierten Ritualen. Um nun einen Einblick in die verschiedenartigen Ritualpraktiken zu gewinnen, werden im Folgenden fünf zentrale Ritualtypen vorgestellt, die sich in ihrem Grundprinzip überall ähneln.
Jedes Ritual lässt sich dabei einordnen entweder als Ritual des Übergangs, als kalendarisches Ritual, als Ritual des Austausches oder als Ritual zur Wiederherstellung eines Gleichgewichts. Nichtreligiöse Rituale, wie sie bei uns häufig anzutreffen sind, gehören zu den »weltlichen« oder Alltagsritualen.

Rituale des Übergangs

Eigentlich sind Veränderungen ein Merkmal sämtlicher Rituale. Übergangsrituale[7] machen es sich jedoch ausdrücklich zum Ziel, Veränderungen zu bewirken. Ein gegenwärtiger Zustand wird in einem Ritual beendet und etwas Neues initiiert. Das Ritual selbst markiert den Übergang.

Pilgerfahrten waren seit jeher Rituale des Übergangs. Der Aufbruch aus der gewohnten Welt, die Begegnung mit dem Göttlichen, all das zusammen ermöglicht eine tiefgreifende, alle Bereiche erfassende Wandlung eines Menschen. Auch die **Visionssuche** markiert einen solchen Übergang und erfreut sich zunehmender Beliebtheit. Abgeschieden von der Welt erfährt der Suchende in seiner selbst gewählten mehrtägigen Einsamkeit göttliche Inspiration, die ihn in einen neuen Lebensabschnitt führt.

Die wichtigsten Rituale des Übergangs haben allerdings mit dem **Leben eines Menschen** in seinen verschiedenen Abschnitten zu tun. Geburt und Tod kennzeichnen Anfang und Ende unserer Existenz. Dazwischen durchlaufen wir zahlreiche Stadien des Wachstums und der Wandlung, die in der westlichen Kultur oft unbemerkt verstreichen, in anderen Zivilisationen jedoch ausführlich rituell begangen werden.
So gibt es beispielsweise Rituale, die bereits vor der Geburt eines Kindes begangen werden und mit dem Kinderwunsch und der Empfängnis zu tun haben. In einigen Regionen Chinas begleitet ein umfangreiches Ritual eine junge Frau, die sich ein Kind wünscht. In Begleitung der Schwiegermutter besucht sie den Tempel der für den Nachwuchs zuständigen Göttin, bringt ihr ein Opfer dar und bindet dabei das Foto eines Kindes mit einer roten Kordel an sich fest. Im Gebet bittet sie den Geist eines Kindes, zu ihr zu kommen. Aus früheren Zeiten kennt man auch im deutschsprachigen Raum zahllose »Kindleinbrunnen« wie zum Beispiel den Hollebrunnen auf dem Hohen Meißner in Hessen, wo noch vor hundert Jahren die jungen Frauen ein rituelles Bad nahmen, um die Seelen der »Kindlein« an sich zu ziehen. Außerdem galt der Storch als der Begleiter der Kinderseelen in diese Welt, deshalb »bringt« im Volksmund der Storch die Kinder.
Während man sich in den westlichen Kulturen darum bemüht, um eine Schwangerschaft kein großes Aufhebens zu

machen, gilt in fast allen anderen Kulturen diese Zeit als etwas Besonderes, ja Magisches. Eine Frau ist »in anderen Umständen« verbunden mit der »nicht-alltäglichen Wirklichkeit«. Die Rituale dienen hier meist dem Schutz der werdenden Mutter, des Kindes und der Gemeinschaft vor der unerwünschten Berührung durch die Geisterwelt.

Der Zeitpunkt der Geburt selbst ist wie der Tod ein zentraler Übergangsort eines Menschen. Die Begleitung durch Rituale, die der kleinen Seele den Weg ins Leben weisen und die Mutter in dieser existentiellen Situation schützen, sind darum überall von großer Bedeutung.

Ist das Kind dann geboren, wird es in fast allen Kulturen rituell von der Gemeinschaft aufgenommen. Die Zeremonie der Namensgebung, der Taufe, der Beschneidung der Söhne bei Muslimen und Juden, oder die Aufnahme eines Kindes in das hinduistische Kastensystem sind Beispiele dafür.[8] Taufrituale im weitesten Sinn kennzeichnen die Zugehörigkeit zu einer bestimmten Gruppe. Das Kind wird anerkannt und ist von nun an Teil dieser Gemeinschaft. Die Beschneidung eines Sohnes im jüdischen oder christlichen Glauben nimmt diesen aber nicht nur in die Gemeinschaft auf, sondern verbindet ihn zugleich mit dem Gott seiner Ahnen, dessen Schutz und Führung der Junge auf diese Weise anvertraut wird.

Eines der wichtigsten und grundlegendsten Rituale folgt später, wenn das Kind herangewachsen ist und der Übergang in das Erwachsenenalter zelebriert wird. Was bei uns Konfirmation, Jugendweihe oder die bestandene Führerscheinprüfung ist, feiern Stammeskulturen als Initiationsrituale. Dem jungen Mann beziehungsweise der jungen Frau wird durch das Ritual eine neue Identität verliehen, und zwar mit allem, was an veränderten Rechten und Pflichten als Erwachsener in der jeweiligen Gesellschaft einhergehen kann. Durch den Wechsel des sozialen Status wird derjenige ein verantwortliches Mitglied der Gesellschaft. Meist geht es darum, den Jungen in einem bestimmten Alter in den Kreis der Männer und das Mädchen nach dem Einsetzen der Menstruation in den Kreis der Frauen aufzunehmen und beide auf ihre jeweilige geschlechtsspezifische Rolle vorzubereiten. Oft gehört eine spirituelle Suche des Initianden nach dem Sinn und Ziel des Lebens als Erwachsener zum Ritual mit dazu.

Ein besonderer Stellenwert kommt den Ritualen bei einer Eheschließung zu. Es werden hier meist nicht nur zwei Menschen zusammengeführt, sondern traditionell gehen gleichzeitig auch zwei Familien eine Verbindung miteinander ein. Rituale der Fruchtbarkeit, der Liebe und des Verbundenseins bringen dem Paar Glück und Segen, und zwar sowohl was die weltliche Gemeinsamkeit angeht als auch in spiritueller Hinsicht. Die Verbindung der beiden Familien hat oft auch finanzielle, gesellschaftliche oder politische Konsequenzen. Hochzeitszeremonien bringen all diese verschiedenen Aspekte zusammen und bekräftigen die vollzogene Veränderung in der Öffentlichkeit.

Bei Frauen markieren die Wechseljahre den nächsten einschneidenden Einschnitt auf ihrem Lebensweg. Übergangsrituale zum »Wechsel« werden und wurden meist in reinen Frauengemeinschaften gefeiert. Gerade in Kulturen, in denen Frauen eine untergeordnete Rolle zugewiesen ist, wird der Übergang zum Alter, das Ende der Gebärfähigkeit, als Befreiung erlebt und geht oft auch mit größeren gesellschaftlichen Freiheiten einher. Die reife weise Frau spielt in vielen Gesellschaften eine wichtige Rolle und hat größeren Einfluss als zuvor.

Auch für Männer gibt es in diesem Zeitabschnitt Übergangsrituale, die sie meist aus bestimmten gesellschaftlichen Positionen oder Verpflichtungen entlassen, als Chef, als Häuptling oder beispielsweise als Bauer, der dann den Hof seinem Sohn übergibt.

Sterben, Tod und Begräbnis sind schließlich die letzten Anlässe für Rituale des Übergangs. Die Verstorbenen werden nun für immer verabschiedet und mit allem versehen, was sie für ihre letzte Reise benötigen – ein Geldstück für den Fährmann, ein Gebet für die arme Seele. Die Hinterbliebenen suchen Trost in ihrem Schmerz und Schutz vor der umherirrenden Seele. Noch vor zweihundert Jahren begleiteten auch bei uns umfangreiche Rituale einen Toten in die ewige Ruhe. Zum Abtransport des Verstorbenen aus dem Haus wurde ein Tunnel unter der Tür gegraben oder gar die Wand des Hauses aufgeschlagen und nach dem Abtransport der Leiche wieder zugemauert. Die Lebenden und die Toten sollten nicht denselben Weg ins Haus nehmen, schließlich könnten ja die Seelen an der Schwelle – dem realen Ort des Übergangs – hängen bleiben und als so genannte Wiedergänger den Lebenden Schaden zufügen. Den Begräbnis- und Trauerriten ging stets eine dreitägige Totenwache voraus.

Zusammenfassend lässt sich nun also sagen: Übergangsrituale helfen dem Menschen, die oft tiefgreifenden Veränderungen im Laufe seines Lebens besser zu verkraften. Jeder Übergang in eine neue Lebensphase bedeutet eine Überprüfung des Alten, eine Neubewertung und oft auch eine neue Zielsetzung. Die Unterstützung durch Menschen, die einen derartigen Wandel selbst schon erlebt haben, gibt in dieser unsicheren Zeit des Umbruchs Halt. Den Veränderungen wird so das Willkürliche genommen, sie erfahren eine Einordnung in das bestehende Wertesystem und werden in Verbindung zum Göttlichen gebracht und dadurch auf besondere Weise gewürdigt. Darüber hinaus stärken diese Rituale auch die Gemeinschaft, die sich wieder auf ihre gemeinsamen Werte besinnt und deren Zusammenhalt gefördert wird.

Kalendarische Rituale

Kalendarische Rituale verbinden Rituale mit einer bestimmten Jahreszeit und der darin vorherrschenden Energie.

Jahreskreisfeste spiegeln die Veränderungen, die sich im Lauf eines Jahres vollziehen, den Wandel von Licht, Wetter und Vegetation. Der Kreislauf der Natur mit Wachstum, Höhepunkt, Tod und Neuanfang geben dabei den Rhythmus von Prozessen vor, die das Leben der Gemeinschaft ebenso prägen wie das Leben des Einzelnen. Abschied nehmen, neu beginnen, entfalten und wieder loslassen, das erlebt jeder Mensch viele Male in seinem Leben. Rituale im Jahreskreis spiegeln diese Erfahrung wieder und wiederholen sie regelmäßig nach den Vorgaben der Natur: Aufschwung im Frühling, Entfaltung im Sommer, Reife im Herbst und Loslassen im Winter.

In bäuerlichen Gesellschaften sind die jeweils notwendigen Arbeiten in der Landwirtschaft und Viehzucht eng mit den Jahreszeiten verknüpft – das Hinausbringen der Viehherden und die Aussaat im Frühling, die Ernte sowie das Schlacht- und Opferfest im Herbst. Die Ordnung der Natur wird hier auf die Gesellschaft und ihre Individuen übertragen, wobei Rituale alles in Übereinstimmung bringen; der Mensch erlebt sich als eingebunden in die Gemeinschaft und in die größere Ordnung der Natur. Kalendarische Rituale orientieren sich entweder am Kreislauf der Sonne, der die Jahreszeiten bestimmt, oder am Zyklus des Mondes, der mit Voll- und Neumondphasen den Wechsel von Werden und Vergehen in kürzeren Zeitabständen durchläuft. Man spricht hier von solaren oder lunaren Ritualen (von lateinisch: *sol*, Sonne und *luna*, Mond). Da wir in unserer Kultur die Abhängigkeit und Verbundenheit mit diesen natürlichen Rhythmen nur noch am Rande wahrnehmen, spielen bei uns Jahreskreisfeste praktisch keine Rolle mehr. Schließlich kommt dem Agrarbereich in unserer Industriegesellschaft kaum noch Bedeutung zu, und auch die Technik, die in alle Bereiche des Lebens Einzug gehalten hat, trägt dazu bei, dass wir die natürlichen Rhythmen kaum mehr physisch erleben. Selbst der Bezug zu so grundsätzlichen Rhythmen wie Geburt und Tod fällt uns oft schwer; und es ist ja wohl auch wirklich nicht einfach, den Tod als die Vorstufe für einen Neuanfang zu begreifen.

Die kalendarischen Rituale fanden bei uns eine christliche Fortsetzung in den so genannten **Gedenkritualen**, die zwar ebenfalls an den Kalender gebunden sind, die jedoch keinen Bezug mehr zur Natur haben, sondern bestimmte historische oder mythologische Begebenheiten feiern. Die großen christlichen Kirchenfeste, die der Erinnerung an das Leben und Wirken von Jesus Christus dienen, wurden in Europa im Zuge der Christianisierung mit den vorchristlichen Jahreskreisfesten verknüpft. Die Geburt Christi verlegte die Kirche in Rom auf das Geburtsdatum des römischen Sonnengottes Mithras, dem *sol invictus*, der »unbesiegbaren Sonne« am 25.12. Für die germanischen Stämme konnte das Datum übernommen werden, denn sie feierten am 21.12., der längsten Nacht des Jahres, ihr Hauptfest, das Mittwinter- oder Julfest. Ostern mit seinen unchristlichen Symbolen von Hase und Ei wurde mit dem germanischen Frühlingsfest zu Ehren der Fruchtbarkeit bringenden Göttin Ostara oder Oestre[9] verknüpft.
Auch im Islam und im Judentum besteht eine Verbindung von Gedenkritualen und jahreszeitlichen Festen. Das jüdische Sedar-Fest verband das bäuerliche Frühlingsfest Matsah mit dem Pesah-(Passah-)Fest, das den Auszug des Volkes Israel aus der ägyptischen Sklaverei feierlich beging.
Gedenkrituale beschränken sich jedoch nicht auf religiöse Rituale; auch der 4. Juli, der amerikanische Unabhängigkeitstag, oder der Tag der Deutschen Einheit, der 3. Oktober, gehören dieser Kategorie an. Diese dienen natürlich nicht – wie oben beschrieben – dem Nacherleben der von der Natur vorgegebenen Ordnung, sondern der Erinnerung an ein Ereignis, das für ein Land oder eine Religion als wichtig erachtet wird. Sie stärken das Wir-Gefühl bei den Gruppenmitgliedern, die sich an den jeweiligen Gedenktagen auf ihre gemeinsame Vergangenheit beziehen.

Dem Soziologen Max Weber (1864–1920) zufolge sind Rituale eine Methode der Zeitbewältigung. Für kalendarische Riten trifft dies in besonderem Maße zu. Sie strukturieren das Jahr und sorgen dafür, dass man Kontinuität und Sicherheit erlebt, weil schließlich alles immer wiederkehrt. In diese Erfahrung eingebettet lassen sich dann Veränderungen besser annehmen und handhaben.

Rituale des Austausches

Rituale des Austausches dienen dazu, zur Ebene des Göttlichen, des Transzendenten, wie wir sie ganz allgemein bezeichnet haben, einen Kontakt herzustellen. Sie ermöglichen die Kommunikation mit jener höchsten Energie, die Feier der Gemeinschaft und die vertiefte Verbindung der Welten und Wirklichkeiten.

Opferrituale sind solche Rituale des Austausches. Geopfert werden meist Rauch und Düfte, Blumen und Kräuter, Nahrungsmittel und bestimmter Alkohol. Auch Blutopfer von Tieren sind noch verbreitet, und aus vergangenen Zeiten sind umfangreiche Praktiken von Menschenopfern auf der ganzen Welt bekannt. Ob man bereit ist, sie zu akzeptieren, hängt von den kulturellen Vorgaben ab. Die katholischen Christen zelebrieren in der Eucharistie, dem Abendmahl, im Gedenken an die Selbstopferung Christi, die Wandlung von Brot und Wein in Fleisch und Blut Christi, das dann symbolisch gegessen beziehungsweise getrunken und somit internalisiert wird.
Durch das Opfer erleben die Menschen die Gemeinschaft mit dem Göttlichen, die menschliche und die göttliche Welt treffen sich. Der Begriff »Opfer« kommt aus dem Lateinischen *sacrificium*. Dies wiederum stammt ab von *sacer facere:* heilig machen. Das Opfer wird geheiligt durch den Akt der Selbstaufgabe. Wer sich opfert, tritt in die Gemeinschaft des Gött-

lichen ein oder wird selbst zum Gott, im Christentum ebenso wie in vielen antiken Religionen. Der ägyptische Opfergott Osiris gehört ebenso zu den Göttern, die sich selbst zum Opfer darbringen, wie der germanische Wotan, der sumerische Dumuzi oder der griechische Attis. Das Opfer schließt den Kreis zwischen heiligem und profanem, also alltäglichem Raum. In ihm verschmelzen die Welten miteinander.

Opferhandlungen gibt es aus den unterschiedlichsten Motiven. So wird geopfert, um eine Gegenleistung zu erhalten. Das Geistergeld in China ist dafür ein schönes Beispiel. Künstliches Geld aus Papier oder Plastik wird in den Tempeln den Ahnen und Göttern dargebracht, um im materiellen Bereich ihre Unterstützung zu bekommen. Mit dem Opfer soll die Gottheit bei Laune gehalten oder zumindest gewogen gestimmt werden.

Opfer können eine Gottheit auch in ihrer Aufgabe stärken. Bei den Azteken in Mittelamerika bestand sogar die Vorstellung, die Gottheit könne ohne die energetische Unterstützung durch das Opfer selbst zugrunde gehen. Die teils exzessiven Menschenopfer dienten der Stärkung der gefiederten Schlange, des Sonnengottes Quetzalcoatl, der ohne die Energie der durch lange Zeremonien vorbereiteten Opfer seine Bahn zu ziehen sonst nicht mehr in der Lage wäre. Geopfert wurde hier also, um das eigene Überleben zu sichern.

Opfer wurden und werden jedoch auch ohne bestimmte Zielsetzung, ohne Zweckdenken dargebracht. Es handelt sich dann um Geschenke aus Dankbarkeit, um einen Ausdruck der Hingabe an das Göttliche oder um die Wertschätzung einer Sphäre, mit deren Wohlwollen das eigene Leben eng verknüpft ist. In vielen Kulturen werden Statuen symbolisch für die Gottheit gewaschen, gekleidet und genährt. Tanz, Gesang und Theater sollen die Götter erfreuen. Feste, Spaß und Unterhaltung gehören seit jeher zu Ritualen des Austausches.

In den Ritualen des Austausches akzeptieren die Menschen ihr Eingebundensein in größere Zusammenhänge sowie ihre

Abhängigkeit von Mächten, die sich einer direkten Kontrolle entziehen. Demütig wird neben der eigenen Stärke auch die eigene Begrenztheit angenommen.

Rituale zur Wiederherstellung des Gleichgewichts

Krankheit ist in unserem Denken stets ein körperlicher Mangel, dessen Ursachen dann logischerweise auch im Körper zu finden sein müssen: eine Virusinfektion, ein genetischer Defekt oder ein Knochenbruch. Haben wir Pech im Leben, machen wir den »Zufall« dafür verantwortlich. Wir bemühen ihn immer dann, wenn wir Vorgänge nicht zuordnen können. In spirituellen Kulturen wird hingegen das Auftreten einer Krankheit oder ein unglücklicher Umstand im Leben als Ausdruck eines Ungleichgewichts wahrgenommen, das nicht nur das Individuum, sondern auch die gesamte Gemeinschaft betreffen kann. Der eigentliche Zustand der Welt ist das Gleichgewicht, ein Zustand natürlicher Harmonie und Schönheit. Wird diese kosmische Ordnung gestört, kommt dies im Unglück Einzelner zum Ausdruck, jedoch auch zum Beispiel in Form von einem Unwetter, das die Ernte der Gemeinschaft bedroht. Rituale sind hier ein Mittel, um den ursprünglichen Zustand der Harmonie wieder herzustellen. Kosmische und individuelle Ordnung werden somit nicht als voneinander getrennt wahrgenommen; der Übergang zwischen der geistigen und der materiellen, körperlichen Wirklichkeit ist fließend.

Reinigungs- oder Bannungsrituale vermögen unerwünschte Einflüsse fern zu halten. **Heilungsrituale** behandeln Krankheiten als körperliche Manifestation einer geistigen oder seelischen Störung deshalb auf der energetischen Ebene. Traditionelle Heiler wie zum Beispiel Schamanen sind somit immer auch Mittler zwischen den Welten, die in Kontakt mit ihren

geistigen Helfern den Ursprung des Ungleichgewichts einer Krankheit auf der spirituellen, geistigen Ebene suchen.
Worin genau jedoch die Ursachen bestehen, die das Gleichgewicht gestört haben, wird von Kultur zu Kultur sehr unterschiedlich beantwortet. Der afrikanische Stamm der Ndembu, eine matriarchalisch organisierte Gesellschaft, in der Frauen – aber auch Männer – wichtige Funktionen inne haben, machen hauptsächlich die Geister von Verstorbenen für ihr Unglück verantwortlich. Bekommt zum Beispiel eine Frau keine Kinder oder hat sie häufig Totgeburten, so geht man davon aus, dass Verstorbene der mütterlichen Linie die Schuld tragen, denen die Nachfahrin nicht die nötige Aufmerksamkeit zuteil werden ließ. Ein sehr komplexes Ritual namens »Isoma«[10], soll die weibliche Linie versöhnen und dadurch die verärgerte Ahnin bewegen, ihrer Nachfahrin Fruchtbarkeit zu schenken.
Problematische Auswirkungen kann die Vorstellung eines zu behebenden Ungleichgewichts haben, wenn Einzelpersonen oder Gruppen von Außenseitern für ein bestehendes Unglück verantwortlich gemacht werden. Ein Sündenbock als Verursacher der Störung im Gleichgewicht ist schnell ausgemacht und muss dann herhalten, um die eigenen Anteile an der Störung zu verdrängen. Die Verfolgung von Hexen wurde damit begründet, dass sie durch ihre bloße Existenz an Unglücksfällen wie Hagelschäden, Pestausbrüchen und Naturkatastrophen die Schuld trügen.

Weitere Rituale zur Wiederherstellung des Gleichgewichts sind **Wetterzauber** und der **Exorzismus**, die christliche Variante der Austreibung von bösen Geistern. In diesem Zusammenhang gilt es allerdings anzumerken, dass die Besessenheit eines Menschen nicht überall als etwas Negatives gilt. So spielt Besessenheit durch Götter oder andere übernatürliche Wesen in ekstatischen Ritualen wie beim brasilianischen Condomble eine große Rolle.

Rituale zur Wiederherstellung eines Gleichgewichts dienen generell der Bewältigung von Krisen. Die Menschen erleben sich zwar als ausgeliefert und als schwach im Vergleich zur Macht der Götter, Geister, Dämonen und Ahnen, doch sind sie Bestandteil des Gesamtgefüges und somit in der Lage, mithilfe von Ritualen selbst in das kosmische Netz einzugreifen und darauf einzuwirken.

Weltliche und Alltagsrituale

Spirituelle Rituale bedürfen einer gemeinsamen religiösen Grundlage. Da der Glaube seit der Aufklärung bei uns immer mehr an Bedeutung verloren hat, dominieren in der westlichen Welt heute Rituale, die keinen religiösen Hintergrund mehr haben, sondern dazu dienen, andere »höhere Werte« zu demonstrieren und zu verankern.

Im Bereich der so genannten **weltlichen Rituale** bietet der Sport viele Gelegenheiten. Eine Fußballmannschaft schwört sich vor dem Spiel auf den Teamgeist ein, die Mannschaftskapitäne reichen einander vor dem Anpfiff die Hand als Zeichen der Fairness. Die Fans zelebrieren eine rituelle Siegesfeier. Die Olympischen Spiele, ursprünglich zur Unterhaltung der Götter erdacht, werden als ein Ritual der Völkerverständigung inszeniert. Millionen verfolgen, wie alle vier Jahre die olympische Flamme, das Symbol der Kontinuität des olympischen Geistes, rituell neu entzündet wird.

Auch im politischen Bereich werden weltliche Rituale gern und häufig eingesetzt. Je nach gesellschaftlicher Gruppierung fallen die Rituale allerdings sehr unterschiedlich aus. Während die Friedensbewegung ihre Tauben zu den alljährlichen Ostermärschen bringt, feiert die etablierte Politik die Entstehung des Grundgesetzes oder die Wiedervereinigung der beiden deutschen Staaten. Dabei werden rituell Landesflaggen gehisst und Nationalhymnen gesungen. Jede Kultur oder auch Subkultur erfindet eigene Rituale der Zusammengehörigkeit. Mittlerweile sind in Deutschland Rituale in die großen, gesamtgesellschaftlichen Institutionen von Staat, Recht und Wirtschaft[11] relativ wenig eingebunden. In den USA stellt sich das Bild anders dar, dort ist das politische Leben sehr viel stärker von weltlichen Ritualen geprägt.

Je mehr Emotionen durch ein Ritual ausgelöst werden, desto stärker ist seine Wirkung. Rituale können als Fokus für positive Gefühle so intensive Gemeinschaftsgefühle wecken, dass Menschen bereit sind, ihr Leben für die Gemeinschaft zu opfern; sie weisen dann der Gemeinschaft einen höheren Stellenwert zu als ihrem individuellen Dasein. Heldentum wird gern rituell beschworen. Rituale eigenen sich daher hervorragend als Mittel zur Stärkung und Bestätigung von bestehenden Machtverhältnissen und auch zur Ausgrenzung anderer. Die Dimension des Göttlichen oder Transzendenten lässt sich in weltlichen Ritualen durch eine Ideologie ersetzen, die dann als Fokus für positive Gefühle fungiert. Welche »höheren Werte« jeweils rituell gestärkt werden, hängt davon ab, wer sie definiert. »Frieden und Freiheit der westlichen Welt« können rituell ebenso gestärkt werden wie »der Kampf gegen den Monopolkapitalismus«. Damit sind Rituale tendenziell offen für persönliche und politische Nutznießung – für Machtpolitik eben.

In Deutschland herrscht gegenüber ausgeprägten politischen Ritualen noch immer ein berechtigtes Gefühl von Misstrauen – eine Folge der deutschen Erfahrungen aus der Zeit des Faschismus. Schließlich wurden damals Rituale im Dienst einer menschenverachtenden Politik gnadenlos missbraucht. Die rituelle Beschwörung des »totalen Krieges« und rauschartige Gemeinschaftserlebnisse in Form von Massenaufmärschen ließen die Menschen zu spät und sehr schmerzhaft aus ihrer Manipulation erwachen.

Das Bewusstsein, dass Rituale ein Mittel zur Durchsetzung bestimmter Interessen sein können, sollte jedenfalls immer im Hinterkopf präsent sein, wenn man sich mit diesem Thema beschäftigt. Fragen Sie sich vor einem Ritual deshalb immer, wer es kontrolliert und welche Interessen und »höheren Werte« verfolgt werden. Stimmen diese Werte mit den Ihren überein? Rituale basieren auf Vertrauen. Lassen Sie sich nur dann ein, wenn Sie als ganzer Mensch willkommen sind, wenn Sie in vernünftigem Rahmen mitbestimmen und Ihre eigenen Vorstellungen in ein Ritual einbringen können. Rituale müssen demokratisch und transparent sein.

Alltagsrituale werden hier nun nur noch der Vollständigkeit halber erwähnt, denn sie gehören, laut Definition und wie eingangs erklärt, nicht zu den eigentlichen Ritualen. Es geht dabei um Handlungen, die in unserem Alltag zwar immer wiederkehren, die wir jedoch ausführen, ohne groß darüber nachzudenken. Wir stehen morgens auf, wir verrichten die Morgentoilette, wir lesen die Zeitung und trinken Kaffee statt Tee oder umgekehrt. Derartige Handlungen sind Automatismen und Gewohnheiten – ersonnen, weil wir bestimmte Aspekte unseres Lebens nicht jeden Tag neu konzipieren können. Indem wir bestimmte Abläufe standardisieren, haben wir den Kopf frei für das, was sich nicht ständig wiederholt, was wirklich wichtig ist und durchdacht sein will.

2

Rituale selbst entwickeln

Spirituelle Rituale in unserer Zeit

Weltliche und Alltagsrituale finden sich in unserer Gesellschaft allenthalben. Vielen Menschen reichen sie jedoch nicht mehr aus, denn sie schöpfen nur einen Bruchteil des Potentials aus, das eigentlich in Ritualen enthalten ist. Wer das spirituelle Ritualangebot der etablierten Religionen – der Christen, Juden, Muslime und Buddhisten – wahrnehmen möchte, sollte allerdings die entsprechende Religion auch teilen. Ein Muslim hat kein Interesse an der Geburt Christi, und ein Jude feiert die Erleuchtung Mohammeds nicht; er bleibt bloßer Zuschauer, kann das Ritual nicht wirklich miterleben. Außerdem bietet die Gestaltung konfessioneller Rituale wenig Spielraum für individuelle Zielsetzungen und persönliche Entfaltung. Um sich von einer bestimmten Religion unabhängig zu machen und das Angebot zu erweitern, lohnt es sich also, Anregungen und Ideen anderer Kulturen zu nutzen. Doch stellt sich dann natürlich die Frage, inwieweit wir diese spirituellen Rituale überhaupt feiern können. Schließlich unterscheidet sich unsere Welt sehr von den Welten, in denen viele Rituale eigentlich zu Hause sind. Es fehlen uns zwei grundlegende Voraussetzungen:

- Wir haben keine gemeinsame Religion und keine gemeinsamen Werte mehr, die für alle gleichermaßen gelten und auf die wir uns beziehen könnten. In unserer Welt gibt es wenige eindeutige, sichere und verbindliche Wahrheiten, die wir uns nicht selbst geschaffen haben.

- Wir können uns auf keine Tradition berufen, die schon aufgrund ihres langen Fortbestehens eine bestimmte Gültigkeit hat. Althergebrachtes wird von uns ständig überprüft, ob es den wechselnden Anforderungen einer modernen Gesellschaft überhaupt noch standhält. Traditionelle Rituale existieren somit nur noch in Rudimenten. Uns bleibt heute bloß unsere Kreativität, um eigene Rituale nach unseren Bedürfnissen zu entwickeln und zu gestalten.

Was können Rituale nun aber für uns leisten?

Rituale als Fährschiffe zwischen Wildnis und Kultur

In unserer hochzivilisierten Welt können moderne Rituale einen Weg aufzeigen, wie wir die Segnungen der Kultur und Zivilisation mit unserer eigenen inneren Wildnis zu verbinden vermögen, für die wir sonst so wenig Raum haben. Die wilden, unkontrollierbaren, ja manchmal fast vergessenen archaischen Anteile und Energien in uns, die unbewusst wirken und eine Quelle der Kraft und Lebendigkeit darstellen, werden in Ritualen berührt. Rituale sind wie ein Fährschiff, das Wildnis und Kultur verbindet. Machen wir uns also auf die Reise und legen wir ab.

Strömungen nutzen

Im unkontrollierbaren Fluss der Zeit mit ihren sich ständig verändernden Anforderungen treiben wir oft hilflos umher.

Wie keine Generation vor uns sind wir einem immer schnelleren Wandel in Wirtschaft, Gesellschaft sowie im persönlichen Leben unterworfen. Es fällt oft nicht leicht, das Steuer des eigenen Lebens in der Hand zu behalten, alle Möglichkeiten zu überblicken und zu entscheiden, welchen Weg man einschlagen möchte. Rituale strukturieren aber nicht nur den Ablauf der Zeit, sondern geben uns – beispielsweise durch den regelmäßigen Wechsel der Jahreszeiten – auch das Gefühl, ein Stück Kontrolle über diese Zeitspanne zu haben, da wir sie bewusster erleben. Überprüfe ich im Herbst die Ernte dessen, was ich im Frühjahr gesät habe, und vergleiche das Ergebnis mit der Ernte des letzten Jahres, dann reflektiere ich bewusst den Weg, den ich bisher gegangen bin. In Ritualen wenden wir die natürlichen Rhythmen auf unser Leben an und lernen zu verstehen, dass Auf und Ab, Tiefschläge und Höhenflüge zusammengehören und sich auf dem Weg der Persönlichkeitsentfaltung nicht vermeiden lassen.

Bojen setzen

Das Feiern von individuellen Lebensübergängen hat in unserer Zeit nicht mehr die Funktion, einen Menschen in eine feststehende Gemeinschaft aufzunehmen. Doch gibt es uns als Individuen ein Gefühl des Überblicks, wenn wir wissen, wo genau wir momentan im Lauf unseres Lebens stehen. Wir nehmen uns und andere ernst, wenn wir bewusst akzeptieren, welche Veränderungen mit uns geschehen. Ob wir nun erwachsen werden, ein Kind bekommen oder ins Stadium der Altersweisheit eintreten – ein Ritual lässt uns wach und gezielt hinübergleiten, und wir lassen auf diese Weise jede neue Etappe auf unserem Weg die gebührende Ehre zuteil werden.

Eine Flotte bilden

Auch die Gemeinschaft – sie ist in unserer Zeit in der Regel eine Wahlgemeinschaft aus Freunden und Verwandten – freut sich über die Gelegenheit zu einem Fest und die Möglichkeit, Rückhalt und Unterstützung zu geben. Rituale fordern uns dazu heraus, einander zu vertrauen und uns gleichermaßen dem Leben anzuvertrauen. Auf dieser Basis können sich auch neue Gemeinschaften zusammenfügen und wachsen.

Das Ruder in die Hand nehmen

Allgemeine Rituale des Übergangs können zu jedem Anlass zelebriert werden, bei dem Veränderungen notwendig oder erwünscht sind. Eine neue Arbeitsstelle, eine neue Liebe oder ein neues Projekt können von Ritualen begleitet sein. Ein Ritual für eine Veränderung zu feiern setzt allerdings voraus, dass wir die Situation noch einmal gut überdenken, mit uns selbst tief in Kontakt treten und eine bewusste Entscheidung treffen, die unserem inneren Willen entspricht. Was im Ritual auf der energetischen Ebene umgesetzt wird, materialisiert beziehungsweise konkretisiert sich in einem zweiten Schritt in der Alltagswelt. In Ritualen erleben wir, wie wir unsere eigenen Entscheidungen treffen können in einer Welt, die sich unserem Einfluss in vielen Bereichen entzieht.

Ins Ungewisse aufbrechen

Trotz allen Wandels gibt es in unserer Gesellschaft zahllose ungeschriebene Regeln und festgelegte Weltanschauungen, an deren Gültigkeit wir selten rütteln, die uns jedoch in unseren Entfaltungsmöglichkeiten einschränken. Bei der Arbeit mit Ritualen stellen wir fest, dass wir die Grenzen unseres vorgegebenen naturwissenschaftlich-rationalen Weltbildes überschreiten müssen, weil die Wirklichkeit vielschichtiger und komplexer ist, als unser Denken sie erfassen kann. Uns bleibt somit nichts anderes übrig, als ins kalte Wasser zu springen und uns die Freiheit zu nehmen, Neues auszuprobieren: denkend, handelnd und fühlend.

Neue Ufer entdecken

Tabus dürfen im Ritual gebrochen werden. Da stehen Sie zum Beispiel zum ersten Mal in einem Kreis von Menschen und rufen gerade lautstark die Kräfte des Wassers an, und plötzlich kommen Spaziergänger vorbei und werfen Ihnen fassungslose Blicke zu. Wer Rituale feiert, braucht viel Humor und auch den Mut, sich manchmal lächerlich zu machen, weil er etwas Ungewohntes tut. Die Grenzen der Gewohnheit stehen zur Disposition. Sind Sie bereit, sie ein wenig zu *ver*-rücken? Sind Sie bereit für *Verrücktes*?

Sich den Gezeiten anvertrauen

Der große Strom des Lebens lässt sich nicht aufhalten. Wer seine Angst überwindet und das Denken als Kontrollinstanz loslässt, wird Teil dieses Stroms, Teil seiner Kraft und seiner Weisheit. Im Ritual dürfen Sie sich zeigen, wie Sie wirklich sind. Anfangs werden Sie wohl zu recht vorsichtig sein. Doch wagen Sie es, alle Zurückhaltung aufzugeben und sich schrittweise heranzutasten an die verlorene Wildheit. Machen Sie sich bereit zu weinen, zu schreien und zu brüllen. Vielleicht wollen Sie sich ja irgendwann ganz hingeben – bis zur Ekstase, ja bis zur Auflösung des Ichs. Sie dürfen auf die großen Kräfte des Lebens vertrauen, die Sie dorthin tragen, wo Heilung und Lebendigkeit wohnen.

Macht Ihnen diese Vorstellung jetzt Angst? Gut, denn dann sind Sie hier genau richtig. Hinter dieser Angst liegen nämlich Ihre Kräfte verborgen. Wer es nun wagt, seine blockierenden Ängste zu überwinden, vermag Neuland zu erobern.

Ein Ritual ist ein sehr altes Schiff, das wir in eine neue Zeit versetzen. Es ermöglicht uns:

- **Einbindung:** Wir erleben die Natur als Teil von uns und uns als Teil der Natur.
- **Integration:** Körper, Geist und Seele sind gleichermaßen beteiligt, wenn wir uns den Raum nehmen, der uns zusteht.
- **Transzendenz:** Wir entwickeln eigene Vorstellungen von dem, was in den Religionen als »das Göttliche« bezeichnet wird und *er*-finden eigene Verbindungswege dorthin.
- **Verantwortung:** Wir geben dem Leben genau den Sinn, den wir persönlich ihm zuteil werden lassen wollen, und handeln danach.
- **Gemeinschaft:** Wir lernen, anderen zu vertrauen, uns inspirieren und aus dem Gemeinsamen neue Gemeinschaften entstehen zu lassen.

Wie Rituale wirken

Im Folgenden sollen Ihnen einige Erklärungsansätze aufgezeigt werden, wie Rituale wirken können. Wir bewegen uns dabei wieder ein Stück weit über die Pfade des rein rationalen Denkens hinaus und beschäftigen uns auch mit weitergehenden Fragen des Göttlichen und der Energie. Anleihen machen wir bei der Weltanschauung all jener Kulturen, in denen Ri-

tuale ihr eigentliches Zuhause haben: bei den Weltbildern der Naturreligionen.[12]
Naturreligionen, wie wir sie von den nordamerikanischen indianischen Stammeskulturen her kennen und die vor der Christianisierung auch in Europa bei den keltischen, germanischen, baltischen oder slawischen Stämmen verbreitet waren, sind zwar außerordentlich vielfältig, basieren jedoch auf einigen sehr ähnlichen Grundannahmen, welche die Funktionsweise von Ritualen gut erklären können. Das westliche Weltbild erkennt die Wirksamkeit und den Wert von spirituellen Ritualen nur unzureichend an; es ist also nicht verwunderlich, dass unter diesen Umständen auch ihre Funktionsweise nicht erschöpfend dargestellt werden kann.

Die nicht-alltägliche Wirklichkeit anerkennen

Vernunft und Aufklärung, Wissenschaft und Rationalität – auf diesen Prämissen beruht das gesamte westliche Weltbild, nach dem die meisten von uns erzogen wurden. Wirklichkeit ist hier eindeutig definiert. Ist etwas »wirklich«, dann kann man es anfassen oder zumindest überprüfen oder berechnen. Ist das nicht möglich, handelt es sich um Phantasie, etwas Ausgedachtes, das deshalb nicht »real« existieren kann. Dazwischen gibt es im dualistischen Entweder-oder-Denken dieses Weltbildes keine Alternative.
Bei der Arbeit mit Ritualen tut sich jedoch ein anderer Raum auf, der auf eine Wirklichkeit außerhalb dieser beiden Kategorien verweist, ein Raum, in dem sich Phantasie und Wirklichkeit in erstaunlicher Weise mischen. Rituale arbeiten mit einer Wirklichkeit, in der sich das eindeutig Existierende und das eindeutig Ausgedachte treffen und eine Verbindung eingehen.
Dieser Ort – wenn man ihn so nennen will – ist ein mythischer Ort, der nur schwer mit dem begrenzten Verstand begreifbar

ist. Er ist nicht klar definierbar und dennoch definiert, und es klärt sich dort alles. In den Mythen der meisten Kulturen wird diese Dimension als der Ursprung jeglicher Existenz begriffen. Es heißt, dass dort all das entstünde, was wir als Wirklichkeit kennen. Rituale schaffen nun eine Verbindung zu diesem Ort, den wir ganz allgemein als nicht-alltägliche Wirklichkeit bezeichnet haben. Erreichbar ist dieser Ort fatalerweise nur dann, wenn man ihn gedanklich auch für möglich hält. Dem Zweifler entzieht er sich hartnäckig. Schließlich kann sich nur das ver-*wirklichen*, was von uns selbst als Möglichkeit erkannt wird. Unmögliches kann nicht geschehen. Bei vom rationalen Denken geprägten Menschen sind Zweifel an der Wirksamkeit von Ritualen an der Tagesordnung. Doch genau diese Zweifel entziehen dem Ritual dann meist seine Kraft. Können Sie glauben, dass es tatsächlich Feen gibt? Wer mit Ritualen arbeiten will, für den ist es hilfreich, die eigenen Vorstellungen zu erweitern und das, was »möglich« oder »wirklich« sein kann neu zu bestimmen.

Die Welt ist eine Kugel

In den Naturreligionen – und dort sind Rituale schließlich zu Hause – beginnt und endet alles mit unserer unmittelbaren Wirklichkeit: der Erde. Sie bestimmt unser Dasein vom ersten bis zum letzten Tag. Aus diesem Grund scheint es nur angemessen, auch bei Ritualen jene Prinzipien anzuwenden, die das Leben auf unserem Planeten bestimmen.
Dass die Erde eine Kugel ist, die sich dreht, wird heute wohl niemand mehr bezweifeln. Eine sich drehende Welt bedeutet jedoch Bewegung und Stillstand zugleich, da sie sich ja immer auf den gleichen Bahnen dreht. Somit verändert sich das Leben auf unserem Planeten zwar ständig, bleibt im Grunde aber doch immer gleich. Die Natur lehrt uns, dass sich das Leben nicht linear, sondern zyklisch, im Kreise abspielt.

Anders als ein Weltbild, das nur den *Fort*-Schritt und den *Rück*-Schritt kennt, bestimmt die Kreisbewegung alles, von den Atomen bis zu den Sonnensystemen. Es wird buchstäblich, aber auch im übertragenen Sinn alles von diesen großen Zyklen bewegt: Werden, Wachstum, Höhepunkt, Niedergang und Tod, dem, nach einer Zeit der Ruhe und Stille, eine neue Phase des Werdens folgt. In der Natur entspricht jedes Jahr diesem Schema; jede Generation Mensch, Tier oder Pflanze vollzieht diese Bewegung.

Symbole dieser Denkweise sind die Spirale und der Kreis. Beide Symbole finden sich vielfach in den Darstellungen naturreligiöser Völker. In der Bewegung einer Spirale kehrt alles immer wieder zu seinem Ursprung zurück, nur eben auf einer anderen Ebene. Wasser bewegt sich in Spiralen, Wind ebenfalls, und selbst unsere Gene sind spiralförmig angeordnet. Bewegung ordnet sich als Spirale. Auch im menschlichen Lebensablauf wiederholen sich die grundlegenden Rhythmen von Wachstum, Sterben und Neuanfang in allen Bereichen unseres Lebens immer wieder – in der Liebe, in der Arbeit und in unserer persönlichen Entwicklung.

Die Arbeit mit Ritualen trägt diesem Umstand Rechnung, indem sie zum einen in einem Kreis arbeitet und zum anderen nicht auf Fortschritt im klassischen Sinn abzielt. Dem spiralförmigen Weltbild zufolge liegt das Ziel eines Rituals in der Entfaltung. So wie das Samenkorn wurzelt, austreibt und sich in jedem Jahr ein Stück weiter zu dem entfaltet, was in seinem Keim steckt – zum Beispiel zu einem großen stattlichen Baum mit duftenden Blüten und reifenden Früchten –, so entfalten auch wir mit jeder neuen Kreisbewegung ein wenig mehr von den Gaben und Fähigkeiten, die uns zu Eigen sind. Jede Veränderung, die wir durchlaufen, dient unserer Entfaltung. Mit Ritualen forcieren wir deshalb nicht Fortschritt, sondern Entfaltung.

Alle sind Einzelne und Teile des Ganzen zugleich

Auf unserer Erdkugel leben wir bekanntlich nicht allein. In den Naturreligionen wurden aufgrund ihres Weltbildes nicht nur Bäume und Tiere angebetet, wie Klischees immer wieder behaupten. Die gesamte Natur mit all ihren Bestandteilen – von den Steinen über die Pflanzen bis hin zu den Tieren und Menschen – wurde als vollkommener Ausdruck der göttlichen Energie wahrgenommen. Die Erde selbst ist in diesem Weltbild ein hoch komplexer Organismus, dem menschlichen Körper ähnlich, in dem jedem Wesen eine wichtige Funktion zukommt, und zwar gleichberechtigt mit allen anderen, wie es bei den Körperorganen ja auch der Fall ist. Der Mensch hat in diesem Weltbild keine Sonderstellung inne und ist nicht höherwertig – so wie das Herz nicht höherwertiger ist als etwa die Lunge. Alles nimmt den Platz ein, der ihm gebührt. Die Natur selbst wird im Denken der Naturreligionen in ihrer Gesamtheit als heilig und vollkommen begriffen; deshalb gilt es, ihr mit Liebe und Ehrfurcht entgegenzutreten.
Der Begriff »heilig« hat mit *Heil*-Sein, mit Vollständigkeit und Ganzheitlichkeit zu tun. Heil-Sein bedeutet, so zu sein, wie es dem eigenen Wesen, dem innersten Kern entspricht. Es ist somit der ursprünglichste Zustand eines jeden Wesens vom ersten Augenblick seiner Entstehung an. *Heil*-ung ist dementsprechend der Prozess, in dem das Zerbrochene, Verlorene oder Zerstörte wieder heil und somit ganz wird.

Für die Arbeit mit Ritualen bedeutet diese Weltsicht, dass alles als heilig gilt, was in der Natur existiert. Die Unterscheidung zwischen Gut und Böse macht in diesem Zusammenhang keinen Sinn, denn alles, was ist, hat seine guten und schlechten Seiten; es ist nur eine Frage der Perspektive. So kann zum Beispiel der Tod eines Tieres ein großes Unglück für sein eigenes Volk bedeuten und zugleich ein anderes mit lebenswichtiger Nahrung versorgen. Unterscheidungen lassen sich allenfalls in Form von Kriterien wie »im Augenblick schädlich beziehungsweise hilfreich« treffen, und auch das ausschließlich aus der jeweiligen *individuellen Perspektive* betrachtet. Nichts ist absolut, alles ist relativ im Hinblick auf das wahrnehmende Subjekt zu sehen. Heilig ist in diesem Denken dementsprechend nicht nur das Licht, sondern auch die Dunkelheit, der Tod ebenso wie die Geburt. Jedes Leben ist in all seinen Schattierungen heilig und verdient dieselbe Achtung und Wertschätzung. Weder »wahr« noch »falsch«, weder »schön« noch »hässlich« machen im Ritual Sinn, denn alle Widersprüche und Gegensätzlichkeiten sind Bestandteile des Ganzen. Der Wert eines Menschen ist heilig und ihm von Geburt an gegeben, was aber für jedes andere Lebewesen auch gilt. Der Mensch entfaltet sich in seinem eigenen Tempo, eingebunden in den gesamten Organismus.

Das große Netz und seine Fäden

Wie funktioniert nun dieser Organismus, von dem wir ein Teil sind? Naturreligiöse Völker entwickelten dafür das Bild eines Netzwerkes. Man stellte sich die Welt als ein kompliziertes Geflecht von Zusammenhängen vor, in dem alles mit allem verbunden ist. Menschen, Tiere, Pflanzen, Götter – sie alle waren im Netz des Lebens unsichtbar mit einander verwoben. Veränderungen an einer Stelle dieses gigantischen Gewebes machten sich deshalb im gesamten Netz bemerkbar.

Die europäischen Mythen der Griechen, Römer und Germanen erzählen von drei Spinnerinnen und Weberinnen der Lebens- und Schicksalsfäden, die das große Netz knüpfen. Bei den nordamerikanischen Indianern ist die Rede vom »Netz der Spinnenfrau«. Auch die moderne Chaostheorie erklärt die Welt als ein komplexes System von gegenseitigen Wechselwirkungen. Das berühmte Beispiel vom Schmetterling, dessen

Flügelschlag am einen Ende der Welt einen Sturm am anderen Ende verursacht, verdeutlicht, dass wir alle in gegenseitiger Abhängigkeit stehen, die niemand wirklich zu kontrollieren vermag.

Die Vorstellung von so einem universalen Netz passt hervorragend zum Konzept des Rituals. Mit einem Netz ist die gesamte Welt verbunden, niemand kann aus ihm herausfallen, alle sind gut aufgehoben. Mithilfe von Ritualen sind wir nun in der Lage, uns gezielt in dieses große Netzwerk »einzuklinken« und damit in die enormen Energieströme der Natur. Wir verbinden uns mit den Kräften, welche die großen Kreisläufe vor Jahrmillionen hervorgebracht und seitdem aufrechterhalten haben. Und wir müssen uns bewusst machen, dass alles, was wir auf dieser runden Welt in das Netz einspeisen, irgendwann zu uns zurückkehrt. Für die Folgen tragen wir selbst die Verantwortung.

Alles ist Energie

Um nun die genaue Wirkungsweise von Ritualen im großen Netz der Natur nachzuvollziehen, bedienen wir uns des Begriffs der »Energie«. Von der Naturwissenschaft bis zur fernöstlichen Religion und Esoterik wurde und wird dieser Terminus äußerst vielseitig und in den verschiedensten Bedeutungen verwendet. Im asiatischen Raum spricht man vom *Chi* als dem Energiefluss durch den Körper oder vom *Prana*, das den Atem mit den Energieströmen in Zusammenhang bringt. In der westlichen Esoterik ist der Begriff der »feinstofflichen Energie« eingeführt. In fast allen Fällen liegt diesen Theorien die gemeinsame Vorstellung zugrunde, dass alles, was existiert, eine Form von Energie ist. Betrachen wir uns feste Materie genauer, besteht sie aus einzelnen Molekülen, die sich wiederum in Atome aufspalten lassen; diese teilen sich in Protonen, Elektronen und Neutronen, und jene wiederum bestehen aus Quarks, die im Grunde nur noch Schwingungen in einer ganz bestimmen Frequenz darstellen. Ob nun Licht, Wärme, Farbe oder Radiowellen – sie alle sind nichts als verschiedene Frequenzen von Energie. Energie ist es, die das große Netz formt, aus dem alles besteht. Materie ist in dieser Theorie eine ganz bestimmte, nämlich die »langsamste« Schwingungsfrequenz von Energie. Sammelt sich Energie an und wird stark genug, dann kann sie sich manifestieren, das heißt zu Materie verdichten. Unsere gesamte *an*-fassbare Wirklichkeit hat demnach energetische Vorläufer, die sich irgendwann ver-*wirklichten.* Das Sichtbare ist die Verkörperung des Unsichtbaren. Der Raum, an dem Energien ihre Gewichtung erfahren und ihre Richtung wechseln können, ist dann genau jener Ort, der zuvor als nicht-alltägliche Wirklichkeit bezeichnet wurde.

Daher arbeiten wir in einem Ritual auf der energetischen Ebene in der nicht-alltäglichen Wirklichkeit. Wir formen dort Energien, die ausreichend stark sind, um sich dann in unserer Wirklichkeit zu materialisieren.
Da der Mensch an sich ebenfalls Energie ist – aus dem asiatischen Energiekonzept stammt auch die Vorstellung, dass menschliche Wesen aus verschiedenen Energiefeldern bestehen, von denen die körperliche nur eine darstellt –, können wir mit unserer eigenen Energie arbeiten. Das Energiefeld des Menschen wird auch als »Aura« bezeichnet und besteht neben dem materiellen Körper aus Gedanken, Gefühlen sowie aus »höheren« göttlichen Energien. Im Ritual verwenden wir speziell die Energie unserer Gedanken und Gefühle, doch nutzen wir auch die mechanische Energie der Körperbewegungen.
Im Vergleich zur Ritualtechnik in Naturreligionen sind wir im Formen von Energien noch Anfänger. Wir sind Pioniere, Experimentierende auf dem vergessenen Betätigungsfeld der

Energiearbeit. Es gibt allerdings einige Erfahrungswerte, wie Energiearbeit effektiv funktioniert. Energie bewegt sich nämlich nach bestimmten Prinzipien, die wir uns zunutze machen können.

Wie sich Energie bewegt

Da die Energie im Zusammenhang mit Ritualen so bedeutsam ist, finden Sie nachfolgend einen Überblick über die wichtigsten Prinzipien.

Gleiche Energie zieht sich an

Das Prinzip des Denkens in Analogien, in Ähnlichkeiten also, war schon vor dem Mittelalter verbreitet. Die mittelalterliche Pflanzenkunde basiert ebenso darauf wie die moderne Homöopathie. Ähnliches bewirkt Ähnliches, lautet deren Leitsatz. So wurden früher gelbe Heilpflanzen bei Gelbsucht eingesetzt, rote Pflanzen als blutstärkend begriffen. Dass Walnüsse dem Gehirn förderlich sind, erkannte man an der Ähnlichkeit der Form. In der modernen Homöopathie wird ebenfalls Gleiches mit Gleichem bekämpft, so zum Beispiel Fieber mit einem fieberauslösenden Mittel, nur eben in sehr geringer Dosierung.

Doch warum zeigt dieses Prinzip Wirkung? Die Idee, die dahinter steht, ist Folgende: Eine bestimmte Energie erfährt ihre Manifestation auf verschiedenen Ebenen zugleich. Jene Energie, die sich in der Farbe Gelb widerspiegelt, manifestiert sich, vereinfacht ausgedrückt, in der gelben Farbe der Krankheit Gelbsucht wie auch in der gelben Färbung einer Pflanze; beide gelten damit automatisch als zusammengehörig. In unserem kausalen Denken, das auf Folgerichtigkeit basiert, existiert ein derartiger Zusammenhang zwischen Krankheit und Pflanze auf den ersten Blick nicht. Im naturreligiösen Denken

ist die Weltsicht jedoch ganz anders. Ein Sturm, ein tosendes Meer, ein wilder Kampf oder ein Zornesausbruch werden alle als das Ergebnis ein und derselben Energie wahrgenommen. Früher hätte man diese Energie vielleicht als Gott des Sturmes bezeichnet, der bei all diesen Vorkommnissen präsent ist. Man hätte nicht unterschieden zwischen den äußeren Vorgängen, sondern hätte ihren Kern – die zugrunde liegende Energie nämlich – registriert.
Krankheiten können somit Spiegelbilder von ähnlichen Energien der Psyche sein. Magengeschwüre bekommt jemand, der auch im übertragenen Sinn bestimmte Probleme »nicht verdauen« kann, Wirbelsäulenprobleme deuten auf Schwierigkeiten hin, »Rückrat zu zeigen«. Unsere Sprache kennt viele solcher Analogien. Etwas bleibt einem buchstäblich »im Halse stecken«, in der Wut speien wir »Gift und Galle«. Was im Kleinen geschieht, wirkt sich im Großen ähnlich aus. Dieses Prinzip der Analogie kommt nun also in Ritualen zur Anwendung.

Energie bewegt sich in Spiralen

Dass Bewegung spiralförmig verläuft, wurde bereits erläutert. Die Doppelhelix unserer Gene ist ein Beispiel dafür, dass sich Energie in Spiralen optimal bewegt und speichert. Die gemalte und bewegte Spirale ist daher ein überaus wirksames Symbol im Zusammenhang mit Ritualen.

Energie strebt ein Gleichgewicht an

In der Natur lässt sich beobachten, dass sich alle Systeme und Kreisläufe im Gleichgewicht befinden. Wird dieser Zustand gestört, dann setzen sich Mechanismen in Gang, die nach einer Weile extremer Auf- und Abbewegung zu einem neuen Gleichgewichtszustand finden.
In Ritualen kommt dieses Prinzip immer dann zum Tragen,

wenn ein Gleichgewicht verlassen wurde und wiederhergestellt werden soll. Vor allem in Heilungsritualen lässt sich gut damit arbeiten, denn eine Krankheit stellt, wie gesagt, einen Zustand dar, bei dem die Energien aus dem Gleichgewicht geraten sind. Ziel der Rituale ist jedoch der Zustand des Heil-Seins, in dem sich alle beteiligten Aspekte optimal entfalten können.

Symbole formen Energie

Symbole und Rituale gehören eng zusammen. Ein Symbol verkörpert das Prinzip der Ähnlichkeit von Energie. Ein Gegenstand aus der Alltagswelt erhält so eine Bedeutung, die über sich hinausweist. Die jeweilige Bedeutung des Symbols ist in der Alltagswelt allerdings nicht sofort erfahrbar. Es kann sich um eine Gottheit, die abstrakte Kraft der Liebe, des Glaubens oder der Zerstörung handeln – ein Symbol kann jede erdenkliche Bedeutung bekommen.
Symbole sind somit Repräsentanten. Alles kann zum Symbol werden, je nachdem, welche Bedeutung ihm zugewiesen wird: Formen, Farben, Tiere, Pflanzen oder Orte.
Dazu einige Beispiele: Das Dreieck steht für die christliche Dreifaltigkeit ebenso wie für den alchemistischen Prozess der Verwandlung. Die Farbe Rot kann Liebe oder Krieg bedeuten. Jeder kennt den Bären als Symbol der Stärke oder den Hasen, der für Fruchtbarkeit oder Ängstlichkeit steht. Bei den Pflanzen symbolisieren Eichen Stabilität, Rosen Schönheit. Unter den Orten ist Jerusalem den Juden heilig, Muslime verehren Mekka, Katholiken Lourdes.
In etwas Äußerem kann sich somit etwas Inneres offenbaren, in etwas Sichtbarem etwas Unsichtbares, in etwas Körperlichem etwas Geistiges. Symbole verbinden die verschiedenen Ebenen der Realität – Alltagswelt und nicht-alltägliche Wirklichkeit – miteinander.
Im Traum arbeitet unser Unbewusstes mit Symbolen, und

auch Mythen leben davon. Symbole eröffnen also einen Zugriff auf die Ebene des Unbewussten, die dem normalen Denken verschlossen bleibt.

Im Ritual werden Symbole und symbolische Handlungen benutzt, um die Energie zu mobilisieren, die das Symbol verkörpert, und zwar in uns wie auch um uns herum. Als bekanntes Beispiel seien hier die Puppen der Voodoo-Religion erwähnt, die bestimmte Personen verkörpern. Im Ritual übertragen sich die Energien, denen die Puppe ausgesetzt ist, auf den jeweils betroffenen Menschen. Meist geht es im Voodoo um Heilungsrituale, die »Schadenszauber« sind überwiegend ein Produkt westlicher Klischees.

Energie folgt Gedanken und Gefühlen

Nehmen wir das Energiekonzept ernst, müssen wir davon ausgehen, dass wir alle Energieformen unseres Lebens selbst produzieren. Doch wie machen wir das?
Gedankenbilder stellen eine Möglichkeit dar, Energie zu formen. Wir produzieren täglich Bilder in unseren Gedanken. Nur was wir denken, können wir verwirklichen. Die Hauptenergie jedoch stammt aus unseren Gefühlen. Sowohl Gefühle als auch Gedanken umgeben uns als Energieschwingungen. Die Verbindung von beiden erzeugt unser Kraftfeld, das sich wiederum in unserem Leben materialisiert. Halten wir uns also beispielsweise für liebenswert und schön, dann ziehen wir diese Energie mit unseren Gedankenbildern in unser Leben hinein. Sind wir im tiefsten Inneren unserer Seele davon überzeugt, dass Erfolg uns zusteht, so wird er sich ohne Zweifel irgendwann auch einstellen. Die gesamte Bewegung des so genannten positiven Denkens beruht auf dem Prinzip, dass unser eigenes – meist unbewusstes – Denken und Empfinden für Glück und Unglück in unserem Leben verantwortlich sind. Es ist der Glaube, der bekanntlich Berge versetzt.

Was Sie aus tiefster Überzeugung für möglich, richtig und wirklich halten, prägt auch Ihre Realität.

Rituale machen sich dieses Wissen zunutze. Der Vorgang lässt sich folgendermaßen umreißen: Wir erzeugen gezielt innere Bilder, das heißt, wir »visualisieren« ein gewünschtes Ergebnis, um es materialisieren zu können, und malen es uns in allen Einzelheiten aus. Diesem Bild führen wir dann Energie zu, indem wir es mit unseren Gefühlen gleichsam füllen. Die Emotionen sind das Vehikel, praktisch das Mittel auf dem Weg zur Mitte. Positive Gefühle wie Liebe, Freude, Spaß oder Fröhlichkeit erhöhen das Energieniveau, doch auch negative Gefühle wie Wut oder Schmerz leisten einen Beitrag. Im Ritual sollten Gefühle generell nie unterdrückt werden, denn unterdrückte oder verdrängte Gefühle gestalten die Energie ebenfalls – nur meist nicht so, wie wir es gerne hätten.

Transzendenz – die höchste Form von Energie

Rituale verbinden uns mit der Kraft des Göttlichen. Doch was genau können wir uns nun darunter vorstellen? Dem vorhin erklärten Energiemodell entsprechend, ist Transzendenz Energie in ihrer höchsten Form. Das Göttliche ist dann zugleich auch die Quelle aller Energie, die sich unendlich viele Erscheinungsformen sucht. Schöpfung bezeichnet in diesem Modell den Prozess, bei dem sich jene Energie in »Wirklichkeit« manifestiert.
Nun gibt es weltweit in allen Religionen sehr viele verschiedene Bilder und Mythen, die sich mit der göttlichen Energie und dem Akt der Schöpfung beschäftigen und Erklärungsversuche bieten. Die Naturreligionen, die ja weder Begründer noch religiöse Schriften kennen, sondern sich ihre Bilder aus den jeweiligen Lebensbedingungen schaffen, entwickelten eine überaus pragmatische Herangehensweise, was die Frage

nach dem Göttlichen anging: Jeder Mensch erfährt die höchste Energie unterschiedlich, nämlich auf die Weise, die ihm am ehesten entspricht. Das bedeutet, dass es im Spirituellen keine »eine Wahrheit« außerhalb der jeweils eigenen gibt.

Für Rituale trifft dies ebenfalls zu. Der Kontakt zum Göttlichen, den wir mithilfe von Ritualen aufnehmen können, findet auf individuelle Weise statt und spiegelt nicht die *eine* Wahrheit wider. Das Göttliche wird in einer persönlichen Erfahrung erlebt, es gibt keinen richtigen oder falschen Weg. Richtig ist der Weg immer dann, wenn er zum Erfolg führt, das heißt, wenn er es dem Einzelnen ermöglicht, das Göttliche zu sehen, zu fühlen oder zu erleben. Dazu brauchen wir nicht die Autorität eines Gurus oder eines Priester. Lediglich Toleranz ist notwendig, um zu akzeptieren, dass jede individuelle Erfahrung Wahrheit bedeutet, die eben für diesen Menschen Gültigkeit hat.
Um eigene Erfahrungen machen zu können, steht uns eine große Vielfalt an Alternativen zur Verfügung. Sagen und Erzählungen über Gottheiten, Ahnen, Geistern, Feen oder auch über unsere Vorfahren vermitteln, wie Menschen mit Wesenheiten in Kontakt getreten sind, die uns heute nur noch als Fabelwesen jener nicht-alltäglichen Phantasiewelt bekannt sind. Unsere Vorfahren waren noch erheblich geübter im Umgang mit dem Raum zwischen den Welten.

Machen Sie nun getrost Ihre eigenen Erfahrungen mit der Vielfalt der Energien und schränken Sie sich nicht in Ihren Bildern und Formen der Kontaktaufnahme ein. Europäer kennen spirituellen Kontakt heute oft nur noch in Form einer Offenbarungsreligion, sei sie christlich, jüdisch oder muslimisch, in der ein einziger Gott seine absolute, höchste Wahrheit verkündet. Diese Energie der höchsten Stufe wird dort Gott, Allah oder Jehova genannt und meist geschlechtsspezifisch als Vater angesprochen. Nordamerikanische Stämme

bezeichnen das Göttliche eher abstrakt als *wakantanka*, das Große Geheimnis. Anderen entspricht es eher, sich darauf als Göttliche Quelle oder das Große Licht zu beziehen. Es kann für Sie auch einfach die Liebe sein oder die Seele der Natur selbst, der Sie sich verbunden fühlen.
Welcher Name ruft in Ihnen das Gefühl hervor, sich auf etwas wirklich Heiliges zu beziehen? Das Unnennbare, das Nicht-Fassbare? Der Name, der Ihre tiefsten Gefühle berührt, ist der richtige für Sie. Sie müssen sich jedoch nicht irgendwie einschränken, es stehen Ihnen vielerlei Kontaktmöglichkeiten zur Verfügung.

Göttliche Energie kann sich auch in differenzierteren Bildern vermitteln. Wer sich auf die polare Trennung der Welt in die beiden Geschlechter beziehen möchte, der ruft Gott oder die Göttin als Ausdruck männlicher beziehungsweise weiblicher Schöpferkraft an; sie verkörpern sich beide in jedem Menschen und finden ihren physischen Ausdruck in Großmutter Erde und Großvater Himmel. Der Kontakt zu einem göttlichen »Vater« oder einer göttlichen »Mutter« stärkt das Kind in uns, gleichzeitig fördert es aber auch unsere eigenen väterlichen und mütterlichen Anteile.
Naturreligionen weisen darüber hinaus noch eine Vielzahl von Göttinnen und Göttern mit mächtigem, jedoch keineswegs allmächtigem Einflussbereich auf die Welt auf. Wenngleich uns heute diese Vorstellung oft eher befremdlich anmutet, kennt auch die katholische Kirche das System der Engel und Heiligen. Ebenso können wir Aphrodite, die griechische Göttin der sinnlichen Lebendigkeit, und Jupiter, den römischen Gott des Erfolges, als Götter mit bestimmten Zuständigkeiten betrachten. Tatsächlich sind sie jedoch eher eine spezifische Art des Umgangs mit der Wirklichkeit – tänzerisch, fröhlich und lustvoll im Fall Aphrodites, spielerisch und erfolgsorientiert bei Jupiter. Wer sie anruft, zitiert eine spezifische Energie in all ihren Erscheinungsformen herbei.

Der altgriechische, altägyptische, römische, keltische oder auch germanische Götterpantheon bietet eine enorme Vielfalt an Gottheiten, an die man sich in Ritualen wenden kann. Jesus, Buddha, Mohammed oder die hinduistischen Göttinnen und Götter können ebenfalls überaus hilfreich sein. Wer Erlösung sucht, ruft Jesus; wer Erleuchtung will, wendet sich an Buddha. Mehr Fülle im Leben schaffen die alten Göttinnen der Fruchtbarkeit und des Überflusses – die griechische Demeter, die germanische Fulla und die römische Ceres. Wem es an Durchsetzungsfähigkeit mangelt, adressiert seine Bitte an die keltische Kriegsgöttin Morrigan, den germanischen Thor oder den römischen Mars.
Doch die Möglichkeiten sind bei weitem noch nicht ausgeschöpft. Unsere Vorfahren suchten Beistand bei den Ahninnen und Ahnen ihrer Familie, riefen Wesenheiten bestimmter Orte herbei oder fühlten sich verbunden mit Elfen und Zwergen, mit Drachen oder dem Geist eines bestimmten Tieres, eines alten Baumes oder einer Quelle.

Stellen Sie also Kontakt zu den Wesen her, zu denen Sie sich intuitiv hingezogen fühlen. Denn das ist ein Indikator dafür, dass bereits eine energetische Verbindung besteht, selbst wenn sie Ihnen vielleicht gar nicht bewusst ist. Was beziehungsweise wen auch immer Sie anrufen, hat einen Bezug zu Ihrer persönlichen Energie. Und was Sie im Äußeren rufen, hat eine Entsprechung in Ihrem Inneren. Das Göttliche liegt in Ihnen. Sie treten bewusst in Kontakt damit. Und auf diese Weise treten Sie auch in Kontakt zu Ihrer eigenen inneren Schöpferkraft.

Die Ebenen des Bewusstseins

Wer mit den göttlichen Kräften in und um sich in Kontakt kommen will, wird bald feststellen, dass der wache, denkende

Zustand des Bewusstseins dafür weitgehend ungeeignet ist. Wirkliche Kontaktaufnahme findet erst dann statt, wenn der ständig arbeitende Kopf zur Ruhe gekommen ist und andere Seinszustände erreicht werden.
In den Ritualen aller Kulturen werden mit verschiedenen Mitteln Veränderungen des Bewusstseinszustands hergestellt. Ziel ist es dabei, unser denkendes Ich aufzulösen, um frei zu werden für die göttliche Inspiration. Erst in der Auflösung des Ichs erlebt der Mensch die Vereinigung mit dem Göttlichen. In Trance- und anderen ekstatischen Rauschzuständen schwingt sich der Mensch auf die höhere Frequenz der Transzendenz ein. Im Zustand der so genannten Besessenheit ergreift eine höhere Energie von einem Menschen vorübergehend Besitz, was durchaus als positiv erlebt werden kann. Methoden dazu sind Tanz, Rhythmen und Klänge, mit denen man ebenso in Ekstase gelangen kann wie in der Sexualität oder der fortgeschrittenen Meditation.

In unserer Kultur sind die Auflösung des denkenden Ichs und die Hingabe an höhere Energien mit großen Ängsten behaftet. Wir sehnen uns nach Ekstase und fürchten zugleich den Kontrollverlust über unser Bewusstsein, unser Denken, unser Fühlen und Handeln. Letztendlich fürchten wir den Tod, denn er bedeutet die endgültige Hingabe und den völligen und unwiederbringlichen Verlust des denkenden Ichs.

Und dennoch praktizieren wir diesen Vorgang gewissermaßen tagtäglich im Kleinen, wenn wir vom Wach- in den Schlafzustand übergehen. Beim Einschlafen durchlaufen wir nämlich all jene veränderten Zustände des Bewusstseins, die im Ritual überaus nützlich sind, um zwischen den Welten zu wandern. Betrachten wir die Frequenz unserer Hirnwellentätigkeit, die zwischen achtzehn und beinahe null Impulsen pro Sekunde schwanken kann, dann lassen sich die verschiedenen Bewusstseinszustände auch physikalisch einordnen. Die höchste Tätigkeitsfrequenz hat der Mensch im klaren, denkenden Wachzustand. Mit abnehmender Hirnwellentätigkeit wandern wir hin zum Zustand der Schläfrigkeit, dem Tagträumen oder einer leichten Meditationsstimmung bis hin zum Halbschlaf. Sinkt die Hirnwellentätigkeit weiter ab, ist die so genannte REM- oder Traumphase erreicht. Namen, Handlungen und Erlebnisse folgen hier Gesetzen, die keineswegs mehr als rational zu bezeichnen sind. Da werden bekannte Orte zu neuen Gegenden, Stunden werden in Sekunden durchlebt, geliebte Menschen erweisen sich als Ungeheuer, und Namen vertauschen sich beliebig. Auf dieser Ebene bestimmen Symbole, die unser denkendes Ich dann oft nur noch schwer zu entschlüsseln vermag. Wir befinden uns in einer anderen Welt. Von der mittleren gelangen wir mit weiter abnehmender Hirnwellentätigkeit zur Tiefschlafsequenz. Streben wir diesen Zustand bewusst an, erreichen wir hier eine tiefe Trance, die den Kontakt zu höheren Energien ermöglicht. Auf der Ebene der langsamsten Hirnwellentätigkeit verlieren wir das Bewusstsein für unseren Körper ganz. Tiefer Schlaf bis hin zum Koma kennzeichnet diesen Zustand, in dem auch Nahtoderfahrungen und das Verlassen des Körpers erlebt werden.

Verändertes Bewusstsein im Ritual – darunter verstehen die meisten Menschen wilde, ekstatische Trancezustände, bei denen wir nicht mehr Herr unserer Sinne sind. Dies ist jedoch ein Extremzustand, der nur selten und mit viel Übung erreicht wird. Eine konzentrierte Haltung ist schon eine positive Veränderung für das flatterhafte Hin und Her der Gedanken, Tagträume sind bereits eine leichte Trance. Den Übergang der Zustände bemerken wir oft kaum.

Gezielte Praktiken wie Meditation, Konzentrations- und Atemübungen ermöglichen es, die einzelnen Zustände des Bewusstseins willentlich und kontrolliert zu wechseln. Mit der Zeit gelingt es dann immer häufiger, einen Zustand der Versenkung zu erreichen und sich dabei noch genug Bewusstsein zu bewahren, um diese Erfahrungen auch aufnehmen und reflektieren zu können.

Die drei Teile der Persönlichkeit

Wer in uns denkt, fühlt oder handelt eigentlich, wenn wir die Ebene unseres denkenden Bewusstseins verlassen? Wen gibt es noch in uns, welche anderen Persönlichkeitsanteile kennen wir, außer dem denkenden Ich?

Die Reclaiming-Gemeinschaft, eine US-amerikanische Gruppe von so genannten Neuen Heiden – *Pagans* –, die viel mit Ritualen arbeitet, hat das Konzept der »drei Teile des Selbst« entwickelt, das bei der Arbeit mit Ritualen sehr hilfreich ist.[13] Unser denkendes und kontrollierendes Ich wird hier als **»Sprechendes Selbst«** bezeichnet. Mit seiner Hilfe telefonieren wir, lesen Zeitung oder finden uns im Straßenverkehr zurecht. Das Sprechende Selbst denkt, analysiert, redet, versteht logisch und rational und lässt uns als klares Wachbewusstsein den Alltag meistern. Zur Ebene der Energie hat es allerdings nur einen sehr begrenzten Zugang.

Dorthin gelangt jener Teil von uns, der als **»Kindliches Selbst«** bezeichnet wird. Jeder Mensch hat Jahre der Kindheit durchlebt, und diese Erfahrungen schlummern in ihm als Erwachsenem. Das innere Kind ist geprägt durch intensives Erleben, durch Leidenschaft, Lebendigkeit, Ideenreichtum und Phantasie. Auch unsere Träume stammen aus der Sphäre der nicht bewussten, kindlichen Anteile unserer Seele. Da das Kindliche Selbst zwischen Symbol und Wirklichkeit keinen Unterschied macht, ist es in der Lage, Symbole unmittelbar zu entschlüsseln.
Kinderzeichnungen sind ein gutes Beispiel für die Welt des Kindlichen Selbst. Monster sind dort so groß wie Blumen und

Kinder oder auch Häuser, je nach der Bedeutung für den jeweiligen Zeichner eben. Oder es wird ein Mensch mit einem riesigen Mund dargestellt, weil er viel lacht und redet. Die Darstellungen in den Zeichnungen eines Fünfjährigen bilden dessen Weltsicht ab und versuchen nicht, eine vermeintlich objektive Wirklichkeit darzustellen.
Im Inneren sind wir alle solche Künstler, begabt mit kreativem Potential, nämlich der Phantasie, Lebendigkeit und der Hingabe an den Augenblick, die wir als Kind uneingeschränkt erlebt haben. Im Kindlichen Selbst liegt der unmittelbare Zugang zu dem, was für uns gut oder schlecht ist, denn das Kindliche Selbst empfindet sich und seine Bedürfnisse ganzheitlich. Es ist voller Lebenskraft, Energie und intensiver Gefühle.

Nur über das Kindliche Selbst haben wir damit Zugang zum so genannten **Tiefenselbst**, jenem Teil von uns, der direkt mit dem Göttlichen verbunden ist; in anderen Traditionen spricht man hier auch vom »Höheren Selbst«. In diesem Tiefenselbst existiert eine Verbindung zu jenen mystischen und dem denkenden Selbst schwer verständlichen göttlichen Energien, die alles Leben erschaffen und erhalten. Es kennt unseren Lebensweg und unsere Aufgabe in dieser Welt. Heilung, Verwandlung und Verbundenheit erfolgen im Tiefenselbst, zu dem unser Sprechendes Selbst keinen Zugang hat. Das Tiefenselbst kommuniziert durch das Kindliche Selbst, das kein Problem damit hat, viele Wirklichkeiten gelten zu lassen.
Im Ritual nehmen wir über das Kindliche Selbst Kontakt zum Tiefenselbst auf. Wir begeben uns in das Dickicht unserer eigenen Unterwelt, um aus den Tiefen der unbewussten Visionen, Kreativität, Heilung und Schöpferkraft zu ziehen. Das Kindliche Selbst ist auch für jene intensiven Gefühle zuständig, die uns im Ritual so nützlich sind.

Doch wie erregen wir nun die Aufmerksamkeit unseres inneren Kindes im Ritual? Über das intensive Spiel, über spannende Geschichten, sinnliche Bilder und bewegende Worte zum Beispiel. Ihr inneres Kind erwacht, wenn Sie Spaß haben, wenn Sie intensiv wahrnehmen und fühlen und wenn Sie bereit sind, auch Ungewöhnliches zuzulassen. Rituale sind daher besonders wirkungsvoll, wenn sie sinnlich, bunt und verspielt sind. Sie können in Ritualen mit Märchen arbeiten, mit Geschichten, Sagen und mit Musik. Tanzen, Rhythmen, Farben, Gerüche und - wie schon gesagt - vor allem Symbole sprechen das Kindliche Selbst an. Analysieren sollte man hingegen möglichst wenig, weil es den Zauber zerstört, den das Kindliche Selbst braucht, um mit dem Tiefenselbst in Kontakt zu treten.

Ihr Tiefenselbst erwacht unerwartet und oft ganz unbemerkt. Vielleicht läuft Ihnen ohne Grund ein Schauer über den Rücken, und Sie verspüren ein Gefühl der Ehrfurcht, ohne zu wissen wovor. Eine Ahnung erwacht plötzlich, eine warnende Stimme, ein inneres Bild der Hoffnung, vielleicht sogar eine Vision. Gemeinhin tun wir dergleichen als Hirngespinste ab. Doch wenn wir lernen, auf diese Intuition zu hören, dann stärken wir den Kontakt zu unserem Tiefenselbst und damit zu jener Quelle, deren Weisheit wir stets bedingungslos vertrauen können.

Verwandlungen vollziehen

Bevor wir uns in die Welt der konkreten Rituale und Energien begeben, gilt es, noch einen Blick auf den Prozess der Veränderung und Transformation selbst zu richten, um zu wissen, was genau uns erwartet.

Betrachten wir die Natur, dann stellen wir fest, dass Verwandlung in der Regel nach einem ganz bestimmten Mechanismus verläuft. Als Beispiel für die nun folgende Analogie dient ein Hühnerei, das sich in ein Küken verwandelt:

- Das Ei muss zuerst im Huhn selbst entstehen: Jeder Wandel bedarf einer Vorstufe – »von nichts kommt nichts«, heißt es im Volksmund so schön.
- Das Ei benötigt konstante Wärme, um seiner Bestimmung nachzukommen: Veränderungen brauchen bestimmte förderliche Umstände, um gedeihen zu können.
- Dann geschieht lange Zeit – nichts: Veränderung vollzieht sich zuerst im Inneren und ist außen unsichtbar. Ohne Geduld und einem Gefühl des Vertrauens, dass alles gut wird, lässt sich diese Phase deshalb oft schwer durchhalten.
- Plötzlich tritt ein Riss in der Schale auf – ein Schnabel bohrt sich durch, ein neues Hühnerleben ist entstanden: Der sichere Ort des Vertrauten wird zerstört, es beginnt etwas Neues. Ist der richtige Moment gekommen, dann braucht es einen kräftigen Riss, der manchmal auch Angst machen kann, um das Neue hervortreten zu lassen.

Das obige Beispiel macht deutlich, dass Veränderung immer ein Prozess ist, der eine gewisse Zeit in Anspruch nimmt. Im Ritual können wir an jeder Stufe in diesem Prozess einhaken. Wir können den Prozess beginnen, indem wir in Form eines Rituals ein neues Projekt energetisch auf den Weg schicken. Es besteht aber auch die Möglichkeit, bestehende Prozesse mit Energie gleichsam aufzuladen und Heilung, Licht und Kraft zufließen zu lassen. Ist der Übergang zum Neuen endlich geschaffen, dann geben wir im Ritual den letzten Anstoß – den Riss in der Schale aus dem obigen Beispiel –, der das Neue aus der alten Hülle befreit und willkommen heißt.
Doch wirklich bewirken können wir eine Veränderung selbst nicht. »Es macht sich«, so hat eine Freundin es einmal treffend beschrieben. Wir können Veränderungen in Gang setzen und die gewünschte Richtung vorgeben – doch alles Weitere müssen wir einfach geschehen lassen. Aber wir wissen zumindest, dass wir auf dem Weg sind.

Rituale sind immer ein Experiment. Wir haben keine Kontrolle über die großen Energien, die das Leben erschaffen und bewegen. Wir können uns ihnen öffnen und anvertrauen in dem Wissen, dass wir in ihnen geborgen sind. Gehen wir mit einer liebevollen Grundhaltung in ein Ritual, kann nichts schief gehen. Nach und nach vermögen jene unsichtbaren Kräfte dann in unseren Alltag einzufließen. Zauber und Wunder kehren zurück.

3

Praxis der Rituale

Grau ist alle Theorie. Rituale lernt man am besten durch die Praxis. Also fangen wir an. Sie benötigen dazu lediglich die innere Bereitschaft, ein Ritual zu feiern. In Ihnen steckt bereits alles, was Sie brauchen, um die alte Tradition des Rituals für sich neu zu entdecken und zu nutzen. Was am Anfang vielleicht noch ungewohnt oder merkwürdig erscheint, wird Ihnen mit etwas Übung immer leichter fallen. Viel Spaß dabei.

Der Ablauf eines Rituals

Es gibt große und kleine Rituale. Eigentlich kann jede Handlung zum Ritual werden, ob Sie nun kochen, essen, duschen oder Spazieren gehen. Im vierten Kapitel (siehe Seite 127 ff.) finden Sie viele Anregungen und Ideen für eigene Rituale, die durchaus auch ganz spontan entstehen dürfen. Ein wichtiger Anlass macht jedoch in der Regel eine umfassendere Zeremonie erforderlich, bei der dann gezielt an der jeweiligen Veränderung gearbeitet wird. Gerade wenn Sie auf diesem Gebiet Neuland betreten, wünschen Sie sich dann vielleicht einige Anhaltspunkte, wie eine solche Zeremonie aussehen kann.
Es ist empfehlenswert, sich anfangs genau an die Anleitung zu halten, doch im Laufe der Zeit können Sie dann die einzelnen Bausteine variieren und Ihren individuellen Bedürfnissen

anpassen. Dieses Buch will Ihnen eine Art Gerüst bieten, das Ihnen hilft, Ihre ganz individuelle Ritualwelt aufbauen.

Eine klare Struktur

Im zweiten Kapitel (siehe Seite 43 ff.) war ausführlich davon die Rede, dass es nicht in erster Linie unser rationales Sprechendes Selbst ist, an das sich ein Ritual wendet, sondern vielmehr unser Kindliches Selbst – mit dessen Energie arbeiten wir.

Um sich auf ein Ritual wirklich einzulassen zu können, braucht unser inneres Kind eine feste Struktur, das heißt eine verlässliche Rahmenbedingung, damit es sich wohl und beschützt fühlt. Dies gilt besonders dann, wenn mehrere Menschen gemeinsam ein Ritual feiern. Am Anfang ist die Scheu oft groß, an einem Ritual teilzunehmen und womöglich selbst einen Teil davon zu gestalten. Eine feste Struktur bietet hierfür den nötigen Rahmen, denn dann wagt man es eher, eigene Ideen, Wünsche und Energien einzubringen. Und davon lebt das Ritual schließlich.

Die innere Einstellung

Wenn auch Duschen und Kochen sich zu einem Ritual entwickeln kann, was macht dann den Unterschied zu einer normalen Handlung aus? Es ist – wie schon erläutert – die innere Einstellung, die das Ritual kennzeichnet. Sie verfolgen mit Ihrem Ritual ein höheres Ziel.

Anstatt also zerstreut eine Suppe zu machen, weil Sie gerade Hunger haben, können Sie das Suppekochen zum Ritual ausgestalten. Sorgfältig bereiten Sie die Zutaten vor und verbinden sie ganz bewusst mit höheren Energien. Das Wasser der Suppe symbolisiert die Klarheit der Gedanken, die Karotten stehen für tiefe Wurzeln, die Kartoffeln für die Nahrung der Seele, und der Lauch bringt innere Reinigung. Innerlich gesammelt und konzentriert rühren Sie dann, ein Sprüchlein murmelnd und verbunden mit Ihrer inneren Weisheit, alle Zutaten auf dem Feuer der Verwandlung zu einem Gebräu der Liebe und Stärke. So wird Kochen zum Ritual. Was brauchen Sie dazu?

- **Einen klaren Geist:** Sie wissen, was Sie wollen und sind bereit, es auch umzusetzen.
- **Ein reines, offenes Herz:** Sie verbinden Sich mit Ihrer eigenen inneren Führung und öffnen Ihr Herz liebevollen und freundlichen Gefühlen.
- **Bewusste Konzentration:** Sie bleiben bei der Sache und führen sie konzentriert durch.
- **Achtsamkeit:** Sie gehen Schritt für Schritt vor und sind sich stets der Tatsache bewusst, dass jede Handlung und jeder Gedanke im Ritual eine besondere Wirkung hat.
- **Demut:** Ihnen steht vor Augen, dass nicht Sie es sind, der die Veränderung bewirkt und kontrolliert. Wir alle müssen uns vielmehr den großen Mächten der Verwandlung anvertrauen, die in uns und um uns am Werke sind.

Ein klarer Anfang und ein eindeutiges Ende

Was flößt uns Vertrauen ein, wenn wir uns auf den Weg ins Unbekannte machen? Ein Gefühl von Schutz und Sicherheit. Um Vertrauen im Umgang mit Energien aufzubauen, muss ein Ritual einen eindeutigen Anfang haben und ein ebenso klar gesetztes Ende. Damit vermitteln wir unserem Unterbewusstsein: Du darfst dich völlig fallen lassen, es ist nur für eine bestimmte Zeit. Denn schließlich arbeiten wir mit kraftvollen Energien, die wir nicht kontrollieren können und wollen. Wir grenzen uns also ab für die Dauer des Rituals – eine wichtige

Voraussetzung. So erlauben wir uns für eine bestimmte Zeit, den gewohnten Raum des Alltags zu verlassen und uns auf das Ungewöhnliche, das Ver-rückte einzulassen. Doch umso klarer definiert muss deshalb der Zeitpunkt der Rückkehr sein, zu dem alles wieder ins rechte Lot der Normalität gelangt.

Die drei Phasen des Rituals

Die Erfahrung mit Ritualen aller Kulturen zeigt, dass wir im Idealfall ein Ritual in drei Phasen durchlaufen.

- Am Anfang steht die **Ablösung aus der Welt des Alltags.** Das Ritual beginnt, indem wir unsere Normalität zurücklassen und unserem Inneren signalisieren: Jetzt betreten wir einen anderen Ort. Wir erschaffen einen Raum, der völlig leer ist, gereinigt von allem, was an Energien mitgebracht wurde. In diesem leeren Raum öffnen wir unser Bewusstsein und laden dann all jene Kräfte und Energien ein, die uns bei der Umsetzung unseres Ritualziels behilflich sein sollen.
- In der folgenden **Umwandlungs- oder Schwellenphase** gleiten wir hinüber in jenen magischen Raum auf der Schwelle zwischen den Wirklichkeiten, in jene Zwischenwelt also, in der das Alte vergangen und das Neue noch nicht hervorgetreten ist. Hier stehen uns alle Möglichkeiten offen, es kann alles gestaltet werden. Wir treten in Kontakt zu den archaischen Kräften in und um uns, die Verwandlung ermöglichen. Dort findet dann die eigentliche »Arbeit« im Ritual statt, bei der Energie aufgebaut und sodann auf ein bestimmtes Ziel gerichtet wird. Jede Handlung, jedes Wort, jede Emotion hat eine direkte und verstärkte Wirkung.
- Die **Wiederangliederung an die normale Welt** beendet das Ritual. Die verwandelte Energie wird auf ihren Weg

geschickt und bekommt die Möglichkeit, ohne unser Zutun weiterzuwirken. Den verwendeten Bildern und Symbolen wird die Energie entzogen, die gerufenen »Besucher« werden offiziell verabschiedet. Die alte Ordnung von Denken und Fühlen wird wieder hergestellt, die Seele hat Zeit, im Hier und Jetzt anzukommen. Alles schaltet also quasi »wieder auf Anfang«, wie eine Freundin es einmal so treffend beschrieben hat.

Ritual-Bausteine: Wie erschaffe ich ein Ritual?

Die folgenden Ritual-Bausteine geben Ihnen eine Art Bausatz an die Hand, mit dem Sie sich für jede Gelegenheit selbst ein Ritual zusammenstellen können. Die Bausteine folgen den drei oben erklärten Phasen des Rituals: der Ablösung von der Welt des Alltags, der Verwandlung von Energie und der Wiederangliederung an die Welt des Alltags.
Wenn Rituale für Sie Neuland bedeuten, ist es ratsam, diese Reihenfolge weitgehend beizubehalten. Mit etwas mehr Erfahrung können Sie die Bausteine dann nach Belieben umstellen oder auch abkürzen. Jeder Baustein enthält eine Vielzahl von Gestaltungsvarianten, von denen Sie sich das aussuchen, was Ihnen am meisten zusagt.

Baustein 1: Ziel und Absicht des Rituals

Das erste und wichtigste Element des Rituals ist es, sich über seinen Sinn und Zweck klar zu werden. Ein Ritual setzt eine Entscheidung voraus. Wo stehe ich, wohin will ich gehen?

Was genau will ich wie gestalten? Was soll aus meinem Leben verschwinden und was will ich aufnehmen in meine Welt? Und vor allem: Warum will ich das, welche Motive stehen hinter meiner Entscheidung? Schließlich sind es gerade die unbewussten Motive, die geheimen Sehnsüchte, die sich im Ritual am stärksten durchsetzen, weil viel von unserer Energie an ihnen hängt. Ihnen sollten wir deshalb auf die Spur kommen.

Je klarer Ihnen Ihr Ziel vor Augen steht, desto eher werden Sie es erreichen. Das kann ganz einfach sein: Sie sind zum Beispiel in eine neue Wohnung gezogen und wollen sie von den Energien Ihrer Vorgänger reinigen – eine klare und einfache Zielsetzung. Es kann aber auch schwieriger sein. Sie suchen eine neue Liebe in Ihrem Leben? Sind Sie auch bereit dafür oder trauern Sie womöglich einer vergangenen Beziehung nach? Dann wird Ihr Ritual nicht das gewünschte Ergebnis bringen. Vielleicht hat es überhaupt keine Folgen, vielleicht taucht aber auch derselbe Typ Mann oder Frau auf, mit dem/der Sie schon immer in Beziehungen Schwierigkeiten hatten. Spüren Sie intensiv in sich hinein. Warum hat es bisher nicht geklappt mit der Liebe? Geraten Sie immer an den Falschen beziehungsweise die Falsche? Dann sollten Sie im Ritual erst einmal Ihre alten Muster loslassen, nämlich Ihre inneren Bilder von einem Partner, mit dem Sie immer wieder unglücklich geworden sind. Ein neuer Partner kann dann erst später das Ziel eines Rituals sein.

Sobald Sie Ihr Ziel kennen und wissen, was Sie wollen, überdenken Sie Ihre Motive. Warum wollen Sie ein Ritual feiern, das Sie einer guten Position in Ihrer Arbeit näher bringt? Wollen Sie Macht über andere ausüben? Bestimmten Leuten womöglich eins auswischen? Ist es das Bedürfnis, größer und mächtiger zu sein als die anderen? Machen Sie sich klar, was Sie motiviert. Ist es Angst, ist es Neid, Eifersucht, Ehrgeiz oder Liebe, die Sie beflügelt? Ihre inneren Absichten ziehen Energien an und verstärken sie. Zerstörerische Gefühle ziehen entsprechend negative Energien an. Selbst wenn Sie mit dem Ritual das gewünschte Ziel erreichen, verstricken Sie sich dann womöglich in Ihre eigenen destruktiven Energien, die Ihnen langfristig nur Schaden zufügen. Alles, was Sie ausschicken, kommt dreifach zu Ihnen zurück. Vergessen Sie das nicht.

Sollten Sie erwägen, für andere Menschen ein Ritual zu feiern, so denken Sie darüber noch einmal nach. Sie vermischen damit nämlich Ihre Energien und Motive mit denen einer anderen Person, und das kann Folgen für beide haben. Holen Sie auf jeden Fall zuvor die Zustimmung des Betroffenen ein, denn jeder möchte schließlich Bescheid wissen, wenn andere für die eigenen Anliegen aktiv werden.

Wie man das richtige Ziel findet

Nehmen Sie sich eine halbe Stunde Zeit, in der Sie nicht gestört werden. Setzen oder legen Sie sich bequem hin an einem ruhigen, schönen Plätzchen, an dem Sie sich wirklich wohl fühlen. Sie haben jetzt Zeit für sich. Atmen Sie einige Male tief durch und geben Sie sich innerlich die Erlaubnis, zur Ruhe zu kommen. Nichts ist mehr wichtig, außer Sie selbst. Spüren Sie sich, wie Sie in diesem Raum sitzen oder liegen. Sie sind mit Ihrer Aufmerksamkeit ganz bei sich selbst? Tauchen ablenkende Gedanken auf, dann registrieren Sie sie – das ist ganz normal – und konzentrieren sich einfach wieder neu auf sich selbst. Wie geht es Ihnen jetzt? Sind Sie traurig, wütend, unglücklich, ziellos oder empfinden Sie einen Mangel in Ihrem Leben? Was macht Sie unzufrieden? Sehen Sie sich genau an, was es ist, das Sie bedrückt. Spüren Sie dabei mehr in sich hinein, als dass Sie darüber nachdenken. Wo genau liegen Ihre Bedürfnisse?
Sobald Sie eine konkrete Vorstellung von Ihrem Problem ge-

wonnen haben, fragen Sie sich, was Sie brauchen, um es zu lösen. Was benötigen Sie, damit es Ihnen wieder gut geht? Welche Veränderung muss sich vollziehen, um Ihr Leben wieder so richtig lebenswert zu machen? Und wie kommen Sie dort hin? Hängt die Lösung Ihres Problems mit anderen Menschen zusammen? Wenn Sie sich etwas wünschen könnten in Ihrer Situation, was genau wäre es? Jetzt haben Sie Ihr Ziel gefunden.

Formulieren Sie dieses Ziel nun ausdrücklich. Sagen Sie zum Beispiel: »Ich möchte meinem Kind in diesem Ritual den Segen von Göttern und Menschen mitgeben, um es für den weiteren Lebensweg zu stärken.« – »Ich möchte meine Angst vor dem Alleinsein loslassen, weil ich stark genug bin, mein Leben selbstständig in die Hand zu nehmen.« – »Ich möchte mein altes Beziehungsmuster loswerden, weil ich es nicht mehr brauche.« Je klarer die Zielsetzung, desto wirksamer wird das Ritual.

Manchmal lässt sich ein Ziel nicht sofort eindeutig festlegen. Dann tragen Sie das Thema einige Tage mit sich herum und denken ab und zu darüber nach. Die Klärung stellt sich dann irgendwann von selbst ein.

Baustein 2: Die Planung des Rituals

Anhand Ihres Zieles können Sie nun den passenden Ablauf des Rituals planen.

Das Ritual-Drehbuch erstellen

Für dieses Drehbuch orientieren Sie sich an den Bausteinen. Der Anfang und das Ende sind immer gleich (Bausteine 4 bis

7 und 11 bis 12). Der Mittelteil, die zweite Phase also, bildet das Kernstück des Rituals. Hier setzen Sie Ihr Ziel um, indem Sie das Energieniveau erhöhen und sich eine symbolische Handlung ausdenken, auf die Sie Ihre Energie richten. Lesen Sie zuvor die Bausteine 8, 9 und 10. Dort finden Sie viele Anregungen, wie Sie Ihr Ritual-Kernstück gestalten können. Erspüren Sie, welche Aktivitäten zu Ihrer Zielsetzung passen. Vielleicht wollen Sie ja ein ruhiges, getragenes Ritual oder lieber ein wildes, fröhliches? Vielleicht steht für Sie eine Veränderung im Mittelpunkt oder womöglich wollen Sie auch in erster Linie feiern. Beschränken Sie sich auf wenige Handlungen, die Sie dafür aber umso konzentrierter und achtsamer durchführen.

Das Ritual vorbereiten

Steht Ihr Drehbuch fest, dann überlegen Sie sich, welche »Zutaten« und Mitspieler Sie brauchen. Wollen Sie ein großes, mehrtägiges Fest feiern oder lieber ein kleines Ritual mit Ihren engsten Freunden? Klären Sie, welche Vorbereitungen Sie für das Ritual treffen müssen und welchen Aufwand Sie betreiben wollen. Generell neigen die meisten Menschen zur Bequemlichkeit und halten den Aufwand deshalb in Grenzen. Doch bedenken Sie stets das Grundprinzip aller Rituale: Was Sie hineingeben, das bekommen Sie auch wieder zurück. Je mehr Energie Sie also vorher aufwenden, desto stärker ist die Wirkung des Rituals anschließend. Oder anders ausgedrückt: Je mehr Liebe und Aufmerksamkeit in die Vorbereitung des Rituals investiert wird, desto höher liegt später der Energiepegel.
Die Erfahrung hat überdies gezeigt, dass die Vorbereitung für gemeinsame Rituale am besten von allen zusammen oder zumindest von mehreren Personen getragen wird. Das reduziert den Stress für den Einzelnen und gibt zugleich allen die Möglichkeit, etwas Wichtiges beizutragen.

Folgendes gilt es noch zu bedenken:

- **Der Ort des Rituals** ist ebenso entscheidend wie die Menschen, die daran teilnehmen. Soll das Ritual im Freien oder im Haus stattfinden? Ein Ritual im Schutz eines großen alten Baumes bezieht die Energie der Bäume ein. Eine Höhle ist ein wunderbarer und magischer Ort für Initiationsrituale, bei denen die innere Entwicklung im Vordergrund steht. Bäche oder Flüsse bringen die Energie der Bewegung und Veränderung ein. Wer »abheben« oder hoch hinaus will, steigt auf einen Berg. Rituale im Freien weisen meist ein höheres Energieniveau auf, da sie in direkter Verbindung zu den Elementen stehen.
  Aber was machen Sie dann, wenn es regnet? Es hat durchaus auch seinen Reiz, sich einmal den Elementen auszusetzen. Heute sind wir es kaum noch gewohnt, Regentropfen auf unserer Haut zu spüren oder uns von stürmischen Winden bewegen zu lassen. Allerdings ist diese Hingabe an die Elemente nicht immer passend. Ein Familienritual im strömenden Regen wird bei den Mitfeiernden auf wenig Gegenliebe stoßen. Und ein schön gestalteter Raum ist natürlich für ein Ritual genauso geeignet. Als Grundregel gilt: Gehen Sie dort hin, wo *Sie* sich wohl fühlen.

- **Der Zeitpunkt des Rituals** ist ebenfalls nicht unwichtig. Bestimmte Zeiten haben verschiedene Qualitäten und Energien, die Ihr Ritualziel beeinflussen können – positiv oder negativ. Auf die Jahreszeiten wird später noch genauer eingegangen werden (siehe Seite 127 ff.). Sie geben die Grundenergie der Natur vor, die sich im Ritual nutzen lässt.
  Auch der Mond hat seine Auswirkungen, und zwar nicht nur auf die Meere, sondern auch auf uns. Schließlich bestehen auch wir zu siebzig Prozent aus Wasser. Grundsätzlich sind Vollmondnächte wundervolle Zeitpunkte, um ein Ritual zu zelebrieren. Sie sind hell und wirken immer

magisch. Energetisch kann man sich bei Vollmond etwas wünschen – wir bekommen dann etwas *von* drüben, während wir bei Neumond abgegeben oder loslassen – es wandert dann *nach* drüben. Stellen Sie sich den Mond wie eine Tür in die nicht-alltägliche Wirklichkeit vor. Nimmt der Mond zu, geht die Tür langsam auf, bei Vollmond steht sie offen und gibt Energie in unsere Richtung frei. Nimmt der Mond ab, geht die Tür langsam zu, die Energie fließt in die umgekehrte Richtung und wird an Neumond zu einem Sog nach drüben.
Auch die Tageszeit des Rituals spielt eine Rolle. Soll das Ritual am Vormittag oder am Abend stattfinden? Braucht es die Dunkelheit und vielleicht das Prasseln eines großen Feuers, um die passenden Energien zu rufen? Oder ist es die Klarheit eines frühen Morgens, deren Energie benötigt wird? Sie sind Langschläfer? Oder Frühaufsteher? Egal. Lassen Sie sich hier gerade *nicht* von Ihren Gewohnheiten leiten, denn es sind genau diese Gewohnheiten, die wir durchbrechen müssen, um an die Energiequellen zu gelangen. So grässlich es vielleicht für Sie klingen mag, ein Ritual im Morgengrauen oder um Mitternacht zu feiern: Wer sich einmal überwunden hat, der weiß wofür. Gerade diese ungewohnten Zeiten lassen auch ungewöhnliche Erlebnisse zu.

- **Ritualgegenstände** können ebenfalls eine Rolle in Ihrem Ritual spielen. Grundsätzlich gilt: Alles Selbstgemachte hat eine höhere Energie und damit eine intensivere Wirkung. Beim Anfertigen verbindet sich nämlich die Energie des Herstellers mit dem Produkt. Dieses Prinzip können Sie sich ganz bewusst zunutze machen. Backen Sie einen Kuchen und sprechen Sie beim Rühren des Teiges gute Wünsche hinein. Oder bereiten Sie einen Kräutertee mit frisch gepflückten Kräutern zu. Schönheit rührt alle Sinne an und öffnet die Seele.

- Sorgen Sie dafür, dass auch das **Ambiente** stimmt. Verwenden Sie schmückende Details, der Jahreszeit gemäße Farben, Blumen und Kräuter. Denken Sie bei der Vorbereitung auch an Musik, an Texte, die vielleicht gesprochen werden sollen, oder an Musikinstrumente, um eine rhythmische Untermalung zu ermöglichen.

- **Ritualkleidung** ist ausschließlich rituellen Zwecken vorbehalten. Manche Menschen schätzen es sehr, ein bestimmtes Kleidungsstück mit ihrem Ritual-Ich zu verbinden. Es ist ein Tribut an das innere Kind. Suchen Sie sich etwas Schönes aus, in dem Sie sich richtig wohl fühlen. Tragen Sie die Kleidung ausschließlich zum Ritual, dann signalisieren Sie Ihrem inneren Kind nach einigen Malen bereits beim Anziehen, dass es jetzt Zeit ist, ins Ritual-Ich mit seinem erweiterten Bewusstsein zu wechseln. So fällt es Ihnen leichter, Ihr Alltags-Ich zu erweitern.
  Rituale können auch nackt gefeiert werden, was vielleicht einiges an Überwindung erforderlich macht, besonders im Freien. Die Nacktheit symbolisiert die Tatsache, dass wir in der nicht-alltäglichen Wirklichkeit alle gleich sind und denselben Wert haben. Sich nackt zu zeigen bedeutet, zu sich zu stehen, sich so anzunehmen, wie man eben ist. Entscheiden Sie nach Ihrem Gefühl.

- **Anzahl und Rolle der Teilnehmer:** Allein für sich ein Ritual zu feiern kann sehr schön sein. Je mehr Menschen sich jedoch mit ihren Energien daran beteiligen – äußerlich und vor allem auch innerlich –, desto bedeutender sind die Veränderungen, die es bewirkt.
  Eine Runde von höchstens sieben bis neun Personen, die bereit sind, sich aufeinander und auch auf ein intensives Ritual einzulassen, ist optimal; diese Teilnehmerzahl ist überschaubar und bietet allen die Möglichkeit, eigene Ideen einzubringen. Bereiten Sie solche Rituale entweder

gemeinsam vor oder wechseln Sie sich bei der Vorbereitung ab. Dann entstehen keine Hierarchien, weil alle ihre ganz persönlichen Erfahrungen machen können.
Enorme Energieströme bewegen Sie in großen Ritualen mit fünfzig oder hundert Teilnehmern. Große Rituale bedürfen jedoch einer besonderen Anleitung.

- **Bewusstseinserweiternde Vorarbeit** dient der innerlichen Vorbereitung auf das Ritual. Traditionelle Methoden dazu sind:

  - Einen oder mehrere Tage fasten: Wer nichts aufnimmt, leert sich innerlich und wird dadurch konzentrierter und spirituell aufnahmefähiger.
  - Sich nicht waschen: In manchen Stammeskulturen wäscht man sich vor dem Ritual einige Tage nicht. Dabei häuft man das Alte, Alltägliche an und stärkt die bestehende Energie, um sie dann im Ritual effektiv zu verwandeln. Bei Reinigungs- und Erneuerungsritualen lässt sich so die Wirkung verstärken, jedoch nur, wenn Sie als Person für die anderen Teilnehmer noch akzeptabel sind.
  - Schlafentzug: Die Schlafzeit zu reduzieren, indem man früher aufsteht oder gar nicht erst ins Bett geht, führt zu einer Störung des Alltagsbewusstseins. Übermüdung ist eine sehr anstrengende, aber wirksame Methode, um in andere Bewusstseinzustände zu gelangen. Für Anfänger eignet sich diese Methode allerdings nicht.

Baustein 3: Der Altar – Ort der Verbindung

Zu einem größeren Ritual gehört ein Altar. Er stellt das geistige Zentrum des Rituals dar. Auf diesem Altar liegen Symbole

für all jene Energien, die dann im Ritual eingeladen werden. Der Altar ist ein Ort des Übertritts, die Verkörperung der Schwelle, auf der sich die Welten treffen. Er ist wie ein Kanal, der Sie über die Symbole mit mächtigen Energien verbindet. Als Ausdruck von Kreativität und Schönheit spricht er direkt zu unserem inneren Kind.
Der Altar kann ganz schlicht gehalten oder mit viel Phantasie und Lust an der Gestaltung ausgeschmückt werden. Lassen Sie Ihrer Kreativität also ruhig freien Lauf.

Ich erinnere mich an einen Altar, der von vielen Frauen zu Ehren der altgermanischen Göttin Holle – sie ist durch das gleichnamige Märchen bekannt – errichtet wurde. Er stand unter einem der Holle heiligen Holunderbusch (Hollerbusch) und war in Gold und Schwarz gehalten, den Farben für die dunkle und die helle Seite der Göttin. Eine regelrechte Landschaft aus Figuren, Steinen und Schmuck, umgeben von Grünpflanzen und Blüten, zierte den Altar. Ein Gefäß mit Wasser mitten in Blumen, Erde und Steinen symbolisierte den Brunnen der Verwandlung. Über dem Altar hing ungesponnene Wolle im Busch, Fäden, die eine Art magischen Vorhang bildeten. Eine Spirale aus Kerzen umgab den Altar; sie sollten die Toten und Lebenden gleichermaßen ehren. Schon beim Anblick des Altars wurden alle von Ehrfurcht ergriffen. Ein magischer Ort war entstanden.

Jeder Mensch hat die Gabe, Schönes zu schaffen. Altäre sind eine wunderbare und wirkungsvolle Methode, um mit Phantasie Schönheit zu kreieren. Vielleicht fühlen Sie sich ja angeregt, auch zu Hause – jenseits von Ritualen – dauerhaft einen Altar zu errichten. Sie geben damit symbolisch Energien und Kräften, zu denen Sie sich einen intensiveren Kontakt wünschen, in Ihrem Leben einen Platz. Das vierte Kapitel (siehe Seite 127 ff.) liefert Ihnen einige Ideen, wie Sie Ihren Altar den Jahreszeiten entsprechend gestalten können.

Wie man einen Altar errichtet

Der Altar wird auf einem Tisch, Stein oder auf einem schönen Tuch auf der Erde errichtet. Er bildet entweder das Zentrum des Kreises oder steht am Rande des Ritualgeschehens an einem besonders geeigneten Ort, wie zum Beispiel an einem Baumstamm oder einem imposanten Felsvorsprung, jedoch immer innerhalb des Ritualkreises. Ein schönes Tuch oder ein Bett aus Blättern und Moos sind geeignete Unterlagen für heilige Gegenstände.

Verwenden Sie nun Symbole, die Ihnen zu Ihren Zwecken geeignet erscheinen. Sind mehrere Menschen am Ritual beteiligt, sollten möglichst alle einen persönlichen Gegenstand mitbringen, der ihnen wertvoll oder heilig ist. Bei dem einen sind es Steine, die von bedeutsamen Orten stammen, beim anderen Figuren, Muscheln, Tücher oder Wurzeln. Doch es kann auch Plastikspielzeug oder ein Holzkreuz, ein Küchengerät, ein Teddybär oder eine Vase sein. Wichtig ist die Verbindung zu der Person, die den Gegenstand beisteuert. Auch traditionell religiöse Symbole – Heiligenbilder oder Talismane – bringen starke Energien. Nicht fehlen sollten auf einem Altar grundsätzlich die vier Elemente: Feuer in Form einer Kerze, Wasser in einem Gefäß oder repräsentiert durch eine Muschel, Luft, symbolisiert durch eine Feder, Klanginstrumente oder Rauch und schließlich die Erde in Form eines Steins oder einer Schale voll Erde.

Baustein 4: Die energetische Reinigung

Wollen wir im Ritual etwas Neues erschaffen, dann müssen wir uns zuerst einmal frei von Altem und Verbrauchtem machen. Nur in einem leeren Raum ist bekanntlich Platz für Neues. Reinigung tut Not, weil auf der Energieebene vieles an

uns haftet, dessen wir uns gar nicht bewusst sind. Sorgen und Alltagsprobleme sind energetisch ebenso präsent wie Schwingungen anderer Menschen, die wir aufgenommen haben, aber eigentlich nicht zu uns gehören. Zudem ziehen wir immer wieder Energien an, unsichtbare Wesenheiten, von denen wir nichts wissen und die uns im Alltag nicht stören, die im Ritual jedoch – zwischen den Welten – wirken können.
Reinigen können Sie:

- sich selbst und die anderen Ritualteilnehmerinnen und Teilnehmer;
- den Kreis, nachdem er wie in Baustein 6 gezogen wurde;
- alles, was einer energetischen Reinigung bedarf – eine Wohnung, eine Beziehung, einen bestimmten Zeitraum. Hierbei handelt es sich jedoch um ein eigenes Ritual, für das Sie im vierten Kapitel unter »Frühlingsrituale« (siehe Seite 127 ff.) Anregungen finden.

Wie man energetisch reinigt

Reinigen kann man mit Wasser und Salz, mit Bergskristallen und Duftölen oder auch, indem man negative Energien mit einem Besen einfach hinauskehrt. Im Ritual reinigt man traditionell mit Rauch. Unser Geruchssinn verfügt nämlich über eine direkte Verbindung zum ältesten Teil des Gehirns, dem Stammhirn oder so genannten Echsenhirn. Aus diesem Grunde sind wir für Düfte und Gerüche überaus empfänglich, und ihre Wirkung erreicht uns auf einer sehr tiefen Ebene.

- **Räucherung:** Zum Reinigen eignen sich Kräuter und Harze. Salbei, Lorbeer, Lavendel oder Rosmarin können ebenso verräuchert werden wie Weihrauch oder selbst gesammeltes Baumharz. Wer will, kann auf fertige Räuchermischungen zurückgreifen, die mittlerweile im Handel erhältlich sind. Eigenhändig Gesammeltes und Getrocknetes aus dem

Wald oder vom Balkon ist aber immer die bessere, weil persönlichere Alternative.
Sie benötigen für eine Räucherung einen feuerfesten Behälter und Räucherkohle, die Sie heute in guten Bioläden oder in Esoterik-Shops im Internet erhalten. Entzünden Sie die Räucherkohle und warten Sie, bis sie durchgeglüht ist. Dann geben Sie die Kräuter oder das Harz darauf. In geschlossenen Räumen empfiehlt sich eine sparsame Verwendung, da sich starker Rauch entwickelt. Platzieren Sie nun all das im Rauch, was gereinigt und geläutert werden soll. Während Sie vom Rauch umweht werden, stellen Sie sich vor, wie der Rauch alles mit sich fortträgt, was Sie stört und behindert.
Sprechen Sie dazu folgende Worte: »Ich reinige meinen Körper von jeder Krankheit, ich reinige meinen Geist von allen störenden Gedanken, ich reinige meine Seele von Angst und Zweifeln und allem, was mir schadet. Alle Energien, die mich nicht unterstützen, kehren zu ihrem göttlichen Ursprung zurück.« Auf diese Weise sind sowohl Sie selbst als auch der Ritualort gereinigt und erneuert.

- **Duftöle:** In geschlossenen Räumen können Sie auch Duftöle in einer Duftlampe verwenden. Fruchtige Gerüche wie Zitrone, Lemongras oder Grapefruit hinterlassen eine wunderbar frische Note.

Baustein 5: Die innere Ritual-Haltung einnehmen

Ein klarer, konzentrierter Geist, ein offenes Herz und die Füße fest auf der Erde – so sieht im Idealfall Ihre Einstellung aus, mit der Sie in ein Ritual gehen. Meistens fällt es nicht gerade leicht, vom Alltagsbewusstsein Abschied zu nehmen und sich in einen anderen inneren Zustand zu begeben. Einige Vorübungen können Ihnen dies jedoch erleichtern. Suchen Sie sich einfach die Übung aus, die Ihnen am meisten entspricht.

Sich erden

Die Erdung der eigenen Energie dient dazu, ganz im Hier und Jetzt anzukommen. Sie tankt uns mit Energie auf und verbindet uns mit der Erde, damit man nicht »den Boden unter den Füßen verliert«.
Gehen Sie folgendermaßen vor:

- Springen Sie mit beiden Beinen fest auf die Erde und lassen Sie sich mit Ihrem ganzen Gewicht auf die Füße fallen. Spüren Sie, wie die Erde Sie trägt.
- Strecken und recken Sie sich und gähnen Sie lautstark. Das löst Verspannungen, und es fließt Energie in alle Teile des Körpers.
- Knien Sie nieder und berühren Sie mit den Händen und der Stirn die Erde. Wenn Sie sich in einem Raum aufhalten, dann stellen Sie sich vor, wie unter dem Boden, unter dem Fundament des Hauses, die lebendige Erde beginnt, die sich viele hundert Kilometer in die Tiefe erstreckt. Dort unten, tief im Innersten der Erde, pulsiert der glühende Kern, das Herz unseres Planeten, dessen Energie uns jeden Tag erhält.
  Atmen Sie einige Male tief in den Bauch. Stellen Sie sich nun vor, dass Sie mit jedem Einatmen durch Ihre Stirn die Energie der Erde in Ihren Körper fließen lassen. Sie strömt durch Ihren Kopf, den Hals, die Brust und den Bauch in Ihren Unterleib und von dort in die Beine und Füße. Nehmen Sie die Kraft der Erde auf und füllen Sie Ihren ganzen Leib damit aus.
- Sie können diese Übung auch im Stehen durchführen. Stellen Sie sich vor, wie aus Ihren Fußsohlen mit jedem Ausatmen Wurzeln nach unten wachsen, die sich immer

weiter verzweigen. Sobald Sie Ihre Wurzeln spüren können, ziehen Sie beim Einatmen die Energie der Erde durch Ihre Wurzeln und Fußsohlen in den Körper bis zum Scheitel hinauf. Imaginieren Sie, wie sich jede Zelle mit der roten Lebenskraft der Erde füllt.

Kontakt zum Tiefenselbst aufnehmen

Mit den folgenden Schritten gelangen Sie sodann in Kontakt zu Ihrem Tiefenselbst:

- Fühlen Sie Ihren Brustkorb, während Sie ruhig ein- und ausatmen. Seien Sie sich Ihres Herzens bewusst. Was empfinden Sie gerade? Sind Sie traurig, fröhlich, lebendig? Nehmen Sie sich und Ihre Gefühle wahr. Stellen Sie sich dann vor, wie sich Ihr Brustkorb bei jedem Einatmen mit Licht füllt – mit göttlichem, strahlendem Licht, das uns überall umgibt. Das Licht weitet Ihr Herz, es verzeiht alles und liebt Sie bedingungslos. Auch Ihr Herz füllt sich nun mit Licht und Liebe, mit Mitleid und Vergebung. Sie dürfen sich selbst lieben und die ganze Welt, so wie das Licht alles ohne Unterschied liebt.
- Schließen Sie die Augen. Atmen Sie ein paar Mal tief in den Bauch und fragen Sie sich, was Ihnen wirklich heilig ist. Was ist wirklich wertvoll für Sie, wofür würden Sie sich voll und ganz einsetzen? Was ist Ihnen so wichtig, dass Sie Ihr Leben dafür riskieren würden? Konzentrieren Sie sich einige Minuten ganz auf dieses Gefühl. Erlauben Sie sich, Ihr Herz den höchsten Werten zu öffnen. Jetzt sind Sie mit Ihrer eigenen göttlichen Energie verbunden.

Mit negativen Gefühlen umgehen

Sollten in Ihnen negative Gefühle wie Wut, Neid, Ärger, Hass oder Scham auftauchen, dann nehmen Sie sie an; auch sie gehören schließlich zu Ihnen. Sicher haben Sie einen guten Grund, wütend, neidisch oder verärgert zu sein, doch im Ritual sollten derartige Empfindungen dann keinen Raum mehr haben. So können Sie damit umgehen:

- Suchen Sie nach den **Ursachen** für die zerstörerischen Gefühle und akzeptieren Sie, dass Sie zu Ihnen gehören. Hinter der Wut oder dem Ärger steht oft ein Gefühl der Verletzung, hinter Neid oder Hass verstecken sich oft Angst oder große Bedürftigkeit. Fühlen Sie sich und Ihre negativen Emotionen, ohne sich dabei zu schämen.
- Jetzt geben Sie sich die **Erlaubnis, diese Gefühle loszulassen.** Stellen Sie sich vor, wie ein heller Lichtstrahl in Ihre Brust fällt, göttliches Licht, das Licht der Liebe und des Verständnisses. Warm breitet es sich ganz in Ihnen aus. Verzeihen Sie sich und vergeben Sie sich alles. Im Licht der Liebe löst sich alles auf, was zerstörerisch wirkt. Neid, Wut, Ärger schmelzen nur so dahin. Übergeben Sie all Ihre Gefühle dem Licht, das Sie immer mehr erfüllt. Wenn Sie sich zuvor geerdet haben, dann können Sie sich auch vorstellen, wie Ihre negativen Gefühle von der Stirn zu den Fußsohlen und von dort in die Erde hineinfließen und im feurigen Inneren dann verwandelt werden.

Baustein 6: Den heiligen Raum schaffen

Nun ist der Zeitpunkt gekommen: Das Ritual kann beginnen. Wir verlassen innerlich und äußerlich die Alltagswelt und begeben uns auf die Schwelle, in die Zwischenwelt. Wenn Sie mögen, läuten Sie jetzt eine Glocke als Signal an Ihr Unbewusstes oder legen Sie Ritualkleidung an.

Der Ritualkreis

Wir wollen mit Energien arbeiten, die wir auf ein bestimmtes Ziel richten. Da Energie etwas sehr Flüchtiges ist, bedarf es eines Gefäßes, in dem sie konzentriert werden kann. Der Ritualkreis bündelt Energie wie Laserstrahlen. Indem wir um uns einen Kreis ziehen, schaffen wir einen abgegrenzten spirituellen Raum, in dem sich in geschütztem Rahmen die Welten treffen können.
Praktisch gehen Sie folgendermaßen vor:

- **Einen wirklichen Kreis errichten:** Formen Sie einen Kreis aus einem Material Ihrer Wahl, aus Steinen, aus Teelichten oder aus Mehl, das man auf dem Erdboden auch in der Dunkelheit gut erkennen kann. Betreten Sie den fertigen Kreis im Osten durch einen Eingang; schließen sie ihn, sobald sich alle Teilnehmer im Kreis befinden. Bewegen Sie sich im Kreis rechts herum, das heißt im Uhrzeigersinn.

- **Einen energetischen Kreis errichten:** Nehmen Sie einen beliebigen Gegenstand – einen Stock zum Beispiel – berühren Sie damit die Erde und stellen Sie sich vor, Ihr Stock würde nun Kontakt zur Erdenergie aufnehmen. Schreiten Sie jetzt den Kreis dreimal im Uhrzeigersinn ab und ziehen Sie Ihren Stock dabei hinter sich her. Versuchen Sie zu visualisieren, wie aus der Spitze des Stockes das rote Licht der Erde ausströmt und einen Kreis des Schutzes um Sie formt. Mit jeder Runde wird das Licht intensiver und dichter, sodass nach der dritten Umrundung der Kreis vollständig geschlossen ist. Dabei formulieren Sie, welche Art Kreis Sie errichten: »Ich errichte einen Kreis der Liebe.« Oder: »Ich errichte einen Kreis der Kraft, des Schutzes, der Verwandlung.«
  Die Farben des Lichtes können Sie variieren; im Spektrum der Erde ist alles vorhanden. Wenn Sie möchten, stellen

Sie sich nun vor, dass das Licht zu einer Kuppel wird, die Sie schützend umhüllt. Je klarer Sie das Bild vor Ihrem inneren Auge haben, desto stärker wird der Kreis.

- **Gemeinsam einen Kreis errichten.** Jede Person denkt sich eine Farbe aus, die den Kreis bildet, wobei sie bei sich selbst beginnt. Das farbige Licht sollte so intensiv wie möglich »gesehen« werden, wie es aus dem eigenen Körper austritt, den Kreis entlangwandert und sich mit den anderen Farben zu einem vielfarbigen Regenbogen verbindet. Der Kreis entsteht am Boden und wächst gleichsam in der Vorstellung, bis er alle umgibt.
  Ist der Kreis einmal gezogen, dann dürfen Sie ihm vertrauen und sich vollkommen sicher fühlen. Sie sind jetzt beschützt. Respektieren Sie deshalb den Kreis. Wollen Sie ihn während des Rituals verlassen, dann stellen Sie sich vor, dass Sie ihn wie mit einem Reißverschluss öffnen und hinter sich wieder schließen. Das verhindert, dass der Kreis Löcher bekommt und das Unbewusste ihn nicht mehr aufrechterhalten kann. Wenn Ihr Ritual vorsieht, dass Sie den Ort wechseln, imaginieren Sie, wie Sie Ihren Kreis im Geiste hochheben, mit sich tragen und am Zielort wieder in der Erde verankern. Stellt sich Ihr Kreis als zu klein heraus, dann erweitern Sie ihn, indem Sie ihn ausdehnen. Sprechen Sie diesen Vorgang laut aus, damit alle Beteiligten »sehen« können, wie der Kreis wandert oder wie er mit jedem Atemzug nach außen wächst.

Die Himmelsrichtungen

Der Raum zwischen den Welten wurde nun zwar gezogen, aber er ist noch abstrakt und schwebt gewissermaßen im Niemandsland. Indem wir ihm nun vier Ecken geben, orten wir ihn im Hier und Jetzt. Schließlich hat jeder Kreis ein Zentrum und ist damit in bestimmter Weise auf die vier Himmelsrich-

tungen Nord, Süd, West und Ost ausgerichtet. Er hat ein Oben und ein Unten.
Mithilfe eines Kompasses finden wir heraus, wo genau Norden, Süden, Westen und Osten liegen. Dann verankern wir den Kreis in den vier Himmelsrichtungen, wobei jeder auch eine symbolische Bedeutung zukommt. Gehen Sie dabei so vor:

- Wenden Sie sich zuerst dem **Osten** zu. Dies ist der Ort, an dem jeden Morgen strahlend die Sonne aufgeht. Der Osten steht für die Kraft des Aufbruchs, die Energie des Neubeginns, die Zeit des Erwachens, des Frühlings und der Jugend. Rufen Sie nun die Himmelsrichtung: »Ich rufe die Kraft des Ostens.« Stellen Sie sich ein riesiges gelbes Tor vor, das in dieser Himmelsrichtung steht und sich auf Ihr Rufen langsam zum Kreis hin öffnet. Eine Alternative ist, sich die Himmelsrichtungen als Türme vorzustellen, deren Hüter gerufen werden. Dann sagen Sie: »Ich rufe den Hüter der Türme des Ostens.« Die Hüter verkörpern die Energie und den Schutz dieser Himmelsrichtung. Wer zu Engeln einen besonderen Bezug hat, kann sich in der jeweiligen Himmelsrichtung auch einen Erzengel vorstellen, der strahlend seinen Schutz verbreitet. Dem Osten ist Raphael zugeordnet.

- Wenden Sie sich dann dem **Süden** zu. Er ist der Ort der sengenden und hell strahlenden Mittagshitze. Er steht für die Kraft des Höhepunktes, die pralle Energie des Erschaffens und der Lebendigkeit, für den Sommer und die Lebensmitte. Rufen Sie die Kraft des Südens, und ein leuchtend rotes Tor tut sich auf. Der Erzengel des Südens ist Michael.

- Wenden Sie sich nun dem **Westen** zu. Er ist das Abendland, jener Ort, an dem die Sonne untergeht. Er steht für die Zeit des Loslassens, des Sterbens und der absinkenden Energie des noch einmal in aller Schönheit erstrahlenden Herbstes und des Alters. Wenn Sie den Westen rufen, öffnet sich ein blaues Tor. Der Erzengel des Westens ist Gabriel.

- Nun wenden Sie sich dem **Norden** zu. Er steht für die Nacht, wenn die Kraft der Sonne verebbt ist und sie in der Unterwelt weilt. Der Norden symbolisiert die Macht der Finsternis, die alles in sich aufnimmt und dann erneuert. Diese Himmelsrichtung ist der Inbegriff der Geborgenheit, der inneren Entwicklung und der Auflösung, aus der im Osten dann der Neuanfang erwachen kann. Das schwarze Nordtor geht auf, wenn Sie den Norden rufen. Der Erzengel des Nordens ist Uriel.

- Zum Schluss wenden Sie Ihre Aufmerksamkeit der **Mitte** zu. Sie steht für das Zentrum der Welt, für den Weltenbaum, um den sich alle Welten drehen. Rufen Sie nun die Mitte: »Ich rufe die Kraft des Zentrums, aus dem alles kommt und zu dem alles zurückkehrt. Ich rufe die Kraft der heiligen Mitte.« Neigen Sie dann die Hände gen Erde und sprechen Sie: »Bei der Welt, die unter uns liegt«, heben Sie Ihre Hände zum Himmel und sagen Sie: »Bei der Welt, die über uns liegt«, dann drehen Sie sich einmal im Kreis und sprechen: »Und bei allem, was dazwischen liegt – der Kreis ist geschlossen.«

Baustein 7: Die Energien der Wandlung einladen

Der Kreis ist gebildet, und die Zeremonie hat begonnen. Bevor Sie sich mit dem Kernstück des Rituals an die eigentliche Arbeit machen, begrüßen Sie zuvor Ihre »energetischen Gäste«, die Ihnen beim Gelingen Ihrer Zeremonie behilflich sein sollen.

Die Absicht des Rituals benennen

Bedenken Sie, dass Sie sich in einem besonderen Raum befinden. Was Sie hier sagen, hat Auswirkungen. Formulieren Sie deshalb am Anfang ganz klar, welche Absicht Sie mit diesem Ritual verfolgen. Sie können sich dazu durchaus einen Text vorbereiten, den Sie dann aber möglichst nicht ablesen, sondern frei sprechen. Das frei gesprochene Wort kommt nämlich aus dem Herzen. Alle beteiligten Energien, Ihre eigenen unterbewussten Kräfte und die Gäste, die Sie noch einladen, werden Sie hören. Sagen Sie also beispielsweise: »Wir haben uns hier und heute zu diesem Ritual zusammengefunden, um die strahlenden Kräfte des Sommers in unser Leben einzuladen.« Oder: »Wir feiern dieses Ritual, um Altes loszulassen, das seinen Sinn in unserem Leben verloren hat und um uns zu öffnen für die Kraft einer neuen Lebendigkeit.«

Die vier Elemente und ihre Bedeutung

In jedem Ritual sollten die vier Elemente Feuer, Wasser, Erde und Luft in irgendeiner Form vertreten sein. Aus dem wilden Wechselspiel der Elemente entstand schließlich einst das Leben, und nach ihren Gesetzen bewegt sich unsere gesamte materielle Welt. Jede Bewegung, jede Verwandlung und alles neu Entstehende untersteht dem Einfluss der Elemente.
Lernen Sie ihre Kraft kennen und rufen Sie sie in den Kreis. Dazu müssen Sie allerdings noch einiges über die Bedeutung der Elemente wissen:

- Die **Luft** ist das flüchtigste Element, das instabilste und vergänglichste der vier. Es steht der geistigen, unsichtbaren Welt am nächsten. Die Luft symbolisiert all jene Kräfte, die urplötzlich aus dem Nichts kommen und ebenso schnell wieder verschwinden: Ideen, Inspirationen, Visionen. Zugleich ist die Luft das Element der Verbindung und der

Information. Über die Luft hören wir Klänge, riechen wir Düfte und außerdem atmen wir alle die gleiche Luft. Was der eine ausatmet auf der Welt, das atmet der andere ein. Ohne den Atem – das ständige Annehmen und Loslassen, diese sich unermüdlich erneuernde Verbindung zu allen Lebewesen – könnten wir keine fünf Minuten überleben. Die kühle Brise und der wilde Sturm bringen Klärung in wirren Zeiten. Der Wind fegt alles davon, was keinen Bestand hat, was überflüssig und überholt ist. Daher steht die Luft auch für Klarheit des Geistes und des Denkens. Wenn sich die Wolken im Kopf verziehen, dann wird die Aussicht plötzlich klar und man weiß, welchen Weg man gehen soll.

- Das Element **Feuer** ist pure Lebenskraft. Es steht für Licht und Wärme, für die leuchtende Kraft der Sonne und für das innere Licht, die geistige Erleuchtung. Die zerstörerische Kraft des Feuers macht es auch zum Inbegriff der Verwandlung und Reinigung. Ein Waldbrand kann zwar ganze Regionen vernichten, doch die Hitze des Feuers lässt auch Samenkapseln aufspringen, aus denen sich im nächsten Zyklus aus der nährenden Asche kraftvoll das Leben neu entfaltet. Feuer reinigt auf eine endgültige Art und Weise, da es alles in eine einzige Substanz verwandelt – in Asche. Es führt uns damit vor Augen, dass wir alle aus demselben Stoff bestehen. Feuer symbolisiert zudem auch die Lust und die sexuelle Energie, es steht für brennende Liebe und Leidenschaft und ist die Grundlage all jener heftigen und eruptiven Gefühle, die uns lebendig halten. Auch Wut und Zorn entsprechen mit ihrem zerstörerischen Potenzial dem Feuer, das nur in gebändigter Form zu unserem Nutzen ist.

- Das Element **Wasser** ist die Urheimat des Lebens. Wir alle kommen aus dem (Frucht-)Wasser des Mutterleibes.

Es fließt als Blut durch unsere Adern und in Form von Flüssen, Bächen und Strömen durchs Land, um zu versorgen, zu reinigen und zu erneuern. Mehr noch als das Feuer besitzt das Wasser die Kraft der Reinigung. Es spült alles fort und führt zurück ins große Meer, in das alle Flüsse münden. Geduldig gräbt es sich seinen Weg auch durch das massivste Gestein. Die sanfte Macht der Beharrlichkeit, die letztlich alles zum Einsturz bringen kann, liegt in der Kraft des Wassers. Ohne Wasser sind wir nur kurzfristig lebensfähig. Zurzeit wird die Bedeutung des Wassers als Trägerin von Information und Heilkraft neu entdeckt.[14] Als Meer symbolisiert es die unergründliche Tiefe des Seins. Steht die Luft für die bewusste Kraft des Geistes und des Verstandes, so bedeutet das Wasser die unkontrollierbaren Kräfte des Unbewussten, das Meer an Gefühlen und Emotionen, die wir nicht wirklich verstehen, aber dennoch die wahren Triebkräfte unseres Lebens sind. Sobald Sie innerlich »in Fluss« kommen, vermag die heilende Kraft des Wassers seine Wirkung zu entfalten.

- Das Element **Erde** ist das Symbol für Festigkeit. Was in der Luft nur ein Hauch, im Feuer kurzes Auflodern an Kraft und im Wasser Bewegung ist, kommt in der Erde zum Stillstand. Sie ist der Ort, wo fest wird, was zuvor flüchtig war, der Ort, wo die Energie in die Wirklichkeit tritt und sich materialisiert. Durch die Erde bekommt alles Materielle eine Art Leib. Sie formt ihn, erhält ihn und nimmt ihn wieder in sich auf. Die Erde symbolisiert den Körper, die Knochen, das Fleisch. Sie ist das Skelett, das Stabilität und Richtung gibt, die Struktur unseres Seins. »Die Steine sind die Knochen der Erde«, heißt es bei den Indianern, »und ihr fruchtbarer Humus ist das Fleisch.« Die Erde ist Wirklichkeit in all ihren Aspekten: die Schönheit der blühenden Blumen und der Gestank des verwesenden Fleisches. Die Erde steht deshalb für das Annehmen des Leibes mit allem, was dazu gehört. Sie verkörpert die Dunkelheit und Ruhe, aus der das Leben entspringt. Sie lehrt Geduld und Beharrlichkeit. Wer geerdet ist, steht mit beiden Beinen auf der Erde und ver-*wirklicht,* was sich an Ideen ergibt. Die Erde ist das Sinnbild der Verantwortung für uns selbst und unsere Taten.

Wie man die Elemente und höheren Energien einlädt

Es stehen Ihnen nur mehrere Möglichkeiten offen, wie Sie zunächst die vier Elemente Luft, Feuer, Wasser und Erde in Ihren Kreis bitten können.

- **Rufen:** Ähnlich wie die Himmelsrichtungen können Sie auch die Elemente regelrecht herbeirufen. In einem Ritual mit mehreren Personen sprechen Sie sich vorher ab, wer welches Element ruft. Sie heben dafür ein Symbol des jeweiligen Elementes – für die Luft ist es ein Räucherstäbchen – in die Höhe und rufen laut: »Ich grüße die Kräfte der Luft, des Windes und des Atems. Ich rufe die Kräfte der Klarheit und der Wahrhaftigkeit. Ich bitte euch, in diesem Ritual mit eurem Schutz und eurem Segen bei uns/mir zu sein.«
  Entsprechend verfährt man mit allen anderen Elementen. Was symbolisieren die Erde, das Wasser und das Feuer für Sie? Spüren Sie Ihren Ideen ein wenig nach.
  Vielleicht wollen Sie aber auch bestimmte Aspekte eines Elementes besonders einladen. Für eine Reinigungszeremonie könnte man bei der Luft zum Beispiel den Sturm rufen, damit er die morschen Hölzer abreißt, oder den Flug der Vögel, der hinauf in die Freiheit und Klarheit führt.

- **Singen und tanzen:** Großen Spaß macht es auch, die Elemente mit Gesten pantomimisch zu rufen. Dazu hält ein

Teilnehmer das Symbol des jeweiligen Elementes in die Höhe und spricht dazu: »Ich rufe die Kraft des Wassers.« Alle anderen stellen das Wasser physisch und akustisch dar: das Prasseln der Regentropfen, das Tosen des Meeres, das Rauschen der Flüsse, die Fische im Wasser, die Algen und Seesterne. Der Phantasie sind keine Grenzen gesetzt. Denken Sie an Ihr inneres Kind – je mehr Spaß es hat, desto besser. Oder singen Sie die Elemente herbei, wenn Sie entsprechende Lieder kennen.[15]

Führt man eine Zeremonie mit Personen durch, die wenig Toleranz für neue Ritualformen aufbringen, dann kann es sinnvoll sein, die Elemente in der Stille ganz allein zu rufen. Wenn sie in Form von Symbolen auf dem Altar anwesend sind, dann reicht das oft schon aus.
Die meisten Ritualkreise rufen die Elemente wie auch die Himmelsrichtungen allerdings gemeinsam, was letztlich auch die Prozedur abkürzt. Jeder Himmelsrichtung wird dann ein Element zugewiesen: »Ich rufe die Kraft des Nordens und der Erde.« Folgende Zuordnungen bieten sich an: Dem Osten wird das Element Luft (Klarheit, Neuanfang) beigeordnet, dem Süden das Feuer (Licht, Power), dem Westen das Wasser (Gefühle, Abend) und dem Norden die Erde (Dunkelheit, Stabilität).

Nach den Elementen haben Sie vielleicht den Wunsch, noch andere Gäste einzuladen, deren Weisheit und Unterstützung Sie sich in Ihrem Ritual wünschen. Im heiligen Raum besteht ein direkter Kontakt, selbst wenn Sie ihn nicht sofort wahrnehmen können.

- Sie können Kontakt zu den **Energien der Natur** herstellen, die gerade wirksam sind. Das Fallen der Blätter im Herbst verstärkt zum Beispiel die Stimmung des Abschieds und des Loslassens. Das kraftvoll und saftig in allen Stängeln und Blüten sprießende Leben unterstützt im Frühling Ihre Aufbruchstimmung. Spüren Sie die Präsenz des Lebens um sich herum und begrüßen Sie dieses Leben.

- Wagen Sie es ruhig, Kontakt zu allem herzustellen, was Ihnen **heilig** ist, das heißt, dem Sie im tiefsten Inneren vertrauen können. Wenn Sie Christ sind, werden Sie vielleicht die Hilfe Gottes, Marias oder Christi rufen, wenn Sie Muslim sind, die Hilfe Allahs oder Fatimas erbitten. Sie gehören keiner Glaubensgemeinschaft an? Dann rufen Sie zum Beispiel die göttliche Urquelle, die Macht der Liebe oder Ihre eigene innere göttliche Kraft. Im zweiten Kapitel (siehe Seite 43 ff.) wurden bereits verschiedene Möglichkeiten aufgezeigt, wie man vom Schutz der Ahnen bis hin zu den vorchristlichen Göttinnen und Göttern profitieren kann, die Sie alle als Verkörperung von Lebensenergien anrufen können.
  Wen immer Sie einladen, Sie sollten dabei ein Gefühl von Stimmigkeit empfinden, und Ihre Gäste sollten natürlich auch zum Ritual und seiner Absicht passen. Denn was Sie im Ritual rufen, das bekommen Sie auch. Die Göttin der Unterwelt und des Todes ruft man deshalb nur, wenn man sie auch ertragen kann. Und die Kraft der Liebe und Leidenschaft passen somit kaum zu einem Begräbnisritual.

- **Hochwohlgeborene Gäste** schätzen es, wenn sie mit ehrlichem Herzen und klaren Worten gerufen werden. Sie können bewegende Hymnen und komplexe Anrufungen schreiben, wenn Sie möchten. Am besten wählen Sie dazu Ihre eigenen Worte, denn sie sind am kraftvollsten.
  Dazu ein Beispiel: Sie zelebrieren ein Loslass-Ritual und laden dazu die Göttin der Unterwelt ein, die griechische Hekate, die keltische Cerridwen oder die germanische Hel. Sie sprechen: »Ich lade dich ein, alte Göttin der Unterwelt, Königin der Dunkelheit, die du das Leben spinnst und

webst. Hilf mir hier und jetzt in diesem Ritual, meine Fäden zu durchtrennen und loszulassen, was nicht mehr zu mir gehört. Bring die Wende, rühre in deinem Kessel der Verwandlung.«

Anfangs mag es Ihnen ja vielleicht merkwürdig vorkommen, einfach zu jemandem zu sprechen, den Sie weder sehen noch hören können. Doch haben Sie Vertrauen: Alles, was Sie rufen, das kommt auch. Ein Ritual ist eine heilige Handlung, selbst wenn es dabei noch so wild oder auch witzig zugeht. Sie haben sich jetzt dem Schutz von Mächten anvertraut, die größer sind, als Sie sich das vorstellen können. Was immer geschieht, ist zu Ihrem Besten, selbst wenn Sie das vielleicht nicht immer sofort zu erkennen vermögen.

Baustein 8: Dem Ziel eine Handlung zuweisen

Jetzt beginnt der wichtigste Teil des Rituals, sein Kernstück, die Phase der Verwandlung. Was auch immer Sie sich zum Ziel des Rituals gesteckt haben, hier findet es seine Umsetzung. Wir bedienen uns dazu verschiedener Techniken, die der jeweiligen Zielsetzung entsprechen. Die wichtigste Methode ist die symbolische Handlung. Sie gibt gewissermaßen die »Grammatik« des Rituals vor, das heißt, sie bestimmt, was wie wann und von wem durchgeführt wird.

Die symbolische Handlung und ihre Grundtypen

Nach dem Prinzip der Ähnlichkeit der Energien bewirkt unsere Handlung im Kleinen – sprich im Ritual – das, was sich im Großen – in unserem Leben nämlich – verändern soll. Nachdem wir wissen, dass unser Kindliches Selbst am Ritual und seiner Energie kräftig mitwirkt, greifen wir für unsere

Handlung in die Bild- und Symbolkiste, die unser inneres Kind am besten versteht.
Eine symbolische Handlung setzt buchstäblich um, was Sie sich im übertragenen Sinn als Ziel gesteckt haben. Nehmen wir also einmal an, das Ziel Ihres Rituals wäre, etwas loszulassen. Suchen Sie ein Symbol für das, was aus Ihrem Leben verschwinden soll, und lassen Sie es dann im wahrsten Sinn des Wortes los. Vertrauen Sie Ihre Sorgen einem Stück Papier an, unterschreiben Sie mit Ihrem Speichel und schicken Sie es an einem roten Luftballon auf eine Reise der Verwandlung in die Welt. Verbrennen Sie es zu Asche, wenn sich etwas radikal verändern soll, oder vergraben Sie es, wenn eine allmähliche Zersetzung Ihnen angebrachter erscheint. Je umfassender Sie Ihren ganzen Körper und Ihre Gefühle in die symbolische Handlung einbringen, desto intensiver ist die Wirkung.

Traditionell gibt es insgesamt **vier Grundtypen** des symbolischen Handelns: rufen, wünschen, binden und lösen.

- Wenn Sie etwas Neues in Ihr Leben bringen wollen, dann können Sie es **rufen**, so wie Sie die Energien der Elemente oder den Frühling gerufen haben. Rufen Sie mit aller Macht in den Nachthimmel hinein, rufen Sie auf einem Berggipfel oder zum Vollmond hinauf. Wichtig dabei ist Ihre Einstellung: Ihr Glaube oder – besser gesagt – Ihr Wissen darum, dass die Energien Ihrem Ruf auch folgen werden. Vertrauen Sie darauf: Was für Sie bestimmt ist, kommt auch. Rufen Sie also nur, wenn Sie das Resultat in ganzer Konsequenz auch verkraften können.

- Ihr Kindliches Selbst weiß ganz genau um die Macht der **Wünsche**. Im Märchen finden Sie viele Anregungen, wie man sich was von wem wünschen kann, wobei drei Wünsche sich immer als besonders wirksam erweisen. Sie können Ihren Wunsch in der Erde vergraben, in eine Kerze einritzen, die langsam abbrennt, oder den Wunsch mit dem Rauch eines Räucherstäbchens der Luft übergeben. Doch bedenken Sie stets, dass Sie sich etwas vom Universum wünschen. Ihr Adressat sitzt auf der anderen Seite der Wirklichkeit.

- Wenn Sie etwas wirkungslos machen wollen, dann können Sie es **binden**. Binden Sie eine schlechte Angewohnheit an einen Stein, den Sie dann in einem See versenken. Oder binden Sie die Eifersucht Ihres Kollegen symbolisch eine Weile an einem Baum fest.

- Sie können umgekehrt natürlich auch etwas **lösen**, das heißt von Fesseln befreien, was gebunden ist und nicht richtig zum Zuge kommt. Sie fühlen sich gehemmt und eingeengt? Stellen Sie von sich eine Puppe her – aus Stroh, Papier oder alten Stoffresten – und versehen Sie sie mit Ihren Haaren, Ihrem Blut oder Ihrem Speichel. Binden Sie die Puppe symbolisch in Schnüre und Tücher und schneiden Sie im Ritual dann feierlich die Fesseln durch.

Wie man eine symbolische Handlung aufbaut

Wenn Sie komplizierte Veränderungen anstreben, dann orientieren Sie sich bei der Planung der symbolischen Handlung an der folgenden Grundstruktur; es handelt sich dabei um einen Dreischritt:

- den Jetzt-Zustand darstellen
- die Veränderung vollziehen
- den End-Zustand darstellen

Das folgende Beispiel soll Ihnen nun verdeutlichen, wie Sie diese Grundstruktur praktisch umsetzen können.
Die Erinnerung an eine alte Liebe lässt Sie nicht los. In einem

Ritual wollen Sie sich von dieser Verbindung, die für Sie immer noch spürbar ist und die Sie belastet, lösen. Eine Möglichkeit, diese Veränderung symbolisch darzustellen, könnte nun so aussehen:

Der Ist-Zustand: Knüpfen Sie eine Schnur an Ihr Handgelenk und gleichzeitig an ein Foto des beziehungsweise der Ehemaligen. Sie spüren die Verbindung noch einmal ganz intensiv in Ihrem Herzen. Fühlen noch einmal die Sehnsucht nach diesem Menschen, die Zuwendung, die Faszination und die schönen Erinnerungen – aber auch die Belastung und den Zwang, der Sie bindet. Sie sind bereit, beide Seiten dieser Beziehung gehen zu lassen. Jetzt fassen Sie den Entschluss zur Veränderung und machen sich bereit loszulassen. Gibt es noch etwas, das Sie brauchen, um sich zu befreien? Nehmen Sie es sich.

Der Abschied: Es ist soweit. Sehen Sie sich das Foto noch einmal an und verabschieden Sie sich nun von allem, was damit verknüpft ist, von den positiven wie von den negativen Aspekten. Sie dürfen weinen, klagen oder vor Wut toben. Aber machen Sie Ernst. Konzentrieren Sie sich noch einmal, wenn die Gefühle der Trauer und Wut verebbt sind. Nehmen Sie eine Schere zur Hand. Wenn Sie sich innerlich bereit fühlen, dann schneiden Sie ganz bewusst die Schnur durch, welche die Verbindung zwischen Ihnen und Ihrem Expartner symbolisiert. Mit dieser Schnur zerschneiden Sie die Verbindung Ihres Herzens.

Die Zeit danach: Schnur und Foto übergeben Sie nun zur Verwandlung den Elementen. Verbrennen Sie beides und vergraben Sie die Asche in der Erde oder streuen Sie sie in einen Fluss. Wünschen Sie der verabschiedeten Person alles Gute für ihren Lebensweg und sagen Sie: »Du gehst jetzt deinen Weg ohne mich weiter. Möge es dir gut ergehen.« Dann wenden

Sie sich wieder sich selbst zu. Sie gehen nun Ihren eigenen Weg. Wie fühlen Sie sich? Leer? Traurig? Hoffnungsvoll? Vielleicht haben Sie ja nun noch das Bedürfnis, die Leere zu füllen, die das Auflösen der Verbindung hinterlassen hat. Konzentrieren Sie sich also auf die leere Stelle in Ihrem Herzen und wünschen Sie sich etwas, das diese Leere füllen könnte: Lebenslust, eine neue Liebe, innere Freiheit. Vielleicht sind Sie dazu aber innerlich auch noch nicht bereit. Dann stellen Sie sich vor, wie alle guten Kräfte des Lebens Sie für diesen mutigen Schritt in Licht hüllen, Sie stärken und Ihnen Liebe schicken.

Diesen drei Schritten entsprechend können Sie jedes Ritual-Kernstück aufbauen. Wählen Sie Symbole, zu denen Sie einen Bezug haben, und eine Handlung, die nicht nur Ihren Verstand, sondern auch Ihr Herz und Ihre Kreativität anspricht. Sie können zum Beispiel Unliebsames abstreifen, indem Sie durch ein selbst gegrabenes Erdloch kriechen oder sich zwischen zwei Baumstämmen hindurchzwängen. Ersteres ist mit mehr Mühe verbunden, dafür aber umso erfolgreicher. Alte und überflüssige Einstellungen könnten Sie auf Ihrem Körper an just jenen Stellen aufmalen, wo Sie ihren Sitz vermuten, und sie dann symbolisch in einem Fluss oder einem See abwaschen. Ihrer Phantasie und Ihren Ideen sind keine Grenzen gesetzt. Bei besonders wichtigen Schritten inszenieren Sie die Veränderung mit großem Aufwand. Das signalisiert Ihrem Unbewussten, wie ernst es Ihnen damit ist. Viel Aufwand führt zu mehr Energie, die dann tief greifende Veränderungen zur Folge hat.

Experimentieren Sie mit dieser Grundstruktur einfach nach Ihrem Gutdünken. Im Laufe der Zeit finden Sie Ihre ganz persönlichen Symbole und wissen dann intuitiv, was Sie damit machen müssen. Und wenn ein Ritual einmal nicht so recht klappen will, dann ist das auch kein Problem. Die Wirkung

kann trotzdem positiv sein. Erwarten Sie nichts im Ritual, sondern machen Sie einfach das, was Sie sich vorgenommen haben. Erzwingen Sie nichts.
Und vergessen Sie nie: Die Elemente sind Ihre mächtigsten Verbündeten, denn sie verwandeln alles und bringen alles in Bewegung, unbeirrbar und unbestechlich. Gehen Sie deshalb achtsam mit ihnen um und verwenden Sie keine schädlichen Substanzen, wenn Sie etwas in der Natur zurücklassen. Arbeiten Sie dann ausschließlich mit Naturstoffen, mit Stöcken, Steinen, Gräsern, mit Früchten und Körnern, mit Knochen und Blut.

Symbolhandlungen in der Gruppe

Findet ein Ritual in der Gruppe statt, lässt es sich – je nach Anzahl der Teilnehmer – unterschiedlich organisieren. Folgende Alternativen bieten sich an:

- **Alle machen alles:** In kleinen Gruppen von drei bis höchstens fünfzehn Teilnehmern können alle eine bestimmte Handlung vornehmen, ohne dass die Geduld der Übrigen über Gebühr strapaziert würde. Je mehr Personen teilnehmen, desto kürzer sollte die Handlung allerdings konzipiert sein.

- **Verteilung der Rollen:** Nehmen mehr als fünfzehn Personen an einem Ritual teil, empfiehlt es sich, mit verteilten Rollen zu arbeiten und die symbolische Handlung nur von einigen stellvertretend für alle durchführen zu lassen. Wer also beispielsweise die Kräfte des Winters vertreiben und den Frühling Einzug halten lassen will, der kann zwei Teilnehmer bestimmen, die den Winter und die Frühlingssonne verkörpern. Die beiden müssen sich dann unter dem Gekreisch und Gelächter der Übrigen so lange balgen, bis die Frühlingssonne triumphiert. Die Aufgabe der anderen ist es, die Energie zu halten, das heißt, das Geschehen mit ihrer Anteilnahme energetisch zu unterstützen.

- **Zeugen sein:** Manchmal sind die Rituale von vornherein so konzipiert, dass bestimmte Personen im Mittelpunkt stehen, wie zum Beispiel bei einer Hochzeit oder einer Taufe. Dann sind es natürlich auch diese Hauptpersonen, welche die Veränderung erleben. Die Aufgabe der Übrigen besteht darin, die Energie zu halten und als Zeuge oder Begleiter zu fungieren.
  Doch auch im letzten Fall sollten möglichst alle wenigstens einen kleinen eigenen Beitrag ins Ritual einbringen. Das ist enorm wichtig, weil nur dann alle Energien mit einfließen. Jeder sollte also einen Wunsch beisteuern, ein Lied mitsingen, einen Tanz mittanzen – Hauptsache, die Energie eines jeden ist beteiligt.

Weitere Handlungsmöglichkeiten im Ritual

Die folgenden Komponenten finden sich in Ritualen aller Kulturen wieder und haben sich seit Jahrhunderten in der Praxis als überaus wirksam erwiesen. Aus dem nachfolgenden Überblick können Sie sich für Ihre eigenen Rituale das Passende aussuchen.

- **Worte:** Die magische Wirkung von Worten ist schon in der Bibel belegt. »Am Anfang war das Wort«, heißt es dort; das Wort war noch vor der Schöpfung selbst präsent. »Sprich es nicht aus, sonst tritt es ein«, wehrt ein abergläubischer Mensch missliebige Kommentare ab. Unser Kindliches Selbst weiß um die Bedeutung von Worten, die von ihrer Natur her selbst Symbole sind. Sie stehen nämlich für etwas anderes als für ihren eigenen Klang. Unser inneres Kind würde sagen, es gibt – auf der energetischen Ebene – keinen Unterschied zwischen dem Wort und dem, was es be-deutet. Das ist die Magie aller Symbole. Sie *sind* energetisch das, wofür sie stehen. Im Ritual, im heiligen Raum, sind Worte daher ein sehr effizientes Mittel, um Veränderung zu bewirken. Allerdings empfiehlt es sich, die Worte sorgfältig abzuwägen, denn ihre Wirkung ist hier eine unmittelbare. Was benannt wird, das ist auch anwesend, was gerufen wird, geschieht. Wollen Sie »mehr Liebe« in Ihrem Leben, dann überlegen Sie sich vorher genau, in welcher Form. Schließlich möchten Sie nicht von jedem geliebt werden, sich unglücklich verlieben oder aus Liebe in Abhängigkeit geraten. Das kann jedoch durchaus passieren, denn Ihr inneres Kind hört Ihre Worte und nimmt sie wörtlich – wie ein Kind eben alles wörtlich nimmt. Dann vermischt es die Worte mit all jenen unterbewussten Regungen, von denen Ihr Denkendes und Sprechendes Selbst wahrscheinlich keine Ahnung hat. Und das Ergebnis entspricht dann vielleicht so gar nicht dem, was Sie sich eigentlich vorgestellt hatten. Dem lässt sich gegensteuern, indem man einige ganz einfache Regeln beachtet:

- Überlegen Sie genau, was Sie wollen, und formulieren Sie exakt.
- Benutzen Sie keine negativen Formulierungen, denn die versteht Ihr Kindliches Selbst nämlich nicht. Statt »Ich will keinen Misserfolg« versteht es nur »Misserfolg«. Formulieren Sie also positiv: »Ich will Erfolg.« Und spüren Sie am besten noch nach, wie es sein wird, wenn dieser Erfolg sich auch einstellt. Auf diese Weise können Sie nichts falsch machen.
- Formulieren Sie so, als wäre das gewünschte Ergebnis schon eingetreten. Sagen Sie: »Ich bin von jetzt an glücklich.« Anstatt: »Ich werde glücklich sein.«
- Denken Sie sich hin und wieder einen Wunsch in Reimform aus. Verse wirken verstärkend auf unser Kindliches Selbst; in Märchen finden Sie dafür viele Beispiele.

- **Symbole:** Mit Bildern und Symbolen werden Gefühle angerufen und kanalisiert. Betrachten Sie ein Foto von einem wunderschönen Sonnenuntergang am Meer, werden Empfindungen in Ihnen geweckt: wunderbare Erinnerungen an eigene Urlaube, ein Gefühl der Ehrfurcht für das ewige Kommen und Gehen der Gezeiten oder auch der Verlorenheit von uns kleinen Menschen im riesigen Meer. Der Ozean steht dabei für sich selbst und wird zugleich zum Symbol, das über sich hinausweist. Der Blick auf das Foto weckt das Gefühl. Bestimmte archetypische Symbole berühren uns auf einer sehr tiefen, dem Denken nicht mehr zugänglichen Ebene unseres Wesens, die nur noch vom Kindlichen Selbst und vom Tiefenselbst erfassbar ist. Die einfachen Symbole von Kreuz, Kreis, Dreieck und fünf- oder sechszackigem Stern werden nicht zufällig in vielen Kulturen verwendet. Die vielfältige und wunderschöne Welt der Mandalas gehört nicht nur in den Buddhismus, sondern wurde schon im Mittelalter beim Entwurf von Kirchenfenstern benutzt, weil sie das Herz göttlichen Energien öffnen.
  In Ritualen setzen Sie Symbole ein, die Sie persönlich berühren. Winden Sie einen Kranz aus Blüten als Krone der Lebenslust, fädeln Sie Muscheln zu einer Kette auf, die Sie mit den Kräften des Meeres verbindet. Wollen Sie etwas loswerden oder auch herbeirufen, dann dankt es Ihnen Ihr Kindliches Selbst, wenn Sie sich die Mühe machen, es nicht nur auf einen Zettel zu schreiben, sondern ein Symbol dafür anfertigen. Sie können dazu alle möglichen Materialien benutzen; Naturstoffe, Plastiktüten, Glühbirnen oder Autoreifen können wirkungsvolle Symbole sein. Nur in der Natur liegen lassen sollten Sie sie natürlich nicht.
  Dazu noch einige Beispiele: Der Ärger in der Arbeit könnte eine Mischung aus Schmutz, Lehm, Kleister und Stöcken sein, die man Ihnen in der Arbeit vor die Füße wirft. Der Strauch einer Rose mit vielen Dornen, vorsichtig zu einem

Kranz gewunden, kann ein Symbol für Ihre Bereitschaft darstellen, sich von nun an besser zu verteidigen und zu wehren. Sehen Sie sich einfach einmal draußen um, Symbole finden sich praktisch allenthalben. Wurzeln stehen für die eigene Kraftzufuhr und die Fähigkeit, sich das zu nehmen, was man wirklich zum Leben braucht.

- **Innere Bilder:** Ihre Phantasie und Vorstellungskraft bringen Sie ins Spiel, wenn Sie mit inneren Bildern arbeiten. Man spricht in diesem Kontext auch von »Visualisieren« oder »Imaginieren«. Beim Visualisieren konzentrieren Sie sich ganz auf Ihr Ziel und erschaffen sich ein inneres Bild davon. Sie »sehen« Ihr Anliegen dann gleichsam vor Ihrem inneren Auge, malen es sich in allen Details aus; Sie können Ihr Ziel riechen, schmecken und vor allem fühlen. Je deutlicher Ihr inneres Bild ist und je länger Sie es im Ritual aufrechterhalten können, desto klarer verwirklicht es sich dann in Ihrem Leben. Die Erfolge nehmen mit der Übung und Konzentrationsfähigkeit zu.

- **Geistreisen:** Um einen direkten Kontakt zur nicht-alltäglichen Wirklichkeit herzustellen, eignen sich Geistreisen sehr gut. Sie sind eine Art Trancezustand – mehr oder weniger tief gehend –, den Sie aber jederzeit beenden können, wenn Sie es wünschen. Eine Geistreise dient der direkten Kontaktaufnahme mit der anderen Wirklichkeit. Man begibt sich dabei auf eine innere Reise, die zumindest am Anfang von jemandem geführt werden sollte. Es gibt auch auf diversen Tonträgern Anleitungen für Geistreisen zu kaufen, die sich für Neulinge auf diesem Gebiet gut eignen.
  Nach einer einleitenden Entspannungsübung, die das Alltagsbewusstsein zur Ruhe bringt und den besagten Trancezustand evoziert, wird Ihr Geist auf eine Reise zu einem Ort geschickt, an dem Sie sich absolut wohl fühlen und den Sie sich vor Ihrem inneren Auge selbst ausmalen. Wenn

Sie diesen Ort öfter in Ihrer Phantasie besuchen, wird er zur Verbindung zur anderen Wirklichkeit. Sie schaffen sich sozusagen einen künstlichen Treffpunkt, der es Ihnen ermöglicht, mit Wesen anderer Art in Kontakt zu treten, die mit Ihren fünf Sinnen sonst nicht erfassbar sind.
Anfangs denken Sie sich alles völlig neu aus, doch wie wir aus dem zweiten Kapitel (siehe Seite 43 ff.) bereits wissen, ist das Ergebnis deswegen nicht »unwirklich«. Im Laufe der Zeit wird Ihnen der Ort vertrauter, und es geschehen plötzlich Dinge in Ihrer inneren Welt – ohne Ihr Zutun. Sie rufen jene Wesen, die Sie unterstützen sollen, und treffen diese auf einer anderen Ebene der Existenz, auf der Sie Fragen stellen können und Antworten erhalten.

- **Das rituelle Spiel:** Wirklich intensiv berühren wir unser inneres Kind und damit unsere ureigenste Kreativität und Freude mit dem rituellen, symbolischen Spiel. In diesem Fall fließen nämlich Phantasie, Gefühl und Konzentration zusammen – genau das, was für ein erfolgreiches Ritual notwendig ist.
Im Schau-Spiel erhält jeder Mitspieler eine neue Identität und schlüpft in eine andere Rolle. Das Theater war ursprünglich ein rituelles Spiel, eine Darbietung mit religiösem Charakter. In diesem rituellen Spiel wurden Mythen und religiöse Geschichten für die Zuschauer neu inszeniert. So entstand einerseits eine lebendige Erinnerung an die religiösen Grundlagen in einer Zeit, als die meisten Menschen der Schrift nicht kundig waren. Andererseits ermöglichte die mythische Bedeutung des Schauspiels ein intensives Erleben der dargestellten Geschichte, denn die Zeit zwischen dem ursprünglichen Ereignis und der Gegenwart des Betrachters ist aufgehoben. Zuschauer und Spieler erlebten damals – wie heute – ganz unmittelbar das Wirken der göttlichen Kräfte im Leben. Das Schauspiel wurde und wird so zu einer religiösen Erfahrung.

Indonesische Rituale kennen tagelange Schauspiele, in denen Tausende von Menschen die Geschichten vom Kampf des Guten mit dem Bösen als Schauspiel erleben. Die Kräfte des Guten, verkörpert durch eine bestimmte Figur und verstärkt durch die Sympathien aller Anwesenden, besiegen die ebenfalls verkörperten negativen Kräfte, energetisch verstärkt durch den Abscheu aller – auf der Symbolebene wie auch in der wirklichen Welt. Und da das Gute im rituellen Schauspiel siegt, tut es das – aufgrund der energetischen Ähnlichkeit – auch in der ganz normalen Alltagsrealität.
Dieses Prinzip können Sie auch für Ihre Rituale nutzen. Spielen Sie eine Geschichte, die Ihnen passend erscheint und genau die Energien verkörpert, mit denen Sie arbeiten wollen. Märchen, Sagen, Mythen aller Kulturen und Zeiten stehen Ihnen dafür zur Verfügung. Sie können natürlich auch selbst Geschichten erfinden. Ihr Kindliches Selbst wird begeistert sein. Inszenieren Sie zum Beispiel eine Schatzsuche, bei der Sie Ihre inneren Schätze bergen. Lernen Sie mit Marie Ihre dunklen und hellen Seiten bei Frau Holle kennen und treten Sie in Kontakt mit Ihrem inneren Drachen. Sie können einen Kampf inszenieren zwischen Gut und Böse, zwischen Ihren Depressionen und Ihrer Lebenslust. Sie können das Glück in einer wilden Jagd verfolgen oder dem Pech erfolgreich entfliehen. Denken Sie sich Rollen aus, die Ihren Bedürfnissen wirklich entsprechen.
Das Schauspiel soll bei den Teilnehmern eine Krise hervorrufen und sie so aus der Reserve locken, um neue und andere Lösungswege zu finden. Agieren Sie daher nach Kräften, benutzen Sie Masken, Gewänder – was immer Ihnen gefällt. Je bunter, vielfältiger und intensiver Sie sich auf Ihr Schauspiel einlassen, desto besser ist es nur. Dramatische Effekte wie laute Geräusche, Schreie und Gesang, Licht und Dunkelheit sind erwünscht. Je mehr die Darstel-

ler in das Spiel hineingezogen werden, umso höher liegt das Energieniveau. Eine gute Vorbereitung ist dazu natürlich erforderlich.

- Im rituellen Spiel kann das gemacht werden, was sonst als undenkbar erscheint. Der **Rollentausch** ist dazu ebenfalls ein passendes rituelles Instrument. Die Ordnung wird auf den Kopf gestellt, die Welt buchstäblich ver-*rückt*. Der heilige Narr des Mittelalters war die Verkörperung der Weisheit, die sich im Ver-rückten offenbart. Beim babylonischen Neujahrsritual – es heißt Akitu und stammt aus dem Jahre 2000 v. Chr. – wurde ein Sklave einen Tag lang auf den Thron gesetzt und vom König persönlich bedient, bevor dieser dann wieder sein Amt übernahm und der Sklave sein Leben lassen musste. Die Vorstellung dabei war, dass auch ein König wenigstens einmal im Jahr das Leben eines Sklaven führen sollte. Vielleicht wollen ja auch Sie einmal Ihre Rolle eine Weile tauschen?

- **Masken** sind stark wirkende Symbole. Sie bringen große Intensität in ein Ritual und erleichtern den Wechsel der Identität. Masken lassen eine Verkleidung vollkommen werden, weil der Mensch als Individuum völlig verschwindet und nur jene Energie zutage tritt, die er in der Verkleidung verkörpert. Masken manifestieren somit Energie, und zwar sowohl für die Umstehenden als auch für den Träger der Maske, der so viel intensiver in seiner Rolle aufzugehen vermag.
  Für ein Ritual können alle beliebigen Masken verwendet werden. Großen Spaß bereitet auch das Erstellen von eigenen Masken aus Pappmaschee oder Gips. Man kann hier sehr intuitiv arbeiten, seinen Vorstellungen nachspüren und diese Bilder dann in den entsprechenden Masken umsetzen. Seien Sie sich aber bewusst, dass Sie die Energie rufen, die Sie verkörpern. Egal ob Sie einen Tiergeist, einen

Engel oder Frankenstein darstellen, Sie rufen diese Energie. Und vergessen Sie nicht, Ihre Gäste hinterher wieder angemessen zu verabschieden. Wie das geht, erfahren Sie im Baustein 11 (siehe Seite 122 ff.).

Baustein 9: Mit Energie arbeiten

Mit der symbolischen Handlung ist das Kernstück Ihres Rituals nun eigentlich schon vollendet. Jede Handlung ist mit Energie verbunden, und diese Tatsache reicht in der Regel für ein normales Ritual bereits aus. Da es – wie erwähnt – für die Wirksamkeit eines Rituals jedoch überaus wichtig ist, eine symbolische Handlung mit möglichst viel Energie zu verbinden, finden Sie in diesem Baustein noch eine Anleitung, wie Sie in einem Ritual Energie gezielt aufbauen und dann »abschicken«, das heißt wieder aus dem Kreis entlassen.

Das Energieniveau erkennen

Wie fühlt es sich an, wenn mehr oder weniger Energie vorhanden ist? Sie kennen diese Empfindung bereits aus Ihrem Alltag. Wenn Sie energiegeladen sind, dann fühlen Sie sich fit, wach, lebendig und gut gelaunt. Ihnen ist warm, und Sie sind voller Tatendrang. Sind Sie hingegen traurig, niedergeschlagen und mutlos, dann sinkt Ihr Energieniveau. Körperlich erleben wir dieses Absacken der Energie als Mattigkeit, als dauernde Müdigkeit oder Lustlosigkeit. Auf persönlicher Ebene können wir also relativ schnell erkennen, wie hoch oder niedrig unser Energiepegel genau ist.

In einer Gruppe summiert sich die Energie der Einzelnen. Dabei ist es nicht weiter tragisch, wenn eine Person weniger Energie mitbringt als andere. Die Gruppe trägt den Einzelnen. Gruppenenergie kann sehr intensiv sein, weil sie, einmal in Gang gesetzt, mehr darstellt als die Summe der Energien, die jeder Einzelne einbringt. Wenn eine Gruppe ihre Energie anwachsen lässt, bekommt sie irgendwann ein qualitativ neues Niveau. Sie erfährt in gewisser Weise ein Eigenleben und eine eigene Intensität, die viele Möglichkeiten eröffnet. Jeder Teilnehmer ist für diese Energie verantwortlich. Je mehr eingebracht wird, desto mehr kann sich natürlich auch entwickeln. Eine Konsumhaltung im Ritual schwächt die Energie der ganzen Gruppe. Natürlich kann trotzdem nicht jeder immer gleich viel zu einem Gruppenritual beizutragen. Einmal ist man gut gelaunt und bereit, sich einzulassen, ein andermal weniger. Schließlich fällt es uns oft nicht leicht, unsere innersten Gefühle und Bedürfnisse, unser verletzliches Kindliches Selbst, in Gegenwart anderer zu offenbaren und zu leben. Wir fürchten verletzt zu werden oder schämen uns, Schwächen zu zeigen. Doch die Erfahrung lehrt hier ganz klar: Wer im Ritual seine Angst überwindet und zu sich steht, wird mit neuer Lebenskraft und Stärke belohnt. Wenn Sie es schaffen, sich im Ritual wieder so zu fühlen und zu reagieren wie als Kind, dann sind Sie an Ihrer zentralen Energiequelle angelangt. Wenn Sie also beispielsweise versunken und selbstvergessen mit kindlichem Vergnügen den Altar schmücken, wütend auf dem Foto Ihres Exfreundes herumtrampeln und sich vor Lachen ausschütten können, wenn Sie nackt auf einen Baum steigen, um Ihre schlechten Träume dem Wipfel einer alten Eiche anzuvertrauen – dann sind Sie in Ihrer Kraft. Und mit Ihnen die ganze Gruppe.

Sprechen Sie vor dem Ritual mit allen Teilnehmern darüber, wie wichtig es ist, einander so zu akzeptieren, wie man ist, mit allen Stärken und Schwächen eben. Nur wer sich angenommen fühlt, kann seine Furcht überwinden. Außerdem bedenken Sie eines: Auch die Mächte, denen wir uns anvertrauen, richten nicht über uns, sondern lieben uns, wie wir sind in all unserer Verschiedenheit. Zu werten bedeutet, unsere

Vielfalt einzuschränken. Was im Ritual geschieht, wird darum auch nach dem Ritual nicht nach außen getragen, sondern bleibt im heiligen Raum, dem sich auf diese Weise alle bedingungslos anvertrauen können.

Wie man Energie aufbaut

Es gibt einige Methoden, wie Sie das Energieniveau ganz bewusst erhöhen, und zwar individuell und in der Gruppe. Im Folgenden finden Sie dazu einen Überblick, aus dem Sie sich - wieder einmal - das für Sie Passende aussuchen können.

- **Rhythmus:** Das Denken abzubauen und ins unmittelbare Erleben einzutreten baut generell Energie auf. Wie andere Kulturen zeigen, können Rhythmen dabei wertvolle Unterstützung leisten. Sie ermöglichen nicht nur leichte bis stärkere Trancezustände, sondern es kann eine Gruppe sie auch nutzen, um alle Anwesenden auf die gleiche Schwingungsfrequenz zu bringen. Rhythmen können von allen Beteiligten mithilfe von Trommeln, Rasseln oder anderen Musikinstrumenten hervorgebracht werden, es lassen sich jedoch auch simple Alltagsgegenstände verwenden, oder man kann ganz einfach in die Hände klatschen. Auf Rhythmen zu reagieren entspricht dem Naturell des Menschen, schon kleine Kinder bewegen sich zur Musik.

  Die folgende Übung hilft den Teilnehmern einer Gruppe, sich im wahrsten Sinn des Wortes aufeinander einzuschwingen. Jede Person nimmt sich dazu ein Rhythmus-Instrument. Teure Trommeln oder Rasseln muss man deshalb nicht anschaffen, es können zum Beispiel zwei Stöcke verwendet werden, die man aufeinander schlägt, oder als Alternative eine Rassel aus Steinen in einem Joghurtbecher.

  Gehen Sie mit Ihrer Aufmerksamkeit nun zu sich selbst

und ignorieren Sie die anderen. Schließen Sie die Augen, atmen Sie mehrmals tief in den Bauch ein und wieder aus und dann beginnen Sie zu rasseln, zu trommeln oder zu klopfen. Lassen Sie den Rhythmus entstehen, der Ihnen gerade einfällt, wobei er nicht zu kompliziert sein sollte. Nach einer Weile hören Sie auf die anderen und deren Rhythmen. Sie werden feststellen, dass nach einer gewissen Zeit alle Beteiligten zu einem gemeinsamen Rhythmus finden. Bleiben Sie dann ein paar Minuten im Gruppenrhythmus, das hebt die Gruppenenergie. Sie sind jetzt alle auf derselben Wellenlänge.

- **Töne:** Töne und Musik eignen sich ebenfalls, um Energie zu erzeugen. Viele Menschen trauen sich nicht zu singen, weil man ihnen irgendwann eingeredet hat, sie könnten es nicht. Seither schämen sie sich für ihre eigene Stimme. Dabei macht Singen großen Spaß und hat zudem eine intensive Wirkung. Töne wirken wie Farben und Rhythmen auf Körper und Seele gleichermaßen. Dass gemeinsames Singen verbindet, ist schon aus der Kirche bekannt. Für Rituale haben sich so genannte *Chants* als sinnvoll erwiesen, einfache Texte und Klangfolgen, die schnell gelernt sind und im Ritual immer wiederholt werden können, bis ein leichter tranceartiger Zustand erreicht ist.[16]
  Als Alternative eignet sich ein gemeinsamer Klangteppich zur Erzeugung von Energie. Gehen Sie dabei vor wie bei der Rhythmusübung: Sie stehen im Kreis, schließen die Augen und atmen einige Male tief in den Bauch ein und aus. Bleiben Sie mit Ihrer Aufmerksamkeit ganz bei sich. Dann lassen Sie aus Ihrem Bauch einen Ton aufsteigen, laut und kraftvoll. Er muss nicht schön klingen, es muss nur Ihr ureigenster Ton sein. Halten Sie diesen Ton, bis er verebbt, dann stimmen Sie ihn erneut an. Wenn mehrere Menschen zusammen tönen, können Sie fast körperlich spüren, wie aus Klängen ein Energieteppich entsteht.

- **Tanz:** Im Tanz erleben wir Rhythmus und Musik gleichzeitig. Je mehr der Körper in einem Ritual eingesetzt wird, desto größer ist die entstehende Energie, bis Körper und Geist schließlich eine Einheit bilden. Tänze gehören zu jeder Kultur. Die traditionellen Kreis- und Reigentänze finden heute auch bei uns wieder vermehrt Anklang. Wer kennt nicht die Fernsehbilder von imposanten Indianerhäuptlingen bei ihren uralten Stammestänzen oder von afrikanischen Volksgruppen, die sich zu komplexen Rhythmen in Ekstase und Trance versetzen?
  Beim Tanz können wir Gemeinschaft erleben und einen Weg finden, die Kontrolle unseres Bewusstseins ein wenig zu lockern. Tanz bedeutet schließlich nicht immer eine festgelegte Schrittfolge. Er stellt auch eine Möglichkeit dar, über den Körper rhythmisch auszudrücken, was gerade in uns vorgeht. Eine Übung dazu ist, im Ritual bestimmte Gefühle zu tanzen, das heißt ihnen körperlichen Ausdruck zu verleihen. Zum Rhythmus der Umstehenden wagen wir es beispielsweise, unsere Wut, unsere Freude oder unsere Trauer zu tanzen. Dabei wird enorm viel Energie freigesetzt. Auch die Elemente können herbeigetanzt werden.

- **Bewegungsabläufe:** Bestimmte Richtungen bei einer Bewegung fördern mehr Energie zutage als andere. Die Spirale und das Labyrinth gehören dazu. In eine Spirale hineinzugehen oder zu tanzen zeigt enorm viel energetische Wirkung. Bei Spiraltänzen werden einfache Chants litaneiartig wiederholt, während die Ritualteilnehmer ein Spiralmuster tanzen. Alle bewegen sich in einer Spirale nach innen, bis zum Mittelpunkt. Dann drehen sich alle wieder nach außen. Der Gesang geht mit der Zeit in Töne über, die sich zum Höhepunkt hin steigern. Anschließend wird die Energie losgelassen und abgeschickt.
  Eine weitere Möglichkeit ist es, mit Steinen oder anderen Gegenständen ein Labyrinth zu legen. Man betritt das La-

byrinth nacheinander und durchschreitet die Ebenen, die einen zum Mittelpunkt hin und auch wieder wegbringen. Erreicht man das Zentrum des Labyrinths, ist damit symbolisch auch die eigene innere Mitte erreicht. Labyrinthe sind wie Spiralen Formen, die eine ganz eigene Wirkung entfalten.

Wie man Energie loslässt

Sie haben nun eine Übung zur Erhöhung des Energieniveaus mit einer symbolischen Handlung verbunden. Vielleicht haben Sie gesungen und getanzt und dabei Ihre Traurigkeit ziehen lassen und die Kraft des Friedens in Ihr Leben und die Welt gewünscht. Jetzt kann das Bedürfnis entstehen, die angesammelte Energie gezielt loszulassen und in die Welt hinauszuschicken, wo sie Gestalt annehmen kann. Diese veränderte Energie geht dann ihren eigenen Weg. Dazu einige Anregungen:

- **Aussprechen:** Sie lassen Energie los, indem Sie das Anliegen des Rituals ein letztes Mal benennen und dann entlassen. Sagen Sie dazu: »Ich habe die Trennung von meiner großen Liebe vollzogen. Möge dieser Schritt auf seinem/ihrem und meinem Weg segensreiche Folgen haben. So ist es.«

- **Ein Bild schaffen:** Wir können die Energie auch nutzen, indem wir sie mit einem inneren Bild verbinden, das zur Stärkung an eine andere Person »verschickt« wird. Entscheiden Sie gemeinsam, welches Bild Sie kreieren wollen, und konzentrieren Sie sich darauf. Mit Tönen oder der Hui-Methode (siehe unten) entlassen Sie die Energie, während Sie das Bild weiter vor Augen behalten. Stellen Sie sich vor, wie das Bild auf den Tönen aus dem Kreis hinausströmt. Dann versuchen Sie, nicht mehr weiter darüber nachzudenken.

- **Hui-Methode:** Sie eignet sich besonders zum Loslassen der Energie in einer Gruppe. Alle stehen im Kreis, fassen sich an den Händen und berühren den Boden. Jeder gibt nun einen Ton von sich, zuerst leise, dann immer lauter. Während die Lautstärke zunimmt, bewegen sich die Arme nach oben. Ganz oben angekommen, schnellen die Hände auseinander, und mit einem lauten »Hui« wird die gesamte Kraft in den Himmel geschleudert. Während dieses Vorgangs kann man sich noch einmal vor Augen rufen, was das Ziel des Rituals war, dessen Energie jetzt in die Welt geschickt wird. Vor unserem inneren Auge visualisieren wir, wie die Energie zu den Wolken aufsteigt oder als sanfter Regen der Kraft wieder auf uns niederfällt.

Baustein 10: Opfer und Mahl

Im zweiten Kapitel (siehe Seite 56 ff.) wurde besprochen, dass Energie immer einen ausgeglichenen Zustand anstrebt. Haben Sie Hilfe erbeten, die Ihnen dann auch wirklich zuteil wurde? Hilfe zur Heilung, Unterstützung bei Problemen, die sich dann in wundersamer Weise aufgelöst haben? Dann haben Sie vielleicht den Wunsch, im Anschluss an Ihre symbolische Handlung auch etwas zurückzugeben. Geben und Nehmen stellen wie Ein- und Ausatmen Bewegungen dar, die im Ausgleich sein müssen, denn ein Ungleichgewicht bringt meist Probleme mit sich. Jedes Übermaß braucht einen Abfluss, jeder Mangel sucht sich neue Kraft. Sie spüren am besten selbst, was für Sie stimmt.

Ein Opfer darzubringen ist eine Übung im Geben, die gerade materialistisch erzogene Menschen gut gebrauchen können. Geben Sie daher etwas her, das einen Wert für Sie hat. Opfern Sie ein Glas guten Wein, leckere Früchte oder ein Stück selbst gebackenen Kuchen, in den Sie viel Zeit investiert haben. Opfern Sie Räucherwerk und Blumen. Sie können auch etwas an andere Mitmenschen weiterverschenken – ein Schmuckstück, einen Stein oder ein Tuch zum Beispiel. Übertreiben Sie es aber nicht mit dem Wert, denn »wertvoll« ist hier nicht im materiellen Sinn gemeint. Und es ist auch nicht notwendig, große Mengen zu opfern. Kleinigkeiten reichen aus, denn schließlich es geht um die Geste. Auch ein Versprechen, künftig die Großmutter häufiger zu besuchen, einen Baum zu pflanzen oder sich selbst liebevoller zu behandeln, kann ein Opfer sein. Vergessen Sie jedoch nicht: Sie befinden sich noch immer in einem heiligen Raum. Was Sie hier versprechen, das müssen Sie auch einhalten. Falsche Versprechen sind hier also absolut fehl am Platz. Mit Ihrem Opfer bekräftigen Sie die Verbindung zu den Mächten, die Ihnen liebevolle Unterstützung in Ihrem Leben geben.

Wie man opfert

Die Opfergabe wird bewusst auf den Altar gelegt, und zwar mit Dank und liebevollen Wünschen an all jene Mächte, denen wir verpflichtet sind. Da am Ende des Rituals die Gabe jeweils dort zurückbleibt, muss sie so beschaffen sein, dass sie niemandem Schaden zufügen kann, auch der Natur nicht. Man kann ein Opfer aber auch verbrennen, einen getrockneten Strauß Blumen oder Kräuter zum Beispiel. Bei sich zu Hause lassen Sie die Opfergabe eine Weile liegen und werfen sie dann weg oder verschenken sie, wenn sie noch jemandem Freude bereitet.

Das rituelle Mahl

Nach all der Arbeit mit Energie und nicht sichtbaren Kräften stärkt Essen und Trinken die Rückkehr ins Weltliche. Essen hält bekanntlich »Leib und Seele zusammen«, wie es in ei-

nem alten Sprichwort so treffend heißt. Ein rituelles Mahl ist eine schöne Gelegenheit, gemeinsam den Abschluss und auch Erfolg eines Rituals zu feiern. Sinnvollerweise sollte das Essen mit der Art des Rituals zu tun haben. Selbstgebackenes oder -gekochtes passend zur Jahreszeit erhöht den Genuss. Liebevoll bereitete Speisen sind eine Labsal für alle, die sie zu sich nehmen dürfen. Segnen Sie deshalb das Mahl, bevor Sie es verzehren. Und danken Sie den Zutaten, aus denen es erstellt wurde, denn nur zu gern vergessen wir, dass für eine Mahlzeit oft ein anderes Wesen sein Leben lassen musste. Ein Ritual ist ein guter Zeitpunkt, diese Tatsache zu würdigen.
Sprechen Sie also zum Beispiel folgende Worte: »Wir danken allen Wesen, die für dieses Mahl ihre eigene Kraft gegeben haben. Wir halten dies in Ehren und würdigen es hier. Möge dieses Speise und dieser Trank uns stärken und nähren an Körper, Geist und Seele.« Legen Sie einen Teil des Essens als Opfer zur Seite.

Eine abschließende Gesprächsrunde kann sich mit dem Mahl verbinden. So bekommen alle Teilnehmer die Möglichkeit, noch etwas zu sagen, einen Wunsch auszusprechen oder ein Versprechen abzugeben. Das ist zwar nicht unbedingt notwendig, vermag aber durchaus dazu beizutragen, jeden noch einmal in seine Mitte zu führen und diese Verbindung tiefer in sich zu verankern.
Sie können das Ritual aber auch vor dem Mahl beenden, wenn Ihnen der rituelle Teil sonst zu lange dauert.

Baustein 11: Abschied und Auflösung des Kreises

Nun ist es an der Zeit, den Rückweg in die Normalität des Alltags anzutreten, mit all seinen Regeln und Wirklichkeiten. Nach der abschließenden Gesprächsrunde mit dem rituellen

Mahl machen Sie sich bereit, den heiligen Raum wieder aufzulösen und Ihre Gäste zu verabschieden. Gäste, so lieb und teuer sie einem auch sein mögen, müssen irgendwann wieder gehen. Jede Energie, die in den Kreis gerufen wurde, muss dezidiert wieder daraus verabschiedet werden. Das ist sehr wichtig. Die Trennung der Welten hat ihre Berechtigung und ihren Grund. Dem tragen wir Rechnung, indem wir durch den Abschied diese Trennung wieder vollziehen. Schließlich müssen wir nach einem Ritual wieder »normal« weiterleben. Schlecht beendete Rituale können zur Folge haben, dass wir im Alltag zerstreut sind und Konzentrationsschwierigkeiten bekommen.

Wie man Energien verabschiedet

Sie beginnen mit dem Verabschieden der Gäste in der umgekehrten Reihenfolge, in der sie gerufen wurden. Stellen Sie sich alle noch einmal konzentriert in den Kreis. Danken Sie den Göttern und den unpersönlichen Kräften gleichermaßen, dem Großen Geheimnis wie auch der duftenden Sommerblüte für den Schutz und die Unterstützung im Ritual. Wenn Sie mit aufrichtigem Herzen und mit dem nötigen Respekt Dankbarkeit zollen, können Sie sich auch in Zukunft der Unterstützung dieser Kräfte sicher sein.

Anschließend sind die Elemente und Himmelsrichtungen an der Reihe, und zwar ebenfalls in umgekehrter Reihenfolge. Beginnen Sie jetzt mit dem Zentrum. Sprechen Sie folgende Worte: »Kräfte im Mittelpunkt des Seins, wir verabschieden uns für heute von euch. Seid bedankt und gebt uns auch künftig die Kraft, unsere eigene Mitte zu fühlen.« Dann wenden Sie sich der Himmelsrichtung Norden und dem Element Erde zu und sagen: »Kraft der Erde, der Stabilität und des Wachstums, Hüter der Tore des Nordens, wir danken für euren Schutz und eure Unterstützung in diesem Ritual.« Benutzen Sie stets eine ähnliche Abschiedsformel, auf diese Weise lässt sich Ihr inneres Kind umso schneller von der Trennung überzeugen. Stellen Sie sich den Torhüter oder die Hüterin des Nordens noch einmal vor und visualisieren Sie vor Ihrem inneren Auge, wie sich das Tor zum Norden schließt und die Erde Ihren Dank annimmt. Wenden Sie sich dann dem Westen zu mit dem Wasser, anschließend dem Süden mit dem Feuer und enden Sie schließlich mit dem Osten, der Energie des Neuanfangs mit dem Element Luft.

Sollten Sie wenig Zeit haben, besteht die Möglichkeit – ausnahmsweise – eine Generalverabschiedung durchzuführen. Sie stellen sich dazu in die Mitte des Kreises und sprechen: »Hiermit entlasse ich alle Wesen und Energien, die in diesem Ritual gerufen wurden. Zieht hin mit meinem Dank.«

Wie man den Kreis öffnet

Ganz zum Schluss lösen Sie den heiligen Raum wieder auf:

- Sie sammeln die Steine oder Teelichte ein, die den Kreis markiert haben. Beginnen Sie im Osten und wandern Sie über den Norden, den Westen und den Süden, bis Sie den Kreis praktisch demontiert haben.

- Den energetischen Kreis lösen Sie auf, indem Sie wieder an ihm entlangwandern, und zwar diesmal gegen den Uhrzeigersinn, also links herum. Während Sie gehen, stellen Sie sich vor, wie der Kreis bei jeder Runde schwächer wird und verblasst, bis er sich zum Schluss völlig auflöst. Sollten Sie beim Ziehen des Kreises Worte gesprochen haben, dann tun Sie das jetzt auch, etwa: »Ich löse den Kreis der Liebe auf, ich löse den Kreis des Schutzes auf.« Haben Sie den Kreis mit einem Gegenstand gezogen, dann verwenden Sie ihn zur Auflösung des Kreises erneut.

- Sie können den Kreis in Ihrer Vorstellung in die Erde absenken oder ihn öffnen wie eine Kuppel, die sie aufschieben und zur Erde sinken lassen.

Wählen Sie die Methode, die Ihnen am meisten zusagt. Sobald der Kreis aufgelöst ist, schließen Sie mit den traditionellen Worten: »Der Kreis ist nun offen, aber ungebrochen.« Mit diesen Worten erinnern Sie sich daran, dass die Verbindung zu den Mächten des Lebens nie abreißen kann, selbst wenn Sie verabschiedet wurden. Jetzt befinden Sie sich wieder in der wirklichen Welt. Herzlich willkommen.

Baustein 12: Nachwirkungen der Rituale

Was in den Ritualen auf den Weg geschickt wurde, wirkt nun weiter, auch ohne unser Zutun. Doch vielleicht merken Sie ja auch überhaupt keinen Unterschied im Vergleich zu vorher. Sie hatten sich im Ritual ein Ziel gesetzt, aber es hat sich nicht in der Form realisiert, wie Sie es sich vorgestellt hatten. Das kann verschiedene Ursachen haben. Vielleicht waren Sie einfach noch nicht bereit dafür. Vielleicht hätte die Erfüllung Ihrer Wünsche Ihnen langfristig geschadet. Aus unserer Perspektive lässt sich dergleichen nicht immer beurteilen. Die abgeschickten Energien wirken jedenfalls trotzdem in eine segensreiche Richtung weiter, denn sie finden ihren Weg in die materielle Welt auf ihre Weise. Lassen Sie sich also überraschen.
Die Auswirkungen sind manchmal aber auch unmittelbar spürbar, zum Beispiel in intensiven Träumen oder merkwürdigen Begebenheiten, die mit dem Thema des Rituals zu tun haben. Sieben Tage lang sollten Sie darauf achten, was genau mit Ihnen passiert. Vielleicht stellen sich ja körperliche Beschwerden ein, die in irgendeiner Form mit den Energien

des Rituals im Zusammenhang stehen. Es bietet sich an, eine Weile in einem Tagebuch festzuhalten, was Ihnen auffällt. Rückblickend versteht man vieles von dem, was sich ereignet hat, nämlich besser.
Die Prozesse, die das Ritual in Gang setzt, können Ihr Problem sogar auch erst einmal verschlimmern, bevor es sich auflöst, ähnlich der so genannten Erstverschlimmerung in der Homöopathie. Das braucht Sie aber nicht zu beunruhigen. Vertrauen Sie einfach Ihren inneren Schutzmechanismen. Alles, was geschieht, hat seinen Platz im Prozess Ihres ganz persönlichen Wachstums.

4

Mit Ritualen das Leben gestalten: sich anbinden an den Großen Kreis

Im Wandel von Licht und Dunkelheit, Stärke und Schwäche, Leben und Tod bewegt sich jedes Dasein im großen Kreis der Natur, deren Kinder wir alle sind. Ein einziges Jahr spiegelt alle Energien wider, die wir jemals erleben können, im Großen wie im Kleinen. Im Frühling erwacht und öffnet sich die Welt für Neues, im Sommer gewinnt die Energie an Kraft und bringt Wachstum und Blüte. Im Herbst beginnt nach einer Zeit der Reife und Fülle der Abschied von allem, was bis dahin wichtig war, und im Winter ruht das äußere, sichtbare Leben, während die Energie nach innen in die Tiefen der Unterwelt wandert, aus der dann das Leben neu geboren wird. Lassen Sie sich dazu anregen, sich wieder einzulassen auf die inneren und äußeren Rhythmen.

Frühlings-Rituale: Zeit des Erwachens

Die wärmende Sonne des erwachenden Frühlings bereitet der Zeit der Starre und der Kälte ein Ende. In den Stillstand des Winters kommt Bewegung, die Energie des Aufbruchs ist überall spürbar. Wenn die Frühjahrswinde die letzten dürren Äste hinweggefegt haben, entfaltet sich aus den Tiefen der Erde, aus den kahlen Ästen und Zweigen wie ein Wunder neues Leben. Zarte Knospen und Triebe verleihen der Welt wieder Farbe. Helles Grün lässt Bäume und Sträucher schimmern und weckt die Lebensgeister. Sprießende Schneeglöckchen, Tulpen und Osterglocken werden zu Symbolen neu erwachter Lebensfreude und sind der sinnliche Beweis, dass auch nach der dunkelsten Zeit das Leben immer wieder zu uns zurückkehrt.

Der Frühling ist die Zeit des Aufbruchs und des Neuanfangs. Er bringt eine Periode der Reinigung, in der sich die Natur von allem trennt, was an »Altlasten« des Winters noch vorhanden ist; es bleibt nur das übrig, was stark genug ist, um neues Leben zu tragen. Im Frühling wird entschieden, welche Pflanzen gesetzt und welche Samen gesät werden, die keimen, wachsen und die herrlichen Früchte tragen, die wir im Herbst dann ernten können.
Symbolisch steht der Frühling für den Zeitraum von Geburt und Kindheit bis hin zur Jugendzeit. Als Tageszeit entspricht der Frühling dem Morgen.

Geeignete Rituale im Frühling

Für den Frühling bieten sich generell zwei Arten von Ritualen an:

- Rituale, in denen etwas Neues gerufen, gefunden und auf den Weg gebracht werden soll;
- Rituale, die von alten, verknöcherten, verbrauchten oder ungewollten Energien reinigen.

Was im Frühling besonders begünstigt wird

- **Frischen Wind ins Leben bringen:** Das können Sie, indem Sie Altes hinterfragen, Bestehendes überprüfen, Überflüssiges loswerden, schlechte Energie vertreiben, Raum schaffen für Neues und Entscheidungen treffen.

- **Zu neuen Ufern aufbrechen:** Suchen Sie sich Inspiration, entwickeln Sie Visionen für Ihre Zukunft und wagen Sie einen Neuanfang.
- **Ver-rücktes tun:** Holen Sie sich Ihre Lebenslust wieder zurück, bringen Sie Mut zu Verrücktheiten auf, ändern Sie Ihren Blick auf die Welt, probieren Sie neue Wege aus, wechseln Sie die Perspektive.

Der Frühlings-Altar

Der Frühling ist eine gute Gelegenheit, um mit einem kleinen Altar die großen Energien des Lebens in die eigene Wohnung zu holen. Öffnen Sie sich der Kraft des erwachenden Lebens und suchen Sie sich dazu ein Plätzchen in der Wohnung aus (siehe Baustein 3, Seite 83 ff.). Der Frühlings-Altar ist leuchtend bunt, wie die Blumen, die nach und nach erblühen. Hellgrün, Gelb, Rosa und Weiß, aber auch das sanfte Blau des Himmels an einem strahlenden Frühlingsmorgen sind Farben, die dem Frühlings-Altar entsprechen. Benutzen Sie Tücher in leuchtenden Farben als Unterlage und stellen Sie einen schön gestalteten Blumentopf, in den Sie Zwiebeln von Frühlingsblumen gesetzt haben, darauf. Sie holen sich so die Energie des Neuanfangs in Ihre Wohnung und können ihr täglich beim Wachsen zusehen. Ein Messer als Symbol der geistigen Klarheit sowie ein Bergkristall oder ein selbst gebastelter kleiner Besen sind Symbole der Reinigung. Nicht fehlen sollten ein paar zu einem Strauß zusammengebundene Federn, ein kleines Glockenspiel oder Räucherwerk. Arrangieren Sie all diese Objekte an der nach Osten ausgerichtete Seite des Altars, die dem Frühling ebenso zugeordnet ist wie das Element Luft. Hinzukommen können nun noch Symbole, die Ihnen persönlich etwas bedeuten – Muscheln, bestimmte

Steine oder andere Objekte, die für Sie die Kräfte des Göttlichen, die höheren Energien darstellen. Eine gelbe Kerze als Zeichen des inneren Lichtes kann diese Funktion ebenfalls übernehmen.

Ist alles fertig geschmückt und Sie erfreuen sich an dem wunderschönen Anblick Ihres Frühlings-Altars, entzünden Sie die Kerze und sagen Sie: »Ich lade hier und jetzt die Kräfte des Frühlings ein in mein Leben.«

Rituale zur Entfaltung der eigenen Kräfte

Die Nacht ist vorüber – ein Ritual für den neuen Tag

Mit einem Morgen-Ritual verabschieden wir uns bewusst von der Nacht und der Welt der Träume. Ein Ritual – und sei es nur ein ganz kurzes – gibt uns die Möglichkeit, uns auf den Tag mit ganzem Herzen einzulassen. Das Leben ist kurz – also genießen wir es am besten in vollen Zügen.

Ablauf des Rituals

Gönnen Sie sich täglich fünf bis zehn Minuten, um sich selbst und dem Tag liebevoll und kraftvoll entgegenzutreten. Das sind Sie sich wert. Selbst wenn Sie Langschläfer sind, werden Sie feststellen, dass es sich lohnt, zehn Minuten früher aufzustehen. Oder sind Sie eine der berühmten Lerchen, die sich bei Morgengrauen mit Elan aus dem Bett schwingt und fröhlich den Tag begrüßt? Dann nehmen Sie sich mehr Zeit für das Ritual.

Strecken und recken Sie sich noch im Bett, denn damit bringen Sie Ihren Kreislauf in Schwung. Dann stellen Sie sich am besten an ein Fenster. Wenn es draußen warm ist, öffnen Sie es und atmen dreimal tief ein und aus. Nun richten Sie Ihre

Aufmerksamkeit auf sich selbst. Schließen Sie die Augen und fühlen Sie Ihr Herz. Wie geht es Ihnen heute Morgen? Haben Sie gut geschlafen oder schlecht geträumt? Sind Sie traurig, fröhlich, wütend oder voller Tatendrang? Versuchen Sie, sich zu spüren, ohne darüber nachzudenken, welche Impulse hochkommen. Nehmen Sie sich einfach so an, wie Sie jetzt sind, mit allem, was Sie gerade empfinden. Spüren Sie, dass Sie ganz lebendig sind.
Nun sprechen Sie die folgenden Worte laut aus und machen dazu die vorgeschlagenen Bewegungen. Sie müssen sich dabei nicht exakt an die Anweisungen halten. Bewegen Sie sich, wie es Ihnen gut tut. Aber achten Sie darauf, die müden Glieder und Bänder ein wenig zu dehnen, ohne sich dabei jedoch zu übernehmen. Dehnung macht nicht nur auf Dauer beweglich und geschmeidig, sie sorgt auch für einen besseren Energiefluss im Körper.

»Ich begrüße die Sonne des heutigen Tages« (heben Sie die Hände zum Gruß) »und verneige mich vor dem, was größer ist als ich« (beugen Sie den Oberkörper nach unten, lassen Sie die Beine gestreckt, um die Sehnen dabei zu dehnen).
»Ich nehme meinen Lebensweg an« (Sie richten sich wieder auf) »und stelle mich den Aufgaben, die mich heute erwarten mit Herz und Verstand« (Hände zum Herzen und zum Kopf führen).
»Ich vertraue der Erde, die mich trägt und hält« (in die Knie gehen und die »Erde« – das heißt den Fußboden – mit den Handflächen spüren) »und entfalte mich mit all meinen Möglichkeiten wie ein Baum zum Himmel« (aufstehen, die Arme so weit wie möglich zum Himmel recken, dabei auf die Zehenspitzen gehen).
»Ich bin bereit, neue Wege zu gehen« (ein Bein weit nach vorn, das hintere strecken und in die Dehnung gehen, einmal links und dann rechts) »und bleibe dabei in Kontakt mit mir selbst« (aufrichten, das Herz spüren).

»Ich atme die Kraft der Sonne und führe sie in mein Herz.« Breiten Sie zum Schluss die Arme aus und stellen Sie sich vor, wie das Sonnenlicht in Sie einfließt, selbst durch Regenwolken hindurch, und Ihnen Kraft und Zuversicht gibt. Dieser Tag ist wie jeder andere Tag ein Geschenk. Nehmen Sie ihn nicht für selbstverständlich, sondern leben Sie ihn mit ganzem Herzen. Der Segen derer, die über Sie wachen, wird Sie begleiten.

Das Alte ist vergangen: Rituale zur Reinigung und Klärung

Bevor etwas Neues beginnen kann, muss Platz dafür geschaffen werden. So wie die Frühjahrsstürme die alten, morschen Äste abreißen, weil sie das neue Leben nicht tragen können, so befreien auch wir das Bestehende von den Schlacken der Vergangenheit. Das gilt für:

- **Überflüssiges und Verbrauchtes,** das losgelassen und abgegeben wird, weil es seinen Dienst getan hat und für den weiteren Weg nicht mehr gebraucht wird. Dies betrifft alle Bereiche des Lebens, überflüssige Dinge, die wir angehäuft haben ebenso wie Ziele oder Lebensperspektiven, die einst wichtig waren, nun aber ihre Bedeutung für uns verloren haben.
- **Schädliche oder fremde Energien,** die uns den Raum für unsere eigenen Energien nehmen oder uns gar schaden und deswegen aufgelöst werden müssen.

Eine Reinigung bringt Klarheit und Leere, die dann mit neuer Ordnung und Struktur gefüllt werden kann. Deshalb ist Reinigung meist ein Bestandteil von größeren Ritualen (siehe Baustein 4, Seite 85 ff.), sie kann jedoch auch das Ziel eines eigenen Rituals sein. Ein schönes Beispiel für energetische Frühjahrsreinigungen sind die traditionellen Faschingsbräuche, deren eigentliche Aufgabe es ist, mit viel Lärm und Geschrei die lebensfeindlichen Energien des Winters zu vertreiben. Auch »sich zum Narren zu machen« kann befreiend und reinigend sein. Eine indianische Schwitzhüttenzeremonie, die mittlerweile vielerorts angeboten wird, reinigt nicht nur Körper und Geist, sondern symbolisiert auch die vollständige Erneuerung im Leib der Erde (siehe Informationen und Tipps, Seite 252).

Für die eigenen Rituale der Reinigung geht es jedoch auch einfacher. Als Reinigungsmittel eignen sich grundsätzlich:

- **Rauch**: Er gilt als Botschafter der Götter und vertreibt schlechte Energien.
- **Wasser**: Es löst Verschmutzungen ab und schwemmt sie fort.
- **Salz**[17]: Es bindet negative Energien an sich.
- **Kristalle**: Sie verändern die innere Struktur von Energien und ordnen sie neu.
- **Licht und liebevolle Gedanken**: Sie verwandeln in höhere Energien.
- **Lärm und Musik**: Ungewollte Schwingungsfrequenzen werden kraftvoll verwandelt und durch eigene ersetzt.

Das königliche Bad

Bei einigen afrikanischen Kulturen nimmt der König zum Jahreswechsel ein rituelles Bad, bei dem er stellvertretend für den ganzen Stamm alle negativen Energien abwäscht, um dann erneuert ins neue Jahr zu treten. Jetzt sind Sie so ein König beziehungsweise eine Königin, die es wagt, Altes zurückzulassen, um sich gereinigt und gesäubert dem Neuen zuzuwenden.

Führen Sie das Ritual durch, bevor Sie etwas Wichtiges vorhaben, entweder am selben Tag oder am Abend vorher. Ein

Vorstellungsgespräch, das erste Treffen mit dem oder der Liebsten, ein Arztbesuch, was immer für Sie Bedeutung hat, wird durch das königliche Bad vorbereitet.

Vorbereitung des Rituals

Für das Bad benötigen Sie eine Badewanne mit angenehm warmem Wasser, in das Sie drei Esslöffel Kristallsalz geben. Entzünden Sie am Badewannenrand Kerzen oder einige Teelichte. Legen Sie sich neue oder frisch gewaschene Kleider bereit, in denen Sie sich richtig wohl fühlen. Eine Duftlampe mit einem Ihnen angenehmen Aroma vervollkommnet die Atmosphäre.

Ablauf des Rituals

Sie betreten das Badezimmer, das jetzt ein heiliger Raum der Wandlung ist. Die Kerzen brennen, die Wanne dampft – die Elemente sind schon da. Begrüßen Sie sie. Atmen Sie jetzt einige Male tief durch und konzentrieren Sie sich darauf, dass Sie sich nun gleich einer Veränderung unterziehen werden. Öffnen Sie Ihr Herz und nehmen Sie Kontakt auf zu dem, was Ihnen wirklich heilig ist. Bitten Sie um Unterstützung und Segen.

Entledigen Sie sich dann Ihrer Kleidung und stellen sich dabei vor, wie Sie Kleidungsstück für Kleidungsstück alles ablegen, was nicht zu Ihrem innersten Wesen gehört. Was könnte das sein? Lassen Sie mit Ihren Kleidern alle Pflichten gehen, denen Sie sonst nachkommen müssen, alle Sorgen, alle Probleme und alles, was Ihnen missfällt. Mit dem Pulli legen Sie zum Beispiel ab, immer eine gute Mutter sein zu müssen oder auch ein fleißiger Mitarbeiter, mit der Hose verabschieden Sie die Bereitschaft, immer für alles zuständig zu sein oder einem bestimmten Bild entsprechen zu müssen, das andere von Ihnen haben. Lassen Sie Ihre Sorgen in Ihrer Hose zurück, die Geldprobleme in den Socken, die Prüfungsangst im Unterhemd. Enthüllen Sie Ihren eigenen Kern, Ihr wahres Wesen, das Sie nun liebevoll annehmen können, so wie es ist. Sie müssen nichts mehr sein oder tun, Sie sind ganz Sie selbst, ein einzigartiger Mensch und ein Teil jener heiligen Energien, die alles Leben erschaffen haben. Sollte es mehr Missliebiges geben, als Kleidungsstücke vorhanden sind – kein Problem. Spätestens im Wasser löst sich auch der Rest noch auf.

Steigen Sie in die Wanne und lassen Sie sich eine Weile genüsslich vom warmen Wasser umspülen. Dann sagen Sie folgenden Spruch oder denken Sie sich selbst einen aus: »Was schadet und hemmt an diesem Ort, das Wasser nimmt es mit sich fort. Wo Sorge ist und Schmerz zu finden, das Salz wird es jetzt an sich binden.«
Fühlen Sie Ihr Herz. Was ist es, das Sie dem Wasser übergeben wollen? Sprechen Sie es ins Wasser hinein. Legen Sie sich so weit ins Wasser, dass Sie gerade noch atmen können und bewegen Sie sich ganz leicht hin und her. Sie spüren die Bewegung des Wassers auf Ihrer Haut. Stellen Sie sich vor, das Wasser könnte durch Sie durchfließen und jede Zelle Ihres Leibes und Ihrer Seele durchspülen. Wenn Sie möchten, beginnen Sie bei den Füßen und reinigen dann jedes Körperteil bis zum Scheitel. Bei jeder Bewegung löst das Wasser dunkle Flecken auf, die vom Salz im Wasser gebunden werden. Übergeben Sie alles den Kräften des Wandels: Trauer, Wut, Sorgen, schlechte Angewohnheiten und Ängste. Fühlen Sie, wie Sie leichter und zunehmend heller werden. Licht strömt in Sie ein.

Schließen Sie die Reinigung ab, wenn Sie sich nicht mehr konzentrieren können. Sie tauchen nun erneuert aus dem Wasser auf. Sie sind ein vollkommener und ganz individueller Ausdruck des Lebens, auf den Sie stolz sein dürfen. Alles ist nun möglich geworden. Schicken Sie einen Dank an die lebenserhaltenden Energien von Wasser und Salz, ohne die wir nicht existieren könnten.

Jetzt kehren Sie wieder in Ihren Alltag zurück, trocknen sich ab und legen sich die neuen Kleider an. Überlegen Sie gut, was Sie sich nun Neues – oder Altes – »anziehen«. Vielleicht gibt es die eine oder andere Verpflichtung, die eine oder andere Sorge, die Sie gar nicht mehr brauchen und in Zukunft zurückweisen. Dann ziehen Sie sich mit dem Pulli stattdessen »Lebenskraft«, mit der Hose »Vertrauen in die Zukunft« und mit den Socken »Freude am Leben« und »Stärke in schweren Zeiten« an. Frei, gelöst und im Bewusstsein, dass Sie einzigartig und heilig sind, machen Sie nun alles, was Ihnen gut tut und Ihnen auf Ihrem künftigen Weg mit seinen Aufgaben Kraft und Unterstützung gibt.

Dieses Ritual kann natürlich auch in einem See, in einem Fluss oder im Meer ausgeführt werden. In der Natur ist die reinigende und erneuernde Wirkung des Wassers noch eindringlicher, weil die Urkraft der Elemente präsenter ist.

Die Wohnung reinigen

Das Frühjahr ist der optimale Zeitpunkt, um die Wohnräume einer energetischen Routinereinigung zu unterziehen. Winterdepressionen verschwinden so, und die Lust auf Neues und Schönes wächst. Vertrauen Sie Ihrem Gefühl, wann für Sie eine Reinigung richtig ist. Sie dient dazu, fremde und unerwünschte Energien zu vertreiben. Ein unangenehmer Besuch kann ebensolches Unbehagen hervorrufen wie die Energien eines Menschen, der aus der gemeinsamen Wohnung ausgezogen ist, den Sie aber noch immer gleichsam »um sich spüren«. Schwer wiegende Ereignisse hinterlassen ebenfalls energetische Spuren; ein Todesfall, ein schlimmer Streit oder ein anderes Unglück bedürfen der energetischen Reinigung. Auch wenn Sie in eine neue Wohnung einziehen, können Sie sie von den Schwingungen Ihrer Vorgänger reinigen und sich den Raum so zu Eigen machen.

Selbst Mitbewohner, Freunde oder Familienangehörige profitieren von so einer Reinigung. Kinder haben an energetischen Wohnungsreinigungen meist großen Spaß. Schon Zwei- oder Dreijährige beteiligen sich mit Begeisterung und fühlen sich hinterher in der Wohnung sicherer und geborgener als zuvor.

Vorbereitung des Rituals

Ein Frühjahrsputz ist eine wunderbare Einleitung zu Reinigung und Erneuerung. Putzen Sie gründlich, räumen Sie alles auf und packen Sie die Gelegenheit beim Schopf, alles wegzuwerfen, was Sie nicht mehr unbedingt brauchen. Lassen Sie los, auch wenn es schwer fällt. Leben ist Veränderung.

Führen Sie die rituelle Reinigung am Abend durch, wenn alles sauber und glänzend ist.
Folgendes brauchen Sie dazu:

- ein Tablett, das Sie bequem tragen können;
- Räucherwerk, entweder eine Räucherschale mit Kohle und getrocknetem Salbei, oder einige Räucherstäbchen;
- eine Rassel oder ein anderes Instrument zur Lärmerzeugung;
- eine dicke Kerze in der Farbe Ihrer Wahl, einige Teelichte und ein Feuerzeug.

Ablauf des Rituals

Legen Sie alle Reinigungsutensilien auf das Tablett und stellen Sie es an die Eingangstür. Dann gehen Sie noch einmal genüsslich durch Ihre frisch geputzte und aufgeräumte Wohnung. Versuchen Sie zu fühlen, in welchem energetischen Zustand sich die einzelnen Räume Ihrer Wohnung befinden, indem Sie wahrnehmen, wo Sie sich wohl fühlen. Wo ist es gemütlich, schön oder fröhlich? Wo fühlen Sie etwas Diffuses, Unklares und in welchen Ecken fühlen Sie sich regelrecht unwohl? Löschen Sie dann alle Lichter und gehen Sie zu Ihren Utensilien zurück.

Entzünden Sie die Räucherkohle, die Kerze und die Teelichte. Während die Kohle durchglüht, atmen Sie ein paar Mal tief durch und konzentrieren sich dabei auf das Ziel des Rituals. Ziehen Sie schnell einen energetischen Kreis um sich und rufen die reinigende Kraft der Elemente (siehe Bausteine 6 und 7, Seite 90 ff. und 94 ff.).

Beginnen Sie nun die rituelle Reinigung an der Haustür, am Ort des Übergangs, durch den alles Neue hereinkommt. Legen Sie etwas Salbei auf die Kohle und lassen Sie den Rauch über die Schwelle wehen. Sprechen Sie dazu: »Rauch steigt auf an diesem Ort, nimmt alles Schlechte mit sich fort. Nichts darf herein, außer Glück allein.« Gehen Sie dann mit Ihrem Tablett voller Utensilien durch jeden Raum, betreten Sie ihn und lassen Sie ihn kurz auf sich wirken, bevor Sie ihn reinigen. Räuchern Sie zuerst. Während der Rauch sich verteilt, sprechen Sie genau an, was sich auflösen soll: »Energie der Krankheit und der Traurigkeit, verschwindet mit diesem Rauch und kehrt zu eurem göttlichen Ursprung zurück.« Vielleicht können Sie sogar wahrnehmen, wie alle negativen Energien vom Rauch aufgenommen und fortgetragen werden.
Lärmen Sie dann ungeniert, indem Sie eine Rassel schütteln, auf einer Pfeife trillern oder einfach summen, brummen und schreien. Das vertreibt nicht nur die letzten bösen Geister, sondern es bleibt so der Schall Ihrer eigenen Stimme und damit ein Teil Ihrer eigenen inneren Kraft zurück. Wenn Sie alles Negative aufgelöst haben, ersetzen Sie diese aufgelöste, negative Energie durch positive, unterstützende Kräfte. Heben Sie die brennende Kerze hoch. Sehen Sie sich an, wie viel Licht eine einzige Kerze in einen dunklen Raum bringen kann. Stellen Sie sich dann in die Mitte des Raumes und sprechen Sie: »Bei der Kraft der Flamme, dem Symbol für Licht und

Liebe rufe ich in diesen Raum: Gesundheit, Freude, Lebendigkeit und Heilung. Ihr Kräfte des Lebens, segnet und schützet diesen Ort.« Rufen Sie, was immer für Sie passt – Kreativität und Konzentration in Ihr Büro, Nährendes und Gesundes in die Küche, Ruhe und Erholung ins Schlafzimmer. Führen Sie das Licht besonders dorthin, wo Sie sich vorher unwohl gefühlt haben oder wo Sie sich besonders häufig aufhalten. Spüren Sie, wie mit der Flamme alle gerufenen Energien in Ihren Raum Einzug halten.

Wenn Sie fertig sind mit der Reinigung, öffnen Sie die Fenster und lassen den Rauch hinaus und alles, was er mitnimmt. Danken Sie den Elementen Luft und Feuer in ihrer Form als Rauch und Kerze für die Kraft der Erneuerung.

Die Vision fürs Leben finden: Inspirationssuche

Wenn ein bestimmter Lebensabschnitt zu Ende geht – das Ende eines Projektes, einer Liebe oder eines Lebensalters –, dann entsteht oft ein Gefühl von innerer Leere. Das Alte ist zwar vergangen, doch hat das Neue noch nicht begonnen. Es ist ein Punkt der Stille erreicht, ohne Ziel und Richtung. Meistens erleben wir das als verunsichernd und unangenehm. Wir wissen nicht, wohin die Reise geht, welche Wege wir beschreiten, welche Ziele wir uns setzen sollen. Einerseits können wir uns nun an den Vorgaben der Gesellschaft orientieren, andererseits ist dies auch eine gute Gelegenheit, sein Herz echter Inspiration zu öffnen – Ideen, die aus uns selbst und unseren kreativen Fähigkeiten stammen. Dazu nehmen wir Kontakt zu unserem ureigenen inneren Weisheit, zu unserem Tiefenselbst auf, jenem Teil unseres Wesens also, der mit allem Lebendigen verbunden ist und sehr wohl weiß, welche Wege und welche Ziele unserer Persönlichkeit, unseren Fähigkeiten und Aufgaben in diesem Leben wirklich entsprechen.

Wenn Sie nach einer großen Vision suchen, die Sie und Ihr Leben verändert, wenn Sie Ihre Berufung finden wollen, dann begeben Sie sich auf ein traditionelles indianisches *Vision-Quest*, eine Visionssuche, bei der Sie in geschütztem Rahmen vier Tage in der Begegnung mit der inneren und äußeren Wildnis erfahren, wo Sie stehen und wohin Sie in diesem Leben gehen. Dieses Ritual ermöglicht außergewöhnlich tiefe und intensive Erfahrungen und ist deshalb sehr zu empfehlen. Allerdings sollten Sie zumindest beim ersten Mal fachkundige Unterstützung an Ihrer Seite haben.[18]
Meistens sind es aber alltäglichere Situationen, in denen eine Antwort auf bestimmte Fragen fehlt oder wir gerade nicht wissen, wie es weitergehen soll. Mit diesem Ritual richten Sie Ihre Aufmerksamkeit nach innen und treten gleichzeitig nach außen in Verbindung zur Natur. Sie können darauf vertrauen, von beiden Aspekten, von innen und außen, Ideen und Anregungen zu erhalten. In der Verbindung zur inneren und äußeren Natur finden Sie alle Antworten, die Sie brauchen, denn alles, was wir benötigen, ist bereits da. Wir müssen es nur erkennen lernen.

Vorbereitung des Rituals

Sie sollten sich für Ihre Visionssuche einen ganzen Tag Zeit nehmen. Wählen Sie einen schönen Frühlingstag aus, an dem Sie ins Grüne fahren können. Das Ritual hat die äußere Form einer Wanderung und dauert den ganzen Tag. Vielleicht kennen Sie ja schon eine besonders ansprechende, ruhige Gegend. Oder Sie kaufen sich einen Wanderführer Ihrer Umgebung, der Ihnen einige Ideen vermittelt. Wenn Sie in der Stadt wohnen, ist es entspannender, das Ritual als Wochenendausflug zu betrachten und bereits am Tag zuvor ein schönes, möglichst nicht überlaufenes Fleckchen Erde auszusuchen, in der Sie dann am nächsten Tag Ihr Ritual durchführen wollen. Übernachten Sie in der Nähe, damit Sie keine lange Anfahrt mehr haben.

Bereiten Sie am Tag zuvor einen leckeren, leichten Imbiss vor und nehmen Sie ausreichend Wasser mit – und zwar wirklich nur Wasser, möglichst ohne Kohlensäure und Geschmack. Es hat eine reinigende und erneuernde Wirkung, ohne Sie dabei mit künstlichen Zusatzstoffen zu belasten. Das unterstützt Sie bei Ihrer Visionssuche. Packen Sie wetterfeste Kleidung ein, dazu einen Stift und Papier.

Ablauf des Rituals

Sie beginnen früh am Morgen, wenn möglich bei Sonnenaufgang. Heute machen Sie eine Wanderung zu sich selbst. Sprechen Sie kein Wort von Sonnenaufgang bis zum Sonnenuntergang. Ihre Aufmerksamkeit ist ausschließlich auf Sie selbst gerichtet.

Duschen Sie zunächst und reinigen Sie sich. Stellen Sie sich während des Duschens vor, dass die Wasserstrahlen aus dem Duschkopf zugleich Lichtstrahlen sind, die Sie innerlich und äußerlich von allen dunklen Flecken befreien. Beginnen Sie am Kopf und wandern Sie mit dem Duschkopf zu den Füßen. Buntes, strahlendes Licht in allen Farben erfrischt Sie und macht Sie bereit für den Tag.

Bevor Sie aufbrechen, erschaffen Sie einen heiligen Raum um sich, der Ihnen den ganzen Tag folgen wird (siehe Baustein 6, Seite 90 ff.). Dann rufen Sie die Elemente und beten zu den höheren Energien um innere Führung, Klarheit und Weisheit.

Jetzt machen Sie sich auf den Weg in die Natur hinaus. Sind Sie dort angekommen, wo Ihre Wanderung beginnen soll, halten Sie noch einmal inne. Mit der folgenden Meditation richten Sie nun die Aufmerksamkeit nach innen und außen zugleich.

Meditation zur Vertiefung der Aufmerksamkeit

Stellen Sie sich fest mit beiden Beinen auf den Boden[19] und fühlen Sie unsere Erde unter Ihren Füßen mit all der Energie, die Sie zu ihr zieht, Sie trägt und hält. Über Ihnen erstreckt sich der Himmel, der Sie schützend umgibt. Sie gehören in diese Welt, Sie sind hier willkommen.
Schließen Sie nun die Augen und atmen Sie tief ein und aus. Stellen Sie sich vor, wie hinter Ihrer Stirn ein kleiner Ball aus rotem Licht entsteht. Lassen Sie den Ball auf die Größe einer Faust anwachsen, der dann langsam mit jedem Atemzug auf Ihrer Wirbelsäule nach unten wandert. Spüren Sie, wie der Ball durch Ihren Kopf und das Gesicht wandert, den Hals hinunter und schließlich an der Brust ankommt. Überall, wo er vorbeikommt, leuchtet er auf und strahlt hell. Sie fühlen nun, wie das Licht einen Anker in Ihr Herz hineinwirft. Was haben Sie auf dem Herzen? Was wollen Sie wissen? Worin suchen Sie Inspiration? Formulieren Sie nun Ihre Fragen, Ihre Bedürfnisse und Sehnsüchte. Geben Sie Ihre Bitte um Antwort dem roten Licht mit und fühlen Sie, wie es nach unten in den Solarplexus wandert, dann den Bauch ausfüllt und im Unterleib als strahlender und leuchtender Ball Ihr Becken einnimmt. Ihre Aufmerksamkeit ist nun ganz konzentriert. Dehnen Sie den Ball mit jedem Ausatmen aus, bis er die Grenzen Ihres Körpers umfasst. Sie nehmen sich nun ganz wahr, bleiben aber mit Ihrem Herzen und Ihrer Mitte verbunden. Dehnen Sie den Ball noch weiter aus, über Ihr Energiefeld hinaus, bis er Kontakt aufnimmt zu den Steinen, der Erde, den Bäumen und allen Wesen um Sie herum. Sie sind nun mit allem verbunden und ruhen zugleich in Ihrer Mitte. Atmen Sie einige Male tief ein und aus und öffnen Sie dann die Augen.

Nun können Sie sich auf den Weg machen. Betrachten Sie ihn als Weg zu sich selbst. Alles, was Ihnen heute begegnet, ist von Bedeutung für Sie. Achten Sie deshalb auf alles, was

Sie umgibt. Sie werden vielleicht Tiere sehen, Menschen oder Pflanzen, die eine Botschaft für Sie enthalten. Vielleicht gibt Ihnen auch ein Wortfetzen von einem Gespräch, dessen Zeuge Sie werden, einen Hinweis, der Flug eines Vogels oder das Murmeln eines Baches. Vielleicht kommt Ihnen eine plötzliche Idee beim Betrachten eines Baumes, oder Sie finden einen Stein, der Ihre Aufmerksamkeit auf sich zieht. Sie sind mit allem verbunden, deshalb ist auch alles mit Ihnen verbunden. Alles, was Sie wahrnehmen, ist ein Spiegel Ihrer Person. Manches können Sie womöglich nicht sofort verstehen, da es Ihnen als Symbol begegnet. Notieren Sie sich deshalb möglichst viel von dem, was an Ideen oder Begebenheiten Ihre besondere Aufmerksamkeit auf sich zieht. Später werden diese Notizen nützliche Hinweise für Sie sein.
Sie brauchen nur aufmerksam in der Gegenwart zu bleiben. Versuchen Sie, mit allen Sinnen die Schönheit und Lebendigkeit um Sie herum wahrzunehmen, zu der Sie selbst auch gehören. Sollten Sie ins Nachdenken geraten oder sich Gedanken über Alltagsprobleme machen, dann registrieren Sie es einfach. »Stopp, heute nicht«, sagen Sie sich dann und holen das Bild des roten Balles mit dem Anker in Ihr Herz zurück. Spüren Sie wieder die Verbindung zu Ihrer Umgebung und gehen Sie einfach weiter.
Gehen Sie bis zum Abend. Sie erreichen am Ende des Weges wieder Ihren Ausgangspunkt.
Danken Sie der Natur und all ihren Wesen für das, was Ihnen heute begegnet ist. Lassen Sie eine kleine Gabe an Nahrung und Wasser zum Dank für die Tier- und Pflanzenwelt zurück. Schließen Sie nun noch einmal kurz die Augen und holen Sie Ihren roten Ball der Aufmerksamkeit wieder zu sich. Lassen Sie ihn schmelzen und sich in Ihrem Herzen auflösen.

Bevor Sie nun wieder in Ihr Auto steigen, stellen Sie sicher, dass Sie ganz wach und konzentriert sind. Man gerät bei einer Inspirationswanderung in einen leichten, aber dauerhaften

Trancezustand, der im Straßenverkehr sehr gefährlich werden kann. Sind Sie glücklich zu Hause angekommen, lösen Sie den Kreis auf, den Sie gezogen haben, und verabschieden Sie die Elemente und die anderen von Ihnen gerufenen Kräfte. Nach Sonnenuntergang dürfen Sie wieder sprechen.

Lassen Sie eine Nacht verstreichen und sehen Sie sich Ihre Notizen dann noch einmal an. Sie werden feststellen, dass Sie auf Ihre Fragen eine Antwort erhalten haben. Womöglich hat auch die Frage, die Sie so lange bedrängt und Ihnen so viele Sorgen bereitet hat, ihre Bedeutung völlig verloren und Sie erkennen plötzlich klar, was für Sie wirklich wichtig ist.

Keim und Wurzel – ein Ritual, um etwas Neues auf den Weg zu schicken

Sie stehen vor einem Neuanfang in Ihrem Leben. Sie haben sich ein Ziel gesetzt oder eine Idee in Ihrem Inneren entwickelt, von der Sie aus ganzem Herzen überzeugt sind. Dementsprechend begeistert, sind Sie nun bereit, den ersten Schritt auf dem Weg zu tun, einen Anfang zu wagen. Jetzt ist der Zeitpunkt für Sie gekommen, Ihre Idee oder Ihr Projekt zu ver-*wirklichen.*

Das Keim-und-Wurzel-Ritual dient dazu, eine Veränderung, ein neues Ziel oder ein neues Projekt in Ihrem Leben in Gang zu setzen und dadurch manifest werden zu lassen. Ihre Idee tritt ihren Weg in die Wirklichkeit an. Gleichgültig um welche Art Neuanfang es sich auch handeln mag, die Energie des Frühlings, die überall Neues wachsen lässt, unterstützt Sie bei Ihren Unternehmungen.

Gemeinsam mit anderen lässt sich die Kraft der Entfaltung noch intensiver und lebendiger erfahren, da man sich gegenseitig im Vertrauen zu sich selbst bestärken kann. Vielleicht finden Sie in Ihrem Freundeskreis ja Gleichgesinnte, die mit Ihnen zusammen im Ritual einen Neuanfang wagen wollen.

Vorbereitung des Rituals

Sie können das Ritual an einem warmen Tag draußen unter einem Baum durchführen, es geht aber auch in einem Zimmer. Günstig wäre die Zeit des zunehmenden Mondes oder des Vollmondes. Als Tageszeit eignet sich der Vormittag.
Für das Ritual besorgen Sie:

- einen Blumentopf, gute Erde und Samenkörner Ihrer Wahl. Es können Blumensamen sein, aber auch wilde Früchte und Samen aus dem Wald. Für Wasser zum Gießen der Erde im Topf muss gesorgt sein. Füllen Sie vor Beginn des Rituals den Blumentopf mit Erde und gießen Sie die Erde, bis sie gut feucht ist;
- ein großes, weißes Blatt Papier (A3) und einige Buntstifte;
- alles Notwendige für einen Altar, nämlich Symbole für die vier Elemente, ein Glöckchen, Räucherstäbchen zur Reinigung, persönliche heilige Gegenstände aller Teilnehmer sowie ein Symbol Ihres ganz persönlichen Neuanfangs, zum Beispiel Fotos oder Unterlagen Ihres Projektes. Ein paar schöne Blumen auf dem Altar sorgen für Schönheit und Lebensfreude, die Ihr neues Projekt gut gebrauchen kann. Stellen Sie die Blumentöpfe ebenfalls auf den Altar.

Ablauf des Rituals

Beginnen Sie das Ritual, indem Sie ein Glöckchen läuten und sich reinigen, erden und Kontakt zum Tiefenselbst aufnehmen (siehe Bausteine 4 und 5, Seite 85 ff. und 87 ff.). Schaffen Sie einen heiligen Raum und rufen Sie die Himmelsrichtungen und Elemente (siehe Bausteine 6 und 7, Seite 90 ff. und 94 ff.). Großen Wert legen Sie dabei auf die Anrufung des Elements Erde, denn es symbolisiert das Prinzip der Verwirklichung und des In-die-Welt-Tretens von Ideen. Besonders liebevoll bitten Sie den Osten in Ihren Kreis, schließlich beginnt im Osten der Tag und damit alles Neue. Bitten Sie dann die Mächte des Neuanfangs um Unterstützung, die Kräfte der Fülle, der Wandlung, der Geduld und der Verfestigung von Ideen. Die göttliche Quelle, die sich in der Welt verwirklich, ist ebenso hilfreich wie die Göttinnen und Götter des Wachstums aus alten Zeiten – etwa Fulla und Habondia, beide Göttinnen der Fülle, oder die griechische Demeter und die römische Ceres, zuständig für Wachstum und Entfaltung. Bitten Sie die höheren Kräfte um Hilfe bei der Umsetzung Ihres Vorhabens und vertrauen Sie die Auswirkungen Ihres Projektes, die Sie selbst nicht steuern können, der göttlichen Liebe an, die alles zum Guten wendet.

Jetzt ist es Zeit, Ernst zu machen mit Ihrem Plan, Ihrem Projekt, dem neuen Ziel – es gibt es kein Zurück mehr. Nehmen Sie das Blatt Papier und zeichnen Sie einen Baum, dessen Wurzeln tief in die Erde reichen und dessen Äste und Blätter sich weit in den Himmel recken. Während Sie konzentriert und schweigend malen, lassen Sie vor Ihrem inneren Auge ein Bild entstehen, wie ein Samenkorn zum Baum wird. Zuerst schläft es lange in der Erde, doch sobald der Impuls zum Wachsen kommt, treibt es zuerst eine Wurzel nach unten. Bevor sich die Pflanze nach oben ans Licht traut, stellt sie so ihre Versorgung sicher. Machen Sie es mit Ihrem Projekt genauso. Stellen Sie sicher, dass Ihre Wurzeln stimmen, die Ihnen die Nahrung und die Energie liefern, die Sie brauchen, um zu wachsen. Eine Pflanze benötigt sichere Erde mit ausreichend Nährstoffen, Wasser des Lebens, Licht und Liebe. Welche Energie braucht Ihr Projekt? Geld, Zeit, Raum, Zuwendung? Welche Energie brauchen Sie selbst, um Ihr Ziel so zu erreichen, dass es Ihnen Lebensfreude, Wachstum und Entwicklung ermöglicht? Körper, Geist und Seele wollen mit allem versorgt werden, was sie brauchen, um gedeihen zu können und glücklich zu sein. Nehmen Sie sich genug Zeit, um für sich abzuklären, welche Bedürfnisse Sie haben, in welcher Hinsicht Ihre Energie verschwendet wird und wie Sie

am besten für sich sorgen können. Schreiben Sie zu jeder Wurzel Ihres Baumes, wie sie heißt.
Bald wird Ihr Projekt seinen ersten Halm in die Welt strecken. Wohin soll Ihr Baum wachsen? Welches Aussehen soll er bekommen? Was steckt alles in diesem Keim verborgen? Denken Sie daran, dass alles Neue nicht nur einer Vision, sondern auch der Geduld, Zeit und Kraft bedarf, um groß und stark zu werden. Schreiben Sie zum Stamm und den Blättern, wie Ihr Baum aussehen soll, wenn er groß gewachsen und stark ist. Sparen Sie nicht mit Farben, Visionsbäume dürfen so kunterbunt sein wie das Leben.
Jetzt sollten Sie ein klares Bild Ihres Ziels in Baumform vor sich liegen haben.

Wenn Sie ein Gruppenritual durchführen, stellen Sie sich nun gegenseitig reihum Ihre Bäume in allen Einzelheiten vor. Bestärken Sie einander liebevoll in Ihren Vorhaben. Uns quälen nämlich alle dieselben Ängste und Selbstzweifel, wenn wir es wagen, Pläne zu schmieden und umzusetzen. Ermutigung von anderen kann somit ein jeder gut gebrauchen. Akzeptieren Sie grundsätzlich alles, was andere für sich planen. Sollte Ihnen am Baum von jemandem Unstimmigkeiten auffallen, dann äußern Sie Ihre Wahrnehmung, denn sie kann dem anderen helfen, sich über sein Projekt klarer zu werden. Achten Sie aber darauf, die Anregung als freundschaftliche Unterstützung zu formulieren, zum Beispiel: »Wenn ich dein Baum wäre, würde ich mir noch mehr Wurzeln wünschen.«

Nachdem alle Bäume eingehend besprochen wurden, nehmen Sie den Blumentopf und die Samenkörner in die Hand. Konzentrieren Sie sich ausschließlich auf Ihr eigenes Ziel, das Sie sich nun noch einmal in allen Einzelheiten innerlich ausmalen. Setzen Sie ein oder mehrere Samenkörner in den Topf. Sprechen Sie dazu folgende Worte: »Mit diesem Samenkorn setze ich nun mein Ziel oder mein Projekt (benennen Sie es)

in diese Welt. Ich verspreche, dafür zu sorgen, dass es die Nahrung erhält, die es braucht. Und ich wünsche bei der Kraft des Lebens, dass es sich entfalten möge wie ein Baum aus einem Samenkorn, der stark wird und zum Himmel wächst. Möge aus meinem Ziel/Projekt ein Segen für alle erwachsen, die daran beteiligt sind. So sei es und so ist es.«
Jetzt haben Sie Ihr Projekt auf den Weg geschickt. Ein Anfang ist gemacht.

Stimmen Sie nun gemeinsam über den Blumentöpfen einen Ton an oder singen Sie ein Lied. Schicken Sie die Energie mit der Hui-Methode (siehe Baustein 9, Seite 114 ff.) ab. Danken Sie zum Schluss den Mächten, die Sie gerufen haben, und bitten Sie sie auch in Zukunft um ihre Unterstützung. Lösen Sie dann den Kreis auf (siehe Baustein 11, Seite 122 ff.).

Das Bild des Baumes hängen Sie sich am besten an die Wand. So werden Sie ständig daran erinnert, Ihre Ziele ernst zu nehmen und umzusetzen, was Sie sich selbst versprochen haben. Der Blumentopf gehört ans Licht und sollte gehegt werden. Ein schlechtes Omen ist es dennoch nicht, falls die Pflanze nicht ordentlich wächst. Es könnte auch daran liegen, dass Sie zum Gärtnern nicht geboren sind ...

Rituale für Lebensübergänge

Dem Leben zum Tor werden: Rituale rund um die Geburt

Die Geburt eines Kindes ist ein ganz besonderer Augenblick für alle, die das Privileg haben, ihn bewusst miterleben zu dürfen. Ein neuer Mensch, woher auch immer er kommen mag, findet seinen Weg in unsere Welt. Es öffnet sich am Anfang und am Ende eines Lebensweges die Tür zur anderen Seite, die sonst fest verschlossen ist. Der Raum, aus dem alles kommt, das Unbegreifliche, das sonst in unserem Alltag keinen Platz hat, tritt plötzlich einen Moment lang in unsere Welt. Die Mysterien von Leben und Sterben, die beide ganz eng beieinander liegen, werden direkt erlebbar. Wer einmal bei einer Geburt dabei war, weiß von der Ehrfurcht und dem Glück, das alle Beteiligten bei diesem Ereignis ergreift. Geburt und Tod, wundersame und doch so alltägliche Vorgänge, sind Momente großer Intensität und Wahrhaftigkeit, in denen die kleinen und großen Lügen unseres Lebens keinen Bestand mehr haben. Die Geburt ist die Schwelle, die jeder überschreitet, ein Übergang, der sich für ein Ritual geradezu anbietet. Für die Mutter gehört ihr bisheriges Leben ohne Kind ebenso der Vergangenheit an wie die Schwangerschaft. Im Akt der Geburt bahnt sich das neue Wesen Raum, ist jedoch noch nicht angekommen. In allen Kulturen wird dieser Zustand als »zwischen den Welten« wahrgenommen, als extrem labil und kritisch, weil viel Unvorhergesehenes geschehen kann.

Bei den heutigen Geburten im Krankenhaus ist es nicht einfach, die rituelle und spirituelle Seite einer Geburt wieder zu entwickeln und zu erleben. Im Klinikalltag sind Geburten Routine. Bei einer Hausgeburt sind die Bedingungen für ein Ritual besser, aber grundsätzlich lässt es sich natürlich überall zelebrieren. In Absprache mit Arzt und Hebamme kann man einem so wichtigen Augenblick im Leben eines Menschen die angemessene Würde zurückgeben.

Die folgenden Ideen sollen Ihnen Anregungen für Rituale rund um die Geburt geben. Ein Vorschlag wird konkreter ausgeführt.

Die Vorbereitung auf die Geburt

Rituale können dabei helfen, Angst und Sorge vor der Geburt zu reduzieren und Vertrauen in den Körper und die eigene innere Kraft zu entwickeln. In vielen ursprünglichen Kul-

turen wird die Geburt als Einweihungsweg gesehen, bei der die Frau durch die Tore von Angst und Schmerz wandern muss, um eine neue Stufe ihrer persönlichen Entwicklung zu beschreiten. Der Akt der Geburt verbindet sie mit all ihren Vorfahrinnen, die als »Tor für das Leben« die Kette der Generationen um ein Glied verlängert haben.
Es bietet sich also an, dass die Frau in einem eigenen Ritual ein inneres Bild von sich selbst als Tor des Lebens entwickelt und die Unterstützung ihrer Ahninnen ruft. Sie ehrt ihre eigene Stärke und die Weisheit ihres Körpers und baut ganz bewusst Vertrauen auf zu den Kräften des Lebens, denen sie sich in der Geburt bedingungslos anvertrauen muss.

Ein sehr schönes Ritual könnte vor der Geburt des ersten Kindes darin bestehen, sich bewusst vom bisherigen Leben als unabhängige Frau (oder auch Mann) zu verabschieden. Die Eltern stellen sich in einen Fluss und lassen ihr altes Leben in Form eines geschmückten Holzstücks symbolisch mit dem Wasser davonfließen. Dann begrüßen sie das Neue, das der – symbolische – Fluss des Lebens ihnen an neuen Herausforderung bringt. Die Unterstützung durch andere Eltern kann sehr dabei helfen, die ungewisse Zukunft nicht als bedrohlich, sondern als wunderbaren Schritt in eine neues und aufregendes Stadium des eigenen Lebens zu begreifen.

Rituale während der Geburt

Sie erfordern ein hohes Maß an Sensibilität und Einfühlungsvermögen, da Geburten doch immer anders verlaufen, als man es sich vorgestellt hatte. Viele zuvor geschmiedeten Pläne lösen sich dann schnell in Wohlgefallen auf angesichts dieser extremen Situation. Auf jeden Fall kann jedoch beim Beginn einer Geburt der Raum energetisch mit Salbei oder Salzwasser gereinigt werden. Kerzen und leise, beruhigende Musik sind ebenfalls dienlich. In der traditionellen, aus dem

Mittelalter stammenden Heilkunst der Hebammen wurden alle Knoten an der Frau gelöst – im Haar, in der Kleidung etc. –, um auf diese Weise symbolisch den Fluss der Energie, der das Kind durch das Tor »spült«, nicht zu behindern. Man sang Lieder, die das Tor öffnen und das Kind in diese Welt locken sollten.
Eine Frau erlebt den Geburtsvorgang als eine Zeit äußersten Ausgeliefertseins, sie wird mit Schmerzen konfrontiert, von denen sie zuvor keine Vorstellung hatte. Natürlich macht jede Frau mit sich und dieser Extremsituation eine andere Erfahrung und hat auch andere Bedürfnisse.
Stellen Sie ein Symbol für die Ahninnen auf und rufen Sie die alten Muttergöttinnen, deren Unterstützung, Kraft und Schutz zu allen Zeiten in dieser schwierigen Stunden erfleht wurde. Für die Frau ist nicht nur eine Atmosphäre von Ruhe und Konzentration äußerst wichtig, sie muss auch fühlen, dass sie zwar ausgeliefert, aber nicht allein ist.

Das Trennungs- und Willkommensritual nach der Geburt

Wenn das Neugeborene das Licht der Welt erblickt, ist dies ein magischer Moment, der in seiner Größe und Schönheit zutiefst berührt. Liegt das Kind auf dem Bauch der Mutter, noch verbunden mit der Nabelschnur, verleiht ein Ritual diesem Augenblick besondere Würde und Bedeutung. Absicht des Rituals ist es, mit dem Durchschneiden der Nabelschnur das Kind endgültig von der Mutter zu trennen und ihm damit ein eigenständiges Leben zu geben. Es wird in unserer Welt in dieser Zeit willkommen geheißen.

Vorbereitung des Rituals

Wenn Ihnen die Ehre zuteil wird, ein solches Ritual durchzuführen, dann sind Sie bereits bei der Geburt dabei oder kommen kurz danach dazu. Die frischgebackenen Eltern sind meist nicht in der Lage, ein Ritual anzuleiten. Besprechen

Sie deshalb vorher mit der Hebamme oder dem Arzt, was Sie genau vorhaben. Nur Mut, vielleicht inspirieren Sie den Krankenhausbetrieb ja zu einem anderen Umgang mit Neugeborenen.
Sie brauchen für das Ritual:

- eine oder mehrere Kerzen;
- ein hochwertiges Mandel-, Rosen- oder Kinderöl, möglichst in Bio-Qualität. Wärmen Sie es leicht vor, damit sich das Baby nicht erschreckt.

Ablauf des Rituals

Sobald das Kind geboren und die Mutter wieder etwas bei Kräften ist, sorgen Sie für Ruhe im Raum. Der richtige Augenblick für die Zeremonie ist gekommen, wenn die Hebamme das Baby zum Abnabeln bereit hält. Das Licht im Raum sollte dämmrig sein, dann fühlt sich das Neugeborene am wohlsten. Entzünden Sie nun feierlich eine oder mehrere Kerzen.

Nehmen Sie ein wenig vom angewärmten Öl und salben Sie die Stirn der Mutter damit. Sprechen Sie: »Ich danke dir, (Name der Mutter), dass du durch Schmerz und Verzweiflung gegangen bist, um dem Leben ein Tor zu sein. Sei gesegnet für deinen Mut und deine Standhaftigkeit. Ich danke den höheren Mächten, dass sie dich behütet haben. Bist du nun bereit loszulassen, was du geschaffen hast?« Warten Sie die Zustimmung der Mutter ab, dann kann der Vater, die Hebamme oder auch Sie selbst die Nabelschnur feierlich durchschneiden. »Mit diesem Schnitt beginnt dein eigener Weg in diesem Leben.« Nun salben Sie die Stirn des Kindes und heißen es willkommen. »Ich begrüße dich in unserer Welt, (eventuell den Namen einfügen, wenn er schon feststeht), du bist uns hier willkommen. Ich wünsche dir, dass dein Weg im Leben von Liebe und Schönheit begleitet sein möge. Ich wünsche dir, dass du von allem genug hast, was du wirklich

brauchst, und dass du auch in den dunkelsten Stunden nie den Mut verlierst.« Sie können sich auch selbst noch gute Wünsche ausdenken, die Sie dem neuen Erdenbürger mit auf den Lebensweg geben wollen. Sie werden sehen, dass Worte, die gleich nach einer Geburt gesprochen werden, eine ganz besondere Bedeutung bekommen, und zwar für das Kind, die Eltern und alle, die dabei sind. Auch die Mutter und der Vater können sich den Wünschen anschließen.
Beenden Sie das Ritual entweder mit einem Segenswunsch: »Sei behütet und geborgen von den Mächten, die über dein Leben auf dieser Erde wachen.« oder mit einer Bekräftigung: »So sei es und so ist es.«

Rituale für die Zeit danach

Die Zeit nach der Geburt, die körperliche und seelische Umstellung, ist für die Mutter sehr sensibel und kann äußerst schwierig sein, besonders beim ersten Kind. Der wenige Schlaf, die Notwendigkeit, zu einer Neudefinition der eigenen Person zu finden, verbunden mit einer tiefgreifenden hormonellen Umstellung sind Hürden, an denen so manche ohne die entsprechende Hilfestellung verzweifelt.
Noch im frühen Mittelalter feierten unsere Vorfahrinnen nach einer Geburt ein ausgelassenes und mehrere Tage dauerndes Fest nur unter Frauen, die abwechselnd die junge Mutter unterstützten. Die Umstellung auf das Leben als frischgebackene Mutter kann auch heute wieder von einem Ritual hilfreich begleitet werden. Ein bis zwei Wochen nach der Geburt kommen befreundete Frauen mit ihren Kindern zusammen und bringen Leckereien für ein kleines Mütterfest mit. Sie erzählen der jungen Mutter von ihren Problemen und Erfahrungen und geben ihr gute Tipps und eine gehörige Portion Humor mit auf den Weg. Eine Frau, die zum ersten Mal Mutter wurde, kann dann offiziell in den Kreis der Mütter aufgenommen werden. Jede einzelne Frau umarmt sie, ehrt sie für das, was

sie bei der Geburt durchlitten hat, und wünscht ihr Kraft und Geduld für die Zukunft.
Manche wünschen sich auch ein Ritual, um die Plazenta des Kindes unter einem Baum zu vergraben. Die Plazenta ist Teil der Mutter und des Kindes. Sie können sie aus dem Krankenhaus mitnehmen und einfrieren. Wenn Sie einen Garten haben, besorgen Sie einen kleinen Baumschössling oder einen Rosenstrauch. Graben Sie ein Loch und geben Sie rituell zuerst die Plazenta, dann etwas Erde und dann den Baum darauf. Zwischen dem Kind und dem Baum besteht dann eine besondere Verbindung.

Willkommen im Leben: Taufe oder Namensgebung eines Kindes

Taufen sind meist Gemeinschaftsrituale, die mit der Familie oder mit Freunden gefeiert werden. Bei einer Taufe bekommt ein Kind offiziell seinen Namen und damit auch ein Stück eigenständige Persönlichkeit. *Nomen est omen,* lautet ein geflügeltes Wort und deutet so darauf hin, dass der Name eines Menschen ein gesprochenes Symbol darstellt, das dessen Persönlichkeit widerspiegelt. In ritualstarken Kulturen geht man davon aus, dass sich die Bedeutung des Namens direkt auf denjenigen überträgt, der bei seinem Namen gerufen wird. Entsprechend sorgfältig sollte der Name gewählt werden. Daneben erhält das Kind bei der Taufe auch einen Platz in der Familie und – heutzutage häufiger – im Freundeskreis oder einer anderen Gemeinschaft. Das Kind wird dem Schutz der höheren Mächte anvertraut, die es auf seinem Weg begleiten und behüten sollen.
Traditionell kann man einen Paten oder eine Patin für das Kind bestimmen. Diese Rolle kann schön und ehrenvoll sein, sollte aber von beiden Seiten genau bedacht werden. Zu den Aufgaben eines Paten zählt im Allgemeinen:

- bei der Taufe zu assistieren;
- als Mentor beziehungsweise Mentorin dem Kind auch in späteren Jahren Ansprechpartner zu sein;
- regelmäßig Geschenke zum Geburtstag zu schicken;
- für das Kind zu sorgen, falls den Eltern etwas zustößt. Darin besteht die ursprüngliche Funktion eines Paten.

Die Taufe eines Kindes mit Wasser hat eine lange Tradition, die schon vor Christi Geburt von unseren germanischen Vorfahren zelebriert wurde. Wir führen hier nun eine Elemente-Taufe durch, bei der das Kind mit den vier Elementen gesegnet wird, symbolisch für all jene Mächte, die das Leben auf der Erde bewegen. Eine Elemente-Taufe kann je nach Stimmung sowohl feierlich als auch heiter und lustig sein.

Vorbereitung des Rituals

Wenn Sie für befreundete Eltern ein Tauf-Ritual vorbereiten[20], dann sprechen Sie vorher gemeinsam alle Details durch. Zwar könnten die Eltern auch selbst das Ritual durchführen, doch die Erfahrung lehrt, dass es besser ist, wenn sich die Rolle der Eltern nicht mit der Rolle der Ritualleitung vermischt. Folgende Punkte sollten Sie vorher abklären:

- **Den Rahmen des Festes:** Soll es feierlich oder lustig zugehen, ist ein nettes Fest im kleinen Kreis geplant oder soll es im großen Rahmen festlich gestalten werden? Auf jeden Fall sollte das Fest mit Liebe und Sorgfalt vorbereitet werden.
- **Den Ort des Rituals:** Wählen Sie möglichst einen schönen Platz im Freien.
- **Die Rolle der Eltern und des Paten:** Es ist empfehlenswert, sich vorher den genauen Wortlaut dessen zu überlegen, was Sie im Ritual sagen wollen.
- **Wünsche und Geschenke:** Bitten Sie die Gäste im Vorfeld, sich für das Kind einen Wunsch zu überlegen und ein

kleines Geschenk mitzubringen, das diesen Wunsch symbolisiert – einen Stein, der Glück bringen soll, eine kleine Puppe für viele Freunde etc. Darüber hinaus ist es bei uns üblich, dem Kind ein »profaneres« Geschenk zu machen wie Spielzeug oder Kleidung. Sie selbst sollten natürlich auch etwas dabeihaben.

Für das Ritual benötigen Sie:

- eine schön geschmückte Sitzgelegenheit für die Eltern und das Kind;
- alle Bestandteile für einen Altar, der die Elemente ebenso enthält wie frische Blumen, ein Glöckchen, Symbole der Kindheit und des Schutzes und der zudem groß genug für die Geschenke ist.

Die Elemente-Taufe kann von Ihnen selbst oder von vier anderen Personen durchgeführt werden, die sich im Vorfeld bereit erklärt haben, Hüter der Elemente zu sein. Sie sollten sich zuvor ein wenig mit ihrem Element beschäftigen, indem sie sich fragen: »Was bedeutet das Element Feuer, Wasser, Luft oder Erde jeweils für mich und in meinem Leben? Was kann ich dem Kind an Energien mitgeben, die diesem Element entsprechen?«

Ablauf des Rituals

Reinigen Sie den Ort, an dem das Ritual stattfinden soll, bevor die Gäste eintreffen.[21] Errichten Sie den Altar. Bitten Sie um Unterstützung der Himmelsrichtungen, der Elemente und jener göttlichen Kräfte, denen Sie das Kind anvertrauen wollen (siehe Bausteine 4–6, Seite 85–92). Dann rufen Sie die Gäste und lassen alle Anwesenden einen Kreis bilden, in dessen Mitte die Mutter oder die Eltern mit dem Kind stehen oder auf den festlich geschmückten Stühlen sitzen. Die vier Elemente-Hüter nehmen das Symbol ihres Elements in die

Hand und stellen sich in die dazu gehörigen Himmelsrichtungen des Kreises (Osten: Luft, Süden: Feuer, Westen: Wasser, Norden: Erde).

Läuten Sie mit einem Glöckchen den Beginn der Zeremonie ein. Benennen Sie die Absicht des Rituals und danken Sie allen für ihr Kommen. Dann bitten Sie die Eltern, ihrem Kind nun offiziell den Namen zu geben, mit dem es in diesem Leben gerufen werden soll. Die Eltern heben ihr Kind hoch und sprechen diesen Namen aus, zum Beispiel: »Wir geben dir hier und heute den Namen Viviane; das bedeutet ›die Lebendige‹. Wir wünschen uns für dich, dass du immer lebendig und voller Kraft sein mögest.« Dann können beide Eltern dem Kind ein Versprechen geben. »Du bist das letzte Glied in der Kette meiner Familie. Ich nehme dich an, von ganzem Herzen und so, wie du bist. Ich will dich beschützen und lieben, ich will dir bei deiner Entfaltung Grenzen setzen und dir auch Freiheit geben und ich werde dir Wege aufzeigen, so gut ich es kann.« Dann ist der Pate oder die Patin an der Reihe, die hier laut ausspricht, welche Aufgabe sie übernimmt: »Ich verspreche, in Krisenzeiten für dich da zu sein und dich zu unterstützen.«
Anschließend sind die Elemente an der Reihe. Jeder Hüter/jede Hüterin eines Elements tritt einzeln zu dem Kind, beginnend mit dem Element Luft. Zuerst soll das Kind das Element fühlen. Der Luft-Hüter kann dem Kind ein wenig Rauch zufächeln, ein Glöckchen läuten, es anpusten oder mit einer Feder streicheln. »Ich segne dich mit der Kraft der Luft. Möge sie dir im Leben Leichtigkeit geben, Freude und ein gutes Gehör. Die Luft soll dich hinauftragen in die Welt der Phantasie und Kreativität, sie soll dich das Fliegen lehren und dir klare Gedanken schenken. Möge dir nie die Puste ausgehen.«
Nun tritt der Feuer-Hüter vor. Eine Kerze wird vor das Kind gehalten, dessen Licht es anschauen soll. Der Hüter spricht: »Ich segne dich mit der Kraft des Feuers, mit seiner Energie

und Lebendigkeit. Auch in dir soll das Feuer der Liebe brennen, das Feuer der Begeisterung und die Flamme, die dich für alles das kämpfen lässt, was dir wichtig ist. Licht und Liebe sollen dich durch dein Leben begleiten.«
Nun ist das Wasser dran. Das Kind wird mit ein paar Tropfen besprengt oder darf darin planschen. Achten Sie darauf, dass dem Leitungswasser wenigsten einige Spritzer Wasser aus der Natur, das heißt aus einem Fluss oder See beigemengt wird. Der Hüter spricht: »Ich segne dich mit der Kraft des Wassers, aus dem du stammst. Es schenke dir die sanfte Kraft und Tiefe der Gefühle, die selbst Steine besiegt, die ewige Bewegung und die heilenden Tränen. Das Wasser möge dich immer wieder reinigen und erneuern und dich die Kraft der Auflösung lehren. Mögest du immer genug zu trinken haben und zu deinen Gefühlen stehen.«
Zuletzt ist die Erde an der Reihe. Das Kind wird auf die Erde gesetzt oder gelegt, dann reibt man vorsichtig etwas Erde auf seine Stirn und die Wangen. Weicher Lehm – fall Sie welchen zur Hand haben – lässt sich nicht nur gut auf der Haut verteilen, sondern ist bei größeren Kindern auch ein sinnliches Vergnügen. Der Hüter spricht: »Ich segne dich mit der Kraft der Erde, die dich trägt und erhält. Sie möge dir genug von allem schenken, was du zum Leben brauchst. Von ihr erbitten wir Stabilität und Sicherheit, Ordnung und Schutz im Chaos der Welt. Möge dich die Erde eines Tages aufnehmen, wenn deine Reise zu Ende ist.«

Nun haben auch die Gäste Gelegenheit, sich einzubringen. Bitten Sie als Ritualleitung die Gäste der Reihe nach, den Wunsch für das Kind laut auszusprechen und das entsprechende symbolische Geschenk zu überreichen. Machen Sie vorher aus, wer mit dem Wünschen anfängt, dann ist die Scheu geringer, etwas laut vor allen auszusprechen. Und denken Sie daran, hinterher alle Wünsche noch einmal zu sammeln und aufzuschreiben. Das Blatt Papier kann dem Kind samt den symbolischen Geschenken überreicht werden, wenn es etwas älter ist.

Als Ritualleitung beschließen Sie das Ritual, indem Sie noch einmal die höheren Mächte um Segen für alle Beteiligten bitten, um Schutz und Liebe für das Kind, die Eltern, für die Gäste und Sie selbst natürlich auch. Wenn Ihnen das unpassend erscheint, können Sie folgende Formulierung wählen: »Ich danke allen Beteiligten für ihren Beitrag zu dieser Taufe und ich bin mir ganz sicher, dass alle Wünsche in Erfüllung gehen und dreifach auf den zurückfallen werden, der sie ausgesprochen hat. Dem Kind, den Eltern und uns allen wünsche ich jetzt alles Gute für den weiteren Weg.«
Ein gemeinsames Mahl werden dann alle Teilnehmer sehr begrüßen. Wenn die Gäste weg sind, verabschieden Sie die gerufenen Energien und lösen den Kreis auf (siehe Baustein 11, Seite 122 ff.).

Rituale mit Kindern

Kinder sind natürliche Meister in Sachen Rituale. Sie haben nicht nur ein Kindliches Selbst, sie sind es wirklich noch. Mit ihrer Kreativität entwickeln sie zu allem Ideen, und zu Symbolen haben sie direkten Zugang. Wenn Sie also Anregungen für ein Ritual brauchen, dann lassen Sie sich von Kindern inspirieren.

Anlässe für Rituale mit Kindern

Nicht nur wichtige und heiß ersehnte Ereignisse wie Geburtstage erhalten mit einem kleinen Ritual eine besondere Bedeutung. Ein kleines Dankes-Ritual beendet einen schönen Tag oder ein besonderes Erlebnis auf eine ganz bewusste Weise und bringt dem Kind spielerisch bei, schöne Tage und Augenblicke auch wirklich wertzuschätzen.

Den Wandel der Jahreszeiten mit Ritualen zu begleiten – ein Pflanz-Ritual zum Wunder des neuen Lebens im Frühling und ein Herbst-Ritual mit Sammeln von bunten Blättern für den großen Abschied – geben dem Kind wie den Erwachsenen die Möglichkeit, sich auf die Energien in der Natur einzuschwingen, sich wieder in sie einzubinden. Auch die vorchristlich-christlichen Rituale wie Weihnachten oder Ostern sind schöne Anlässe für selbst gestaltete Rituale. Kinder schätzen es, wenn ihnen im Leben ein Sinn vermittelt wird. Sie lieben Geschenke, doch Konsum allein genügt ihnen nicht. Sie wollen erfahren, dass das Leben, die Feste und der Ablauf des Jahres einen bestimmten Sinn haben, einen Hintergrund, der es ihnen ermöglicht, ihre Welt zu verstehen und sich einen Platz in ihr zu suchen.
Die großen und kleinen Veränderungen im Lebensablauf des Kindes sind ebenfalls passende Anlässe für Rituale: Der erste Besuch des Kindergartens, die Einschulung, der erste Zahn, der ausfällt. Schultüte und Zahnfee sind in den meisten Familien schon bekannt. Der Abschied vom Babyalter lässt sich aber auch mit einem Großer-Junge- oder Großes-Mädchen-Ritual versüßen, bei dem das Kind eine kleine, altersgemäße Mutprobe bestehen muss und danach von den Erwachsenen als großes (Schul-)Kind gefeiert wird.
Auch Krisensituationen sind Gelegenheiten für Rituale. Kann das Kind nicht einschlafen, braucht es ein Einschlaf-Ritual, das entspannt und dem Kind das Gefühl vermittelt, nicht nur von den Eltern, sondern auch von unsichtbaren Mächten beschützt zu sein. Wenn es von Schulängsten geplagt wird, denken Sie sich ein Ritual aus, das es stärkt und ihm Selbstvertrauen vermittelt. Bei Krisensituationen gilt immer die Maxime: Fragen Sie Ihr Kind, was es braucht, um sich wohl zu fühlen, um keine Angst mehr zu haben, um »das böse Ungeheuer zu vertreiben« oder um nicht mehr traurig zu sein. Bereits kleine Kinder haben ein sehr gutes Gespür dafür, was sie brauchen. Das setzen Sie dann in eine kurze,

einfache symbolische Handlung um, die Sie mehrere Male wiederholen.
Grundsätzlich können Kinder auch an allen Ritualen der Erwachsenen teilnehmen. Ihre unbefangene und kreative Art, selbstverständlich und mit Spaß zu feiern und Symbolisches zu tun, ist für jedes Ritual ein Gewinn. Außerdem genießen sie die Gelegenheit, mit den Großen gemeinsam etwas Schönes machen zu können.

Grundsätzlich gilt: Planen Sie den Ablauf eines Rituals kindgerecht. Besprechen Sie Ihre Pläne mit dem Kind und erfragen Sie seine Ideen dazu. Besonders schön sind Rituale mit vielen Kindern. Sie werden dann ganz auf deren Bedürfnisse zugeschnitten – mit Spiel, Gesang und Tanz. Wichtig ist vor allem der Zeitrahmen. Rituale mit Kindern müssen kurz und knapp sein, denn ihre Geduld erlahmt rasch, und zwar je jünger desto schneller. Kinder unter vier Jahren sollten nicht in einen rituellen Rahmen gezwungen werden, indem man ihnen verbietet, den Kreis zu verlassen oder Ähnliches. Rituale für so kleine Kinder dürfen höchstens zehn Minuten dauern. Älteren Kindern ab fünf oder sechs Jahren ist eine halbe Stunde schon zuzumuten, allerdings nur, wenn Aktivität geboten ist. Sie merken selbst, wenn die Geduld der Kinder erschöpft ist und sie zappelig und unaufmerksam werden. Dann erlauben Sie ihnen, den Kreis zu verlassen oder beenden Sie das Ritual zügig.

Es gibt jedoch auch Gelegenheiten, bei denen Kinder nichts im Ritual zu suchen haben. Der Frühling geht alle an, die Beziehungsprobleme einer Unbekannten hingegen sollten einem Kind nicht zugemutet werden. Anders verhält es sich, wenn die Beziehungsprobleme das Kind selbst betreffen, wenn zum Beispiel eine familiäre Trennung bewältigt werden muss. Dann braucht das betroffene Kind aber auch eine eigene Rolle im Ritual. Je nach Alter sollten Kinder nur an den Ritualen teilnehmen, die sie mit Kopf und Herz verstehen und

nachvollziehen können. Der Anlass des Rituals sollte stets einen direkten Bezug zu den beteiligten Kindern haben.
Nicht angebracht sind Kinder bei Ritualen auch dann, wenn sie die Konzentration der Erwachsenen und ihre Bereitschaft beeinträchtigen, sich auf das Ritual einzulassen. In diesem Fall ist es für alle angenehmer, eine Person zu finden, deren Anteil am Ritual darin besteht, die Kinderbetreuung zu übernehmen. Fragen Sie im Zweifelsfall alle Teilnehmer, ob die Anwesenheit von Kindern erwünscht ist oder nicht.

Wunsch-Ritual zum Geburtstag

Anstreben sollte man nur ein wirklich ganz kurzes Ritual, denn Kinder haben wenig Geduld – vor allem am Geburtstag. Gerade bei besonderen Geburtstagen – dem Geburtstag vor der Einschulung oder dem zehnten Geburtstag – ist es wichtig, dass das Kind lernt, dass sich mit diesem Geburtstag auch eine andere Bedeutung verknüpft als nur materieller Gewinn. Sie ehren damit Ihr Kind und signalisieren ihm, dass Sie seine Lebenssituation wahrnehmen. Das schafft Selbstbewusstsein. Kinder glauben an die Macht der Wünsche. Wenn das Kind lernt, seine Wünsche an die Kräfte des Lebens zu richten und darauf zu vertrauen, dass alles gut wird, dann lernt es zugleich, dem Leben zu vertrauen.

Ablauf des Rituals

Je nachdem, wie Sie den Geburtstag Ihres Kindes begehen wollen, planen Sie zehn Minuten für ein Wunsch-Ritual ein. Das kann beim Ausblasen der Kerzen sein, es kann auch beim Fest mit Freunden sein, die sich dann am Ritual beteiligen dürfen. Führen Sie es auf jeden Fall *nach* dem Auspacken der Geschenke durch.

Eltern und Kind, Geschwister oder Freunde stellen sich im Kreis um den Kuchen mit den Kerzen oder um ein paar gesondert aufgestellte Kerzen, die für das Alter des Kindes stehen. Das Kind wird aufgefordert zu überlegen, was ihm wichtig ist, was man nicht kaufen kann und was es sich innig wünscht: dass der Schnupfen weggeht, dass die Eltern nicht sterben, dass Frieden auf Erden ist – Kindern fällt immer etwas ein. Wenn das Kind einen oder mehrere Wünsche hat, dann soll es sie jeweils laut aussprechen.

Zelebrieren Sie das Ritual mit mehreren Kindern, sollte sich jedes auch etwas für sich selbst wünschen. Vergessen Sie aber nicht, das Geburtstagskind mit einem extra Wunsch zu ehren, denn am Geburtstag möchte jedes Kind das Gefühl erleben, etwas Besonderes zu sein. Läuten Sie dann ein Glöckchen und rufen Sie in den Raum: »Habt ihr das gehört, ihr guten Geister im Leben?« (Sie können auch den lieben Gott, die liebe Göttin oder die Schutzengel rufen, je nachdem, welche Bilder des Göttlichen Ihr Kind kennt.) »Erfüllt bitte unsere Wünsche. Wenn die Kerzen aus sind, sollen diese Wünsche in Erfüllung gehen.« Dann wird bis drei gezählt, und alle pusten gleichzeitig mit aller Kraft die Kerzen aus. Anschließend applaudieren Sie miteinander. Vielleicht singen Sie noch gemeinsam ein Geburtstagslied und lassen das Kind hochleben.

Sommer-Rituale: Lebenskraft und Fülle

Die lebensfeindliche Kälte ist nun endgültig dem Licht und der Wärme der Sonne gewichen. Die Herzen öffnen sich wieder, bunte Blumen und saftiges Grün lassen das Leben in alle Winkel Einzug halten. Auch in der Tierwelt macht sich die Bereitschaft zur Entfaltung des neuen Lebens bemerkbar. Überall tun sich Paare zusammen, die eifrig mit Brüten und der Pflege von Jungtieren beschäftigt sind. Überall pulsiert das pralle Leben. Die Säfte sprießen. Aktivität, Fröhlichkeit und geschäftiges Treiben erfüllen die Natur.

Wenn die Sonne Ende Juni ihren höchsten Stand erreicht, dann steht die Natur ganz im Zeichen von Wachstum und praller Lebenskraft. Obwohl der Sommer erst am 21. Juni – dem längsten Tag und der kürzesten Nacht – offiziell beginnt, markiert dieses Datum bereits die Wende. Denn von da an werden die Tage wieder kürzer, und die Sonne beginnt ihre absteigende Bahn, selbst wenn uns der Sommer noch eine Weile erhalten bleibt. In alten Mythen feierte man zur Sommersonnwende den symbolischen Sieg der Sonne über die Finsternis.
Der Sommer ist die Zeit des Wachstums und der Entfaltung, aber auch die Zeit, in der sich Energien neu verbinden und zusammensetzen. Verantwortung und der Blick auf das Ganze bestimmen die Aktivitäten des Sommers. Er ist die Zeit der Liebe, der Lebenslust und der Freude, das eigene Leben in die Hand zu nehmen. Was im Frühling gesät und auf den Weg gebracht wurde, wächst und gedeiht nun.

Lebenszeitlich gesehen, steht der Sommer für den jugendlichen Aufbruch, vor allem aber für das Leben des Erwachsenen, der seinen Weg wählt und gestaltet. Als Tageszeit entspricht der Sommer dem Mittag, wenn die Sonne am höchsten steht.

Geeignete Rituale im Sommer

Für den Sommer bieten sich generell vier Möglichkeiten von Ritualen an:

- Rituale, welche die Kraft der Liebe stärken – zu sich selbst, zum Partner und zu allen Wesen;

- Rituale, die wachsen lassen, die unterstützen und stärken;
- Rituale, die Menschen oder Projekte verbinden;
- Rituale, die Verantwortung bewusst machen und fördern.

Was im Sommer besonders begünstigt wird

- **Das Selbst-Bewusstsein stärken:** Entfalten Sie alle Sinne, genießen Sie das Leben lustvoll, lieben Sie sich selbst und nehmen Sie sich an, gestehen Sie sich außerdem Freiräume zu und erleben Sie Freude.
- **Nach außen treten:** Setzen Sie Ihre Visionen um, gehen Sie Pläne und Projekte gezielt an, stehen Sie zu sich und Ihren Fähigkeiten, zeigen Sie sich so, wie Sie sind, ohne sich zu verstellen, und bringen Sie Licht ins Dunkel, wo Verborgenes zutage treten soll.
- **Netze knüpfen:** Gehen Sie neue Verbindungen ein, bringen Sie Ihre Fähigkeiten in das größere Ganze ein und übernehmen Sie Verantwortung für sich und andere.

Der Sommer-Altar

Der Sommer bietet wieder Gelegenheit, den Altar neuen Energien zu öffnen. Das Thema ist nun die Sonne und die Lebendigkeit, die sie mit sich bringt. Die Farben des Sommer-Altars sind Rot und Gelb, jedoch auch ein sattes Grün, das für Wachstum und Entfaltung steht. Ein Tuch mit einer Sonne darauf wäre als Altarunterlage sehr geeignet. Wer sich mit Seidenmalerei auskennt, kann ein Tuch mit einer strahlenden Sonne in leuchtenden Farben als Symbol des inneren Sommers anfertigen. Darauf stellen Sie eine große rote Kerze an der nach Süden ausgerichteten Seite des Altars, da der Sommer der Himmelsrichtung Süden und dem Element Feuer zugeordnet ist. Lava-, Pyrith- und Feuersteine eignen sich ebenfalls zur Dekoration. Frische Blumen bringen frohe Farben mit sich. Ein Symbol für die höheren Energien sollte ebenso vertreten sein wie ein Bild oder Gegenstand, der für Sie persönlich den Sommer verkörpert – ein bestimmtes Foto vielleicht oder etwas, womit Sie Lebensfreude und Spaß verknüpfen. Der Anblick Ihres Sommer-Altars sollte Ihnen jedenfalls ein Lächeln auf die Lippen zaubern.

Rituale zur Entfaltung der eigenen Kräfte

Stärkung der Sinne und Sinnlichkeit

Bevor wir uns konkret den einzelnen Ritualen zuwenden, bekommen Sie hier noch einige Anregungen für Übungen, die Ihre Sinne und Sinnlichkeit fördern.

- Erlauben Sie es sich, das Leben gelegentlich wie ein Kind zu genießen. Gehen Sie oft in die Natur spazieren und pflücken Sie duftende Blumen. Machen Sie ab und zu ganz bewusst das, wonach Ihnen gerade der Sinn steht. Lachen Sie lauthals, springen Sie mit beiden Beinen in eine Pfütze oder klettern Sie wieder einmal auf einen Baum.

- Suchen Sie sich einen Ort, an dem Sie vor Blicken geschützt sind und stellen Sie sich nach einem heißen Tag nackt in den warmen Gewitterregen. Genießen Sie mit geschlossenen Augen die Tropfen auf Ihrer verschwitzten Haut und nehmen Sie wahr, wie die Erde die Wassertropfen aufsaugt.

- Übernachten Sie an einem lauen Sommertag draußen im Freien unter dem Sternenhimmel. Keine Angst vor Insekten – sie schlafen nachts meist auch.

- Bekränzen Sie sich selbst mal wieder mit einer Krone aus geflochtenen Blumen. Sie dient als Symbol Ihrer Wertschätzung für sich selbst.

- Machen ein Sie ein Moorbad in der Badewanne. Das entsprechende Moor dafür erhalten Sie in der Apotheke. Aalen Sie sich genüsslich in diesem Schlamm und gestehen Sie es sich zu, einmal so richtig schmutzig zu sein – und es auch noch schön zu finden. Davon abgesehen ist Moor eine Schönheitskur für die Haut. Als Alternative können Sie sich auch an einem See mit Schlamm einreiben.

Ritual der Stärkung und Wertschätzung

Die Kräfte des Wachstums und der Entfaltung sind im Sommer in der Natur besonders stark, ja schier unbezwingbar. Diese kraftvolle und sinnliche Energie lässt sich in einem Ritual sehr gut auf die Entfaltung der eigenen Potenziale richten. Wir ehren uns und die Natur so für die vielen Möglichkeiten, die wir Stück für Stück im Laufe unseres Lebens zum Ausdruck bringen können. So gewinnen wir an Selbstvertrauen und Sicherheit und wachsen an unseren Aufgaben.

Vorbereitung des Rituals

Im ersten Teil des Rituals stellen Sie mithilfe einer kleinen Baummeditation eine Verbindung zu Natur her. Im zweiten Teil bringen Sie sich dann selbst in einer Zeremonie Wertschätzung entgegen.
Für ein gelungenes Ritual benötigen Sie:

- Freundinnen oder Freunde, mit denen das Ritual noch energiegeladener und fröhlicher wird. Doch auch für eine Person ist dieses Ritual ein Gewinn. Suchen Sie sich einen Vollmondtag oder -abend im Mai oder Juni aus;
- ein schönes Plätzchen in der Natur, möglichst unter einem

großen Baum, wo Sie den Kräften der Natur nahe sind. Eine Wohnung eignet sich nur im Notfall. Planen Sie ausreichend Zeit ein, denn dieses Ritual ist sehr umfangreich;

- eine Flasche guten Rotwein oder etwas anderes, das Sie gern trinken, das aber nicht alltäglich für Sie ist, zum Beispiel ein besonders leckerer Saft aus dem Bioladen, eine Flasche Met (Honigwein) oder ein besonders feiner Tee. Jeder Teilnehmer sollte zudem ein schönes Glas oder einen Kelch dabei haben;
- Bestandteile für einen Wachstums-Altar: frische Blumen, Symbole für die vier Elemente und von jeder Person ein persönlicher Gegenstand. Bauen Sie den Altar vor dem Ritual liebevoll unter einem Baum auf, am Boden oder auf einem Stein. Binden Sie ihn in seine Umgebung ein, verwenden Sie herumliegende Steine, Stöcke oder Blüten. Moos kann zur Altardecke werden, und Pflanzen dürfen in Ihren Altar hineinranken;
- drei Räucherstäbchen oder anderes Räucherwerk zur Reinigung.
- leckeres Essen und Trinken mit vielen Vitaminen für das rituelle Mahl.

Ablauf des Rituals

Wenn Sie einen schönen Platz draußen im Freien unter einem großen Baum, auf einer blühenden Wiese oder an einem Fluss gefunden haben, errichten Sie dort den Altar des Wachstums. Sie reinigen einander, verbinden sich mit Ihrem Tiefenselbst und schaffen dann heiligen Raum (siehe Bausteine 4–6, Seite 85–94).

Ist der Kreis geschlossen, laden Sie die Kräfte ein, die Sie in Ihrem persönlichen Wachstum unterstützen sollen. Die Kraft der Entfaltung und des Wachstums, die Kraft der Liebe und die Mutter Erde selbst, die alles wachsen und gedeihen lässt. An Göttinnen und Götter eignen sich besonders jene Götter-

paare, deren Aufgabe es ist, die Welt zu gestalten, sowie Mütter und Väter der Völker, die Tatkraft und Handwerk fördern. Da wären die Griechen Zeus und Hera, die Römer Jupiter und Juno, die Germanen Odin und Frigg und die Kelten Dana und Dagda. Wenn Sie möchten, rufen Sie Ihren persönlichen Wächter aus der anderen Welt, den jeder Mensch hat und der auch Ihren Lebensweg begleitet.
Jetzt sind Sie bereit, sich an die Kräfte der Erde anzubinden. Sie stehen im Kreis und ziehen möglichst die Schuhe aus, um die Erde unter Ihren Füßen zu spüren. Nehmen Sie Ihre Umgebung bewusst wahr. Die Bäume, die Pflanzen und Tiere um Sie herum atmen wie Sie. Mit der folgenden Baummeditation treten Sie nun in Kontakt zu ihnen. Sind Sie zu mehreren, sollte eine Person die Meditation anleiten, also laut und langsam für alle sprechen.

Die Baummeditation

Stellen Sie sich bequem auf den Boden, die Beine hüftbreit auseinander und die Knie leicht gebeugt, damit Sie einen guten Stand haben. Schließen Sie Ihre Augen und atmen Sie ein paar Mal tief in den Bauch. Spüren Sie sich da stehen, spüren Sie die Erde unter Ihren Füßen, auf der Sie sich geborgen und sicher getragen fühlen.

Stellen Sie sich nun vor, Sie wären ein Baum, Ihr Körper ist der Stamm, aus Ihren Füßen wachsen gleichsam Wurzeln in die Erde hinunter und aus Ihrem Kopf unsichtbare Äste, die bis hinauf zu den Sternen reichen. Sie atmen jetzt ein und mit dem nächsten Ausatmen stellen Sie sich vor, wie aus Ihren Füßen langsam Wurzeln nach unten wachsen. Sie durchdringen mit jedem weiteren Ausatmen mühelos die Gesteinsschichten der Erde bis zur flüssigen, roten, geballten Energie des Erdinneren, in die sie zischend eintauchen. Sie sind jetzt verbunden mit dem Inneren der Erde, mit dem Herzen unseres Planeten. Mit jedem Einatmen stellen Sie sich nun vor, wie Sie rotglühende Lebensenergie durch die Wurzeln in Ihren Körper aufnehmen. Sie strömt ein in Ihre Füße und Beine, hinauf in Ihr Becken, das sich mit rotem Licht füllt. Die Energie der Erde steigt das Rückrat entlang nach oben und füllt den Solarplexus, strömt in die Brust und öffnet das Herz, das plötzlich hell wird, warm und ohne Angst. Füllen Sie nun Ihre Schultern, die Arme und Hände, den Hals und den Kopf mit dieser Energie. Beim nächsten Ausatmen lassen Sie die Energie durch den Scheitel Ihres Kopfes als leuchtend weiße Äste nach oben hinauswachsen. Sie erstrecken sich über die Atmosphäre hinaus in den unendlichen Raum. Dort, in der Großen Leere der Sterne, so sagt man, ist die Heimat Ihrer Seele. Nehmen Sie das Licht der Sonne, des Mondes und der Sterne in Ihre Äste auf, welche die kosmische Energie in Ihren Kopf strömen lassen. Das Licht erfüllt nun Ihren Körper vom Kopf bis zu den Füßen und gelangt durch die Wurzeln in den Mittelpunkt der Erde. Sie sind voller Energie und können das Licht von Himmel und Erde durch alle Poren ein- und ausatmen. Sie sind ein Verbindungskanal zwischen oben und unten. Körper und Seele sind eins. Neigen Sie sich zur Erde und berühren Sie den Boden mit den Handflächen. Überflüssige Energie fließt durch Ihre Hände und nährt die Erde.

Atmen Sie tief und bleiben Sie in dem Gefühl der Dankbarkeit und des Verbundenseins mit Ihrer Umgebung. Sprechen Sie folgende Worte: »Wir sind alle ein Teil jenes wundervollen Lebensnetzes und gehören hierher wie jedes Blatt und jeder Baum. Wir haben allen Grund, uns für das wertzuschätzen, was wir sind, was wir waren und was wir werden können.«

Jede Teilnehmerin und jeder Teilnehmer füllt nun seinen Kelch mit Wein oder Saft und stellt sich wieder in den Kreis. Bei der folgenden Zeremonie ehren und danken Sie neun Körperteilen symbolisch – denn die Neun ist eine heilige Zahl. Wenn Sie möchten, geben Sie sich selbst noch neun Versprechen für die Zukunft. Im Ritual mit mehreren Teilnehmern sollte aus Zeitgründen eine Person den Dank sprechen und alle anderen jeweils ein Versprechen abgeben.

- Berühren Sie alle als Erstes Ihre **Füße**. Spüren Sie, wie fest und sicher Sie auf der Erde stehen und sprechen Sie: »Ich danke meinen Füßen, mit denen ich in dieser Welt stehe und meinen eigenen Weg gehe. Sie verbinden mich mit der Kraft der Erde, und es sind meine Fußspuren, die ich hinterlasse.« Gießen Sie nach dem Dank als kleines Opfer ein wenig Wein auf die Erde und geben Sie dann Ihr Versprechen ab: »Ich segne meine Füße und verspreche, meinen Weg ohne Zögern bis an sein Ende zu gehen.«

- Berühren Sie als Nächstes Ihre **Beine**, Ihre Waden, Knie und Oberschenkel. Sprechen Sie: »Ich danke meinen Beinen, dass sie mich durch diese Welt tragen. Ich danke für die Fähigkeit, auch schwere Zeiten durchzustehen und nicht einzuknicken, sondern standzuhalten, selbst wenn starke Gegenströme an mir zerren.« Vergießen Sie wieder etwas Wein und sagen Sie: »Ich segne meine Beine und verspreche, auf meinem Weg Geduld und Ausdauer aufzubringen.«

- Betasten Sie dann Ihre **Hüften** beziehungsweise Ihren Unterleib und kreisen Sie mit dem Becken. Sagen Sie folgende Worte: »Ich danke meinem Becken, dem Zentrum meiner Lebenskraft. Ich danke für die Lust am Leben und an der Liebe und ich danke für die Fähigkeit, Neues hervorzubringen.« Wieder vergießen Sie etwas Wein und beteuern dann: »Ich segne mein Becken und verspreche, meine Lebenslust zuzulassen und alles an Neuem hervorzubringen, was in mir steckt.«

- Als nächstes fassen Sie auf Ihren **Bauch**, und zwar auf der Höhe des Solarplexus. Sprechen Sie: »Ich danke meinem

Bauch dafür, fühlen zu können. Ich danke für alle schönen Gefühle wie auch für die weniger schönen. Sie sind die Intensität meines Lebens, meine Kraft und meine Stärke.« Opfern Sie Wein für Ihre Gefühlswelt und beteuern Sie: »Ich segne meinen Bauch und verspreche, allen meinen Gefühlen Raum zu geben, sie zu ehren und meinem Bauch zu vertrauen.«

- Berühren Sie nun Ihre **Brust** und spüren Sie Ihr Herz. Sagen Sie: »Ich danke meinem Herzen, dass ich lieben kann und in Liebe verbunden bin mit allem, was lebt.« Opfern Sie Wein für Ihre Herzenskraft und beteuern Sie dann: »Ich segne mein Herz und verspreche, auf seine Stimme zu hören und seinem Rhythmus zu folgen, wohin er mich auch trägt.«

- Fassen Sie dann Ihre **Schultern, Arme und Hände** an und sagen Sie: »Ich danke meinen Schultern und Armen dafür, dass sie die Aufgaben tragen, die mir im Leben gegeben sind. Ich danke meinen Händen für die Kraft, mich zu schützen, und die Fähigkeit, mein Leben zu gestalten.« Vergießen Sie wieder etwas Wein und sprechen Sie anschließend: »Ich segne meine Schultern, meine Arme und Hände. Ich verspreche, die überflüssigen Lasten abzuwerfen von meinen Schultern. Mit meinen Händen nehme ich mir, was ich vom Leben brauche, und gebe, was ich zu geben vermag.«

- Berühren Sie jetzt Ihren **Hals** und sprechen Sie: »Ich danke meinem Hals für die Fähigkeit, einen Ausdruck für das zu finden, was in mir steckt. Ich danke für meine schöpferischen Kräfte und die Inspiration, die ich erhalte.« Opfern Sie Wein für Ihre Kreativität. Dann beteuern Sie: »Ich segne meinen Hals und verspreche, dass ich meine eigene Wahrheit ausspreche und meiner Inspiration folge.«

- Dann berühren Sie Ihren **Kopf.** »Ich danke meinem Kopf, den Hort meiner Sinne, für die Fähigkeit zu denken und klar zu sehen, Probleme zu lösen und neue Fragen zu stellen.« Opfern Sie Ihrer Denkfähigkeit etwas Wein und geloben Sie: »Ich segne meinen Kopf und verspreche, genau hinzuhören, zu riechen, zu schmecken und zu sehen und mir nichts vormachen zu lassen.«

- Zu guter Letzt berühren Sie Ihren **Scheitel.** Sprechen Sie dann folgende Worte: »Ich danke meiner Verbindung zur Welt des Göttlichen. Ich bin Körper und Geist in einem, ich bin ein Teil der göttlichen Kraft, die sich in einem Körper materialisiert hat. Ich danke jenen unsichtbaren Kräften, die mich auf meinem Weg behüten und beschützen und mir Wegweiser sind, wenn ich mit meiner Weisheit am Ende bin.« Trinken Sie nun einen guten Schluck Wein auf sich und die unsichtbare Welt und gießen Sie den restlichen Wein auf die Erde. Sagen Sie abschließend: »Ich bin geliebt und gesegnet. Ich verspreche, das Göttliche in mir selbst und allen Wesen zu ehren, bis mein Weg zu Ende ist.« Den Wortlaut von Dank und Versprechen können Sie natürlich beliebig selbst umgestalten.

Fassen Sie sich nun alle noch einmal an den Händen und fühlen Sie die Verbindung zueinander. Dann schicken Sie die Energie mit der Hui-Methode nach oben (siehe Baustein 9, Seite 114 ff.).

Wenn Sie die Gelegenheit ergreifen wollen, sich auch gegenseitig Wertschätzung und Unterstützung zuteil werden zu lassen, dann entzünden Sie jetzt an einer geeigneten Stelle ein Feuer. Jeder Ritualteilnehmer tritt einzeln vor, wobei die anderen formulieren, was sie an diesem Menschen besonders schätzen. Derart gestärkt springt derjenige dann über das Feuer und wünscht sich etwas.

Bekräftigen Sie Ihre Verbundenheit mit einem gemeinsamen rituellen Mahl. Segnen Sie die mitgebrachten Speisen als besonders stärkend und kräftigend und essen Sie dann genüsslich miteinander (siehe Baustein 10, Seite 120 ff.).

Sie haben sich selbst nun den Wert gegeben, der Ihnen zusteht. Danken Sie allen gerufenen Kräften für ihre Unterstützung. Bitten Sie um Segen für den Platz, auf dem Sie stehen, und für sich selbst. Verabschieden Sie alle gerufenen Kräfte und öffnen Sie den Kreis (siehe Baustein 11, Seite 122 ff.).

Rituale des Wachstums und der Entfaltung

Ritual des Höhepunktes

Steigen Sie um die Zeit der Sommersonnwende – so um den 21. Juni also, wenn die Sonne ihren höchsten Stand erreicht hat – früh morgens auf einen Berg oder einen größeren Hügel. Nehmen Sie – außer Proviant – einen schönen Stein oder auch etwas anderes mit, das Sie gern hergeben möchten. Während Sie den Berg erklimmen, denken Sie darüber nach, was sich im letzten halben Jahr alles ereignet hat und was Sie erreicht haben, das Ihnen wichtig war. Blicken Sie buchstäblich zurück auf die Zeit der aufsteigenden Sonne seit dem 21. Dezember. Welchen Weg sind Sie gegangen? Wohin hat er Sie geführt? Sind Sie zufrieden mit sich? Gibt es etwas, das Sie ändern wollen?

Haben Sie den Berggipfel erreicht, dann lassen Sie sich am höchsten Punkt nieder und vergegenwärtigen sich, dass Sie – wie die Sonne – jetzt ganz oben angelangt sind. Wie erleben Sie den Höhepunkt? Können Sie ihn nach all der Mühe des Aufstiegs ganz genießen und sich dem Augenblick hingeben? Dann tun Sie das jetzt. Erleben Sie, dass Sie ganz oben sind. Essen und trinken Sie, genießen Sie es, lebendig zu sein.

Irgendwann ist der Augenblick gekommen, den Höhepunkt wieder zu verlassen. Bevor Sie sich auf den Heimweg machen, verabschieden Sie sich bewusst von ihm. Auch schöne Zeiten kann man nicht festhalten. Lassen Sie Ihr Mitbringsel zurück zum Zeichen, dass Sie bereit sind, alles auch wieder herzugeben, was zu Ihnen kommt.

Auf dem Rückweg richten Sie Ihre gedankliche Aufmerksamkeit auf die Zukunft. Welchen Weg wollen Sie weitergehen, während die Sonne – wie Sie selbst – ihren Weg nach unten nimmt? Sie haben nun Zeit, noch einmal neue Pläne zu schmieden oder eine falsche Richtung zu korrigieren. Wenn Sie am Fuße des Berges angekommen sind, danken Sie für die Erfahrung des Höhepunktes, die Ihnen zuteil wurde.

Das Wachstumsamulett

Machen Sie einen rituellen Spaziergang, wie Sie ihn im Frühling bereits zur Inspirationssuche kennen gelernt haben. Diesmal handelt es sich um einen Wachstumsamulett-Spaziergang. Nehmen Sie sich mehrere Stunden Zeit. Auf Ihrem Weg beschäftigen Sie sich intensiv mit der Frage: Was brauche ich jetzt gerade, um zu wachsen und mich zu entfalten? Brauchen Sie vielleicht mehr Zuwendung durch andere, mehr körperliche Betätigung oder mehr Schutz und Ruhe? Vielleicht benötigen Sie ja auch Glück oder eine neue Wohnung. Für jede Antwort, die Sie sich geben, suchen Sie dann einen Gegenstand, der diesen Aspekt für Sie symbolisiert – einen glitzernden Stein, eine Blüte, einen Tannenzapfen; etwas, das Ihnen gefällt, jedoch möglichst klein ist.

Wieder zu Hause schneiden Sie ein Tuch oder ein Stück Leder kreisrund aus. Am Rand bringen Sie in regelmäßigen Abständen Löcher an, durch die Sie dann eine Schnur ziehen. Ziehen Sie diese Schnur zusammen, dann haben Sie eine kleine Tasche, in der Sie alle Ihre Wachstumsgegenstände aufbewahren können. Tragen Sie den kleinen Beutel neun Tage mit sich herum und fassen Sie ihn immer wieder an. Dann legen Sie ihn neun Wochen auf Ihren Altar und geben die Gegenstände anschließend der Natur zurück. Die Wachstumsenergien werden den Weg zu Ihnen finden.

Wunsch-Kräuter

Trocknen Sie duftende Kräuter, die Sie im Blumentopf selbst gezogen oder in der Natur gefunden haben. Geeignet sind u.a. Rosmarin, Lavendel, Holunderblüten und Kamille. Ernten Sie die Pflanzen und legen Sie sie einige Tage an einen dunklen und trockenen Ort, in einen Schrank zum Beispiel. Die getrockneten Kräuter schneiden Sie dann klein und geben sie in eine Schale. Nun können Sie sie mit Wünschen versehen. Sprechen Sie dazu folgende Worte: »Der Lavendel bringe mir die Kraft, Nein zu sagen, die Kamille bringe die strahlende Energie von Gesundheit und Wohlbefinden ...« Dann nähen Sie die Kräuter in ein Kissen ein, wie es früher Brauch war. Man glaubte damals nämlich, dass Kräuter eigene Wesenheiten sind, die uns Heilung bringen und unsere Wünsche in die andere Wirklichkeit tragen können. Schlafen Sie selbst auf dem Kräuterkissen oder schenken Sie es jemandem, der ihnen wichtig ist.

Wollen Sie nicht auf den Kräutern schlafen, dann können Sie ihnen Ihre Wünsche auch anders anvertrauen. Machen Sie ein Feuer. Wenn es heruntergebrannt ist, legen Sie die duftenden Kräuter in die Glut. Lassen Sie gemeinsam mit dem Rauch Ihre Wünsche aufsteigen, indem Sie sie wiederum benennen.

Abschied von der Kindheit: ein Willkommen dem Erwachsenen

Der Übergang von der Kindheit in das Leben als Erwachsener während der Phase der Pubertät ist innerlich und äußerlich eine der wichtigsten Verwandlungen, die ein Mensch durchläuft. Ein Jugendlicher erlebt diese Veränderung mit großer Intensität. Ein Ritual kann diesen Übergang für alle Beteiligten leichter und fröhlicher gestalten.
Das Ritual dient dabei mehreren Zwecken, es soll:

- **den Abschied von der Kindheit vollziehen.** Die Zeit der kindlichen Abhängigkeit geht zu Ende und mit ihm das beruhigende Gefühl, behütet und beschützt zu sein. Das macht zwar einerseits Angst, bringt jedoch andererseits neue Freiheit. Auch für die Eltern bedeutet dieser Schritt den Abschied von der intensiven Elternschaft, die nun nicht mehr im Mittelpunkt der eigenen Lebensgestaltung steht. Das Kind nun loslassen zu müssen ist zwar mit Schmerz verbunden, aber auch mit Vorfreude und Erleichterung, in naher Zukunft selbst wieder mehr Freiheiten zu genießen.

- **dem Jugendlichen ermöglichen, die eigene Reichweite zu erproben.** Der junge Mensch will sich nun messen, seine Stärken, Schwächen und Grenzen kennen lernen. Für eigene Erfahrungen brauchen Jugendliche daher schrittweise mehr Frei-Räume, in denen sie eigene Entscheidungen treffen können und für deren Folgen sie dann die Verantwortung übernehmen müssen. Sie sollen im Ritual erfahren, dass diese neue Freiheit auch Pflichten gegenüber der Gemeinschaft, der Familie und der Gesellschaft, mit sich bringt.

- **das neue Mitglied in einer Gemeinschaft willkommen heißen.** Von einer Gruppe Erwachsener geehrt zu werden und zu erfahren, dass die eigenen Begabungen für die Gemeinschaft wertvoll sind und Anerkennung finden, gibt jungen Menschen viel Kraft und Unterstützung in dieser unsicheren Zeit des Umbruchs. Es gelingt ihnen dann oft besser, die kindliche Neugierde, Lebendigkeit und Kreativität mit den Qualitäten des Erwachsenen zu verbinden, mit Selbstbewusstsein, Forscherdrang und der Fähigkeit, eigene Stärken zu kennen und gezielt einzusetzen.

- **den Mann beziehungsweise die Frau im Jugendlichen wertschätzen.** Die Identität als Mann oder Frau wird in dieser Zeit der erwachenden Sexualität neu entwickelt. Positive Vorbilder helfen dabei, die eigene Geschlechtsrolle so zu definieren und zu leben, dass Stärke und Schwäche, Lebenskraft und Liebe zu sich selbst und zu anderen darin Platz haben. Für diesen Aspekt werden später noch besondere Ideen geliefert.

Das Übertrittsritual selbst vollzieht sich für beide Geschlechter gleich und gliedert sich in drei Schritte. Im ersten Teil wird die Kindheit verabschiedet, im zweiten Teil geht das Kind seinen Weg symbolisch allein weiter und im dritten Teil wird es als Erwachsener von der Gemeinschaft aufgenommen und gefeiert. Die Jugendlichen sollten nicht jünger als dreizehn sein, optimal ist das Alter von vierzehn bis achtzehn Jahren. Mädchen entwickeln sich meist etwas früher zu Erwachsenen als Jungen. Eine Feier in großem Kreis mit Verwandten und Freunden der Eltern und des Jugendlichen misst dem Ritual eine angemessene Bedeutung bei. Der junge Mensch fühlt sich wichtig und ernst genommen, was ihm in dieser Lebensphase sehr hilfreich ist.
Das Ritual kann natürlich auch für mehrere Jugendliche gleichzeitig gefeiert werden, die gemeinsam den Sprung ins

Erwachsenenleben wagen. Nach Möglichkeit sollten die Eltern des Kindes dabei sein und mindestens eine weitere Person, ein Mentor oder eine Mentorin, die das Kind in der Erwachsenenwelt begrüßt, ohne jedoch in die Familienverhältnisse verstrickt zu sein, die sich in dieser Phase häufig schwierig gestalten.

In Anlehnung an die christliche Firmung, Konfirmation oder Jugendweihe lässt sich das Ritual auch mit Geschenken kombinieren. Die Eltern planen und organisieren den äußeren Rahmen der Feier, die Zahl der Gäste, das Essen und die Räumlichkeiten. Ein Initiationsritual sollte es auf jeden Fall wert sein, dass sich alle Beteiligten wenigstens einen halben Tag dafür Zeit nehmen.

Vorbereitung des Rituals

Sie haben vor, ein Initiationsritual für eine befreundete Familie zu zelebrieren? Dann lesen Sie sich die Vorschläge zur Gestaltung des Rituals zuerst einmal durch und entwickeln Sie dann in Absprache mit den Eltern und teilweise auch mit dem jungen Mann beziehungsweise dem jungen Mädchen einen passenden Ablauf.

Fordern Sie den Jugendlichen zum Abschied von der Kindheit auf, sein Zimmer aufzuräumen, um das Gefühl der Erneuerung auch zu Hause zu etablieren. Das Ritual sollte allerdings unbedingt im Freien stattfinden, zumindest der Mittelteil.

Ihre Aufgabe ist es nun, die drei Phasen des Rituals zu planen. Besichtigen Sie vorher die Örtlichkeiten, an denen das Ritual stattfinden soll. Für den Mittelteil lassen Sie sich von dem inspirieren, was die Gegend an Möglichkeiten bietet.

Für jede Phase organisieren Sie die nötigen Utensilien und verteilen in Absprache mit den Eltern die Rollen der Mitwirkenden. Sie führen Regie, das heißt, Sie beginnen das Ritual, wissen, was wann folgt, und wachen so über den Ablauf. Am Ende bündeln Sie die Energien, indem Sie das Ritual offiziell beenden.

Wenn Sie sich von den hier angebotenen Ideen leiten lassen, dann brauchen Sie

- **für die Phase 1:** eine Schnur oder ein großes Seil zum Tauziehen und ein Tor, das Sie aus Stöcken und Tüchern selbst herstellen und schmücken;
- **für die Phase 2:** alle Zutaten für eine Schnitzeljagd oder eine andere Herausforderung, die sich aus den Voraussetzungen der Umgebung ergibt;
- **für die Phase 3:** ein Willkommensgeschenk, Sekt und Gläser für alle, eventuell ein Feuer.

Ablauf des Rituals

Sind Sie schon vor den anderen Teilnehmern am Schauplatz, bauen Sie dort einen kleinen Altar auf und schaffen alleine den heiligen Raum. Oder Sie leiten das Ritual gemeinsam mit den Gästen ein. Dehnen Sie den Kreis geistig auf das gesamte Areal aus, wo das Ritual stattfinden soll. Rufen Sie die Elemente, die Himmelsrichtungen und die göttlichen Kräfte, die den Übergang des jungen Menschen mit ihrem Segen begleiten sollen (siehe Bausteine 4–7, Seite 85–101).
Sobald die Gäste eintreffen, bitten Sie sie, einen Kreis zu bilden. Erläutern Sie den Zweck des Rituals und gehen Sie kurz auf dessen Ablauf ein. Bitten Sie alle Anwesenden, den Schritt des Jugendlichen ins Dasein des Erwachsenen mit all ihrer Kraft zu unterstützen.

- **Phase 1: Der Abschied**
  Der Jugendliche tritt in die Mitte des Kreises. Wenden Sie sich mit folgender Frage an den jungen Mann beziehungsweise die junge Frau: »Liebe/r (Namen nennen), wir sind heute alle hierher gekommen, um mit dir einen großen Schritt in die Zukunft zu gehen. Bist du bereit, heute von deiner Kindheit Abschied zu nehmen und erwachsen zu werden, mit allem, was das an Rechten und Pflichten für

dich mit sich bringt?« Warten Sie das »Ja« ab und schließen Sie mit: »Dann soll es jetzt geschehen.«
Den Abschied von der Kindheit inszenieren Sie am besten so, dass er Spaß macht, aber nicht ohne Anstrengung verläuft. Hier finden Sie einige Anregungen.

- Ein Elternteil nimmt ein dickes Seil am einen Ende, der Jugendliche am anderen. Drei Meter hinter dem Jugendlichen wird eine Linie am Boden markiert, über die er sein Seilende ziehen muss. Hat er es geschafft, dann ist er frei. Wenn viele Erwachsene und Jugendliche anwesend sind, lässt sich dieses rituelle Tauziehen mit allen gestalten. Die Jugendlichen unterstützen den Initianden, die Erwachsenen ziehen am anderen Ende.
- Die Eltern oder Personen, welche die elterliche Gewalt symbolisieren, halten ihr Kind fest, jeder mit einer Hand. Der Vater ergreift die rechte Hand, die Mutter die linke. Die Mutter – oder die umstehenden Frauen – sagen dabei immer wieder in Kindersprache: »Mein süßes kleines Baby, bleib doch bei mir.« – »Mein kleines Kindlein, bleib bei deiner Mama.« Der Vater – oder die umstehenden Männer – sprechen Sätze wie: »Wenn du auf mich hörst, dann machst du alles richtig.« – »Ich sage dir, was du zu tun und zu lassen hast.« Unter dem Gebrüll und Geschrei aller Umstehenden reißt sich das Kind mit aller Kraft aus der elterlichen Umklammerung los. Sie können den Abschied regelrecht inszenieren mit einem augenzwinkernden Weinen und Wehklagen. Hängt das Kind sehr an einem bestimmten Elternteil, ist dieser Abschied besonders wichtig.
- Der Abschied erfolgt als Wettlauf. Die Mutter und die Tochter oder der Sohn und der Vater werden an den Händen aneinander gebunden. Dann rennen sie los. Irgendwann reicht die Kondition des Erwachsenen nicht

weiter, dann werden die Bande gelöst und das Kind läuft allein weiter in die Zukunft.

Nun verlässt der junge Mann oder die junge Frau allein und ohne sich umzublicken den Kreis durch das vorbereitete Tor. Der weitere Weg muss jetzt ein Stück allein beschritten werden, wie das von einem Erwachsenen erwartet wird. Der Mentor oder die Mentorin begleitet den Jugendlichen zum Tor, verabschiedet ihn und steht während des zweiten Teils als guter Geist mit Rat und Tat zur Seite.

- **Phase 2: Die Aufgabe**
  Nun muss der Jugendliche eine Aufgabe lösen, die schwierig ist und ihn fordert, ohne ihn dabei jedoch zu überfordern. Die Aufgabe sollte so beschaffen sein, dass sie allgemein Mut, Geschicklichkeit, Geduld und vielleicht auch Überwindung notwendig macht. Sie kann auf die jeweiligen Fähigkeiten des jungen Menschen zugeschnitten sein; ein sportlicher Bursche bekommt dann zum Beispiel eine physisch anspruchsvolle Aufgabe, wer besonders intelligent und scharfsinnig ist, eine Denksportaufgabe.
  Der Jugendliche soll die Erfahrung machen: Ich kann mich den Aufgaben des Lebens allein stellen, ich habe alles, was ich dazu brauche, und was ich nicht habe, das kann ich lernen. Ich kann mir viel zutrauen, aber ich habe auch Grenzen und schaffe nicht immer alles.
  Hier nun einige Ideen für die Aufgaben:

  - **Rätsel:** Der oder die Jugendliche muss ein Rätsel lösen, ähnlich einer Schnitzeljagd, bei der er von Station zu Station geschickt wird und am Ende einen »Schatz« findet, einen wertvollen Gegenstand oder eine wichtige Information.
  - **Mutprobe:** Ein körperlicher Einsatz wird zur Mutprobe. Der jungen Mensch muss eine schwierige Anhöhe er-

klimmen, in einem eiskalten Bach untertauchen, über ein loderndes Feuer springen oder eine dunkle Höhle betreten.
- **Weg finden:** Mit verbundenen Augen oder in der Nacht muss die junge Frau oder der junge Mann allein ihren/seinen Weg zu den anderen zurückfinden.
- **Jagd:** Der Jugendliche ist ein Jäger, der in einer wilden Verfolgungsjagd jemand anderem etwas abjagen muss.

Am besten eignen sich Kombinationen aus verschiedenen Elementen. Entwickeln Sie die Aufgabe in der Umgebung, in der das Ritual stattfindet. Der Jugendliche kann auf einen Baum steigen oder in ein Erdloch kriechen, sich durch dichtes Gebüsch oder enge Felsspalten zwängen und danach eine Aufgabe lösen. Ist die Aufgabe schwierig, sollte der Mentor beziehungsweise die Mentorin eingreifen dürfen. Es ist schließlich eine wichtige Lektion, andere um Hilfe zu bitten, um die eigenen Ziele zu erreichen.
Nach einer absehbaren Zeit, einer halben bis zwei Stunden etwa, kehrt der Jugendliche zum vereinbarten Treffpunkt zurück.

- **Phase 3: Das Willkommen**
  Bei der Ankunft bereiten alle dem jungen Burschen oder Mädchen einen jubelnden Empfang. Unter der lautstarken Anteilnahme der Gäste durchschreitet er beziehungsweise sie das Tor, das wieder zurück in die Gemeinschaft führt. Sie als Ritualleitung nehmen den jungen Erwachsenen dort in Empfang und heißen ihn willkommen. Preisen Sie den Mut und die Geschicklichkeit, mit er die Aufgabe bewältigt hat, und bekräftigen Sie, welch einen Gewinn es bedeutet, nun der Welt der Erwachsenen anzugehören. Nun begrüßen die Eltern ihren Sohn oder ihre Tochter liebevoll. Dann stoßen alle auf das Wohl des jungen Erwachsenen mit Sekt an. Auch den Jugendlichen dürfen Sie ein Glas gönnen,

denn Alkohol gilt nach wie vor als ein Privileg der Erwachsenen.
Die folgenden Ideen können zusätzlich eingebaut werden, um diesen Teil noch schöner und intensiver zu gestalten:

- **Vertrag mit den Eltern:** Wenn es Spannungen in der Familie gibt, kann ein Vertrag - vor Zeugen geschlossen - die gemeinsame Beziehung auf eine neue Basis stellen. Besprechen Sie die Bedürfnisse der Einzelnen im Vorfeld mit der Familie.
  Der Vertragsschluss könnte so aussehen: Jeder äußert die Wünsche, die er an den anderen hat. Aus den Wünschen werden dann Verpflichtungen formuliert.
  Der Jugendliche wünscht sich zum Beispiel, selbst zu entscheiden, wann aufgeräumt wird und wie lange er abends wegbleiben darf (was natürlich vom Alter abhängig zu regeln ist). Die Eltern wünschen sich, dass bestimmte klar definierte Regeln eingehalten werden, die nun auch gleich genannt werden. Der Jugendliche verspricht, sich an diese Regeln zu halten. Die Eltern geloben, Vertrauen zu ihrem nun großen Sohn oder ihrer großen Tochter zu haben. Sie selbst bezeugen die Abmachung als neutrale Außenstehende.
- **Sprung über das Feuer:** Besteht die Möglichkeit, ein Feuer zu machen, kann der Jugendliche darüber springen und sich etwas wünschen.
- **Wünsche:** Reihum wird der Jugendliche von jedem Einzelnen willkommen geheißen, geküsst und geherzt und mit einem Wunsch für die Zukunft bedacht. Die Ritualleitung sollte diese Wünsche notieren.
- **Geschenke:** Überreichen Sie dem jungen Erwachsenen nun ein symbolisches Geschenk, ein bestimmtes Werkzeug oder neue Kleider, eine neue Haut sozusagen. Das kann ein schönes Tuch ebenso sein wie eine Uhr oder ein Schmuckstück.

- **Essen:** Zeigen Sie Ihre Wertschätzung, indem Sie den Sitzplatz des neuen Erwachsenen besonders feierlich schmücken.
  Nach dem Überreichen der Geschenke und vor dem gemeinsamen Essen sollten Sie als Ritualleitung alle noch einmal zusammenrufen und einen Dank aussprechen. Wünschen Sie allen Beteiligten den Segen und den Schutz derer, die über ihr Wohlergehen wachen, und erklären Sie das Ritual für beendet. Wenn alle weg sind, verabschieden Sie, was Sie gerufen haben, und lösen den heiligen Raum auf.

Die Rolle als Mann beziehungsweise Frau feiern

Zum Leben eines Erwachsenen gehört es auch, sich selbst als Mann beziehungsweise Frau zu erleben und die jeweilige sexuelle Zugehörigkeit genießen zu können. Oft tauchen dabei Fragen auf, die nur im Kreis der eigenen Geschlechtsgenossen gestellt werden wollen. Einen Teil ihrer Stärke und Identität erhält die junge Frau nur von Frauen, der junge Mann nur von Männern, denn hier fühlen sie sich aufgehoben und finden Verständnis für die eigene Situation. Geschlechtsspezifisches Verhalten lässt sich anhand von Vorbildern lernen, außerdem kann man von den Erfahrungen der anderen profitieren.
Andererseits ist gerade der gegengeschlechtliche Part besonders interessant in diesem Alter. Identität wächst auch durch die Bestätigung, die eine junge Frau im Kreis der Männer, der junge Mann von erwachsenen Frauen erhält.
Um ein Ritual zu zelebrieren, bestehen nun grundsätzlich zwei Möglichkeiten.

Ein getrenntes Willkommen feiern

Das Ritual wird gefeiert wie beschrieben, es wird nur das Willkommen im dritten Teil von den Männern und den Frauen getrennt vorgenommen. Das Mädchen wird zuerst von den Frauen, der Junge von den Männern begrüßt, die ihn offiziell im eigenen Kreis aufnehmen. Erst im zweiten Schritt kommt dann das andere Geschlecht hinzu, das entsprechend die Vorzüge des Jungen beziehungsweise Mädchens preist, um ihnen Selbstbewusstsein zu vermitteln. In manchen Kulturen geht dieses Prozedere so weit, dass der junge Mensch von einer erwachsenen Frau beziehungsweise Mann in die Liebe eingeführt wird.

Granatapfelfest und Mannbarkeitsritual

Wenn die erste monatliche Blutung einsetzt und ein Mädchen körperlich zur Frau geworden ist, kann man unabhängig vom Initiationsritual das so genannte Granatapfelfest mit ihr feiern. Im Kreis der Frauen, mit der Mutter und deren Freundinnen, eventuell auch mit gleichaltrigen Mädchen wird ein »rotes Fest« begangen. Alle setzen sich in einen Kreis, tragen eventuell rote Kleidung und essen rote Nahrung: Erdbeerquark, Rote-Beete-Salat, Himbeertorte, die Kerne eines Granatapfels, zum Trinken gibt es Kirschsaft, Hagebuttentee und Rotwein. Das junge Mädchen hat nun die Möglichkeit zu erzählen, wie es ihr mit ihrer monatlichen Blutung ergeht. Sie kann Fragen stellen und ihre Ängste und Zweifel auch im Bereich der Sexualität äußern. Die erwachsenen Frauen machen ihr bewusst, dass sie nun in direkter Verbindung mit den Zyklen von Werden und Vergehen steht und dass es diese Aufgabe mit Stolz und Ehrfurcht anzunehmen gilt. Sie erzählen von ihren Erfahrungen mit diesem stark tabuisierten Thema, von ihren guten und schlechten Erlebnissen. Auch kann man darüber reden, was es bedeutet eine Frau zu sein, welche Vorbilder Frauen haben und wie sie sich Weiblichkeit – ganz individuell und unterschiedlich – vorstellen. Zum Schluss macht ein Kelch mit Rotwein die Runde, der mit folgenden Worten gesegnet wird: »Mit diesem Wein verbinden wir Frauen uns mit unserer Zeit der Fruchtbarkeit, die uns wiederum mit allen Frauen in allen Zeiten verbindet. Wir nehmen unsere Kraft an, in jeder Hinsicht Neues hervorzubringen und die Trägerinnen des Lebens zu sein.« Nun trinkt jede Frau einen Schluck und spricht einen Wunsch für das Mädchen aus. Dieses trinkt zuletzt, begleitet vom Segen und der Liebe der erwachsenen Frauen.

Für Jungen kann ein Mannbarkeitsritual zelebriert werden, zum Beispiel das so genannte Den-Pfeil-übernehmen-Ritual. Es wird nur von Männern durchgeführt, die es als ihre Aufgabe ansehen, den Jungen in die Gemeinschaft der Männer aufzunehmen und ihr Wissen an ihn weiterzugeben. Auch hier geht es darum, im Kreis der Männer Fragen zu stellen, als gleichwertig anerkannt zu werden und Vorbilder für die eigene Geschlechtsidentität zu finden.
Dazu können sich alle in einen Kreis setzen und sich gemeinsam Gedanken zu den Archetypen des Mannes machen. Da wären zu nennen:

- der **Krieger,** der für das kämpft, was ihm wirklich wichtig ist, sich selbst treu bleibt und seinen Weg geradlinig geht;
- der **Heiler,** der seine Fähigkeiten in den Dienst der Gemeinschaft stellt;
- der **König,** der für alle sorgt, die sich nicht selbst versorgen können, der beschützt und bewahrt, ohne zu unterdrücken;
- der **Geliebte,** der sich einem anderen Menschen öffnen kann, ihn annimmt und sich selbst hingeben kann, ohne sich zu verlieren.

Auch hier könnte am Ende ein Getränk die Runde machen, ein Krug Bier oder Wein, bei dem jeder erwachsene Mann den Jungen ehrt und mit guten Wünschen stärkt.

Bindung in Liebe: ein Hochzeitsritual

Die Liebe zweier Menschen in einem Ritual der Bindung zu besiegeln verleiht der Beziehung Ernsthaftigkeit und eine neue Tiefe. Ergänzend zur standesamtlichen Trauung oder auch unabhängig davon ist dieses Ritual ein Weg, um sich vor Zeugen ein Versprechen zu geben, von nun an füreinander da zu sein und sich ganz auf den anderen einzulassen. Die Partner erklären ihre Bereitschaft und ihre Motive, sich zu binden, und erbitten den Segen all jener Kräfte, deren Liebe jedes Leben trägt und erhält. Ein schönes Fest kann den Beginn einer Partnerschaft krönen, die vielleicht schon länger besteht, nun aber eine neue Verbindlichkeit erhält.

Der Ablauf dieses Rituals muss sich in keiner Weise an kirchlichen Trauungen orientieren. Die Dauer des Bindungsversprechens ist variabel, es kann auf Lebenszeit angelegt sein, es kann aber auch bewusst auf einen bestimmten Zeitraum begrenzt und regelmäßig erneuert werden, nach drei, sieben oder neun Jahren zum Beispiel. Es dürfen sich dabei auch Eltern und Kinder zu neuen Familien verbinden. Gleich- oder gemischtgeschlechtliche Paare leisten einander einen heiligen Schwur oder geben sich behutsame Absichtserklärungen. Sie haben alle Freiheit, das Ritual so umzugestalten, dass es auf Ihre spezielle Lebenssituation passt.

Der folgende Ritualvorschlag orientiert sich der Einfachheit halber an der klassischen Mann-Frau-Konstellation. Sind Kinder an der Bindung beteiligt, werden sie ins Ritual mit einbezogen, indem sie eine Rolle übernehmen. Planen Sie sorgfältig, denn das Ritual verbindet Sie mit großen Energien und zeigt deshalb Wirkung.

Vorbereitung des Rituals

Bei großen Festen wie diesem ist eine gute Vorbereitung der Garant fürs Gelingen. Das Paar sorgt für die Rahmenbedingungen, die Gäste, den Ort, Speis und Trank, das Ambiente. Fern jeder Tradition dürfen sich kreative Ideen nach Herzenslust verwirklichen, denn es soll schließlich ein Fest sein, das wirklich Spaß macht. Bei der Wahl des Zeitpunktes empfiehlt es sich jedoch nicht, den klassischen Monat Mai zu wählen. Schon unsere Vorfahren wussten, dass der Monat Mai zwar Liebe, Lust und Freude bringt, dass sich diese Wonnen jedoch auch schnell wieder abkühlen oder neu orientieren. Als Monate der Bindung eignen sich der Juni und der Juli. Der Wochentag Freitag bietet sich ebenfalls an, denn er ist der germanischen Göttin Freya gewidmet, die Liebe und Ehe beschützt. Freitags feiert man überdies unbesorgter, denn es steht ja das ganze Wochenende noch bevor. Entscheiden Sie mit dem Paar, ob das Ritual im Freien oder in einem geschlossenen Raum stattfinden soll. Eine Zeremonie unter einem knorrigen alten Baum bei strahlendem Sonnenschein ist wunderschön. Bei Regen ist der Zauber allerdings schnell verflogen, es sei denn, es wurde entsprechend Vorsorge getroffen.

Wenn Sie für ein befreundetes Paar das Bindungsritual vorbereiten, besprechen Sie den Ablauf der Zeremonie vorher gemeinsam. Wie alle großen Zeremonien ist das Ritual in drei Phasen geteilt. Im ersten Teil bekräftig das Paar die Bereitschaft, sich auf einander einzulassen, und erläutert seine Motive dafür. Im zweiten Teil geben sich Braut und Bräutigam ein Versprechen für die Zukunft, und im dritten Teil begleiten die guten Wünsche der Gäste das neu verbundene Paar. Sowohl die Braut als auch der Bräutigam können einen Zeugen benennen. Sie begleiten und unterstützen das Paar in Momenten großer Nervosität und kümmern sich um die Ringe beim Ritual, falls das Paar Ringe wechseln möchte.

Bereiten Sie den Ort der Zeremonie liebevoll vor. Schmücken Sie ihn mit frischen Blumen und allem, was eine feierliche

Atmosphäre begünstigt. Errichten Sie mit mehreren Leuten zusammen einen Altar der Liebe mit Fotos des Paares, Kerzen, rosaroten Herzen, goldenen Engelchen oder auch nur mit Rosenblüten, frischen Rosen und den Symbolen der Elemente. Für das Paar schmücken Sie zwei Stühle, die wie ein Thron aussehen sollen. Aus Stöcken oder Bändern stellen Sie einen Torbogen her, den Sie ebenfalls mit Blumen dekorieren. Für die Zeremonie selbst brauchen Sie folgende Utensilien:

- bunte Bänder: zwei Bänder für das Paar, jeweils mindestens eineinhalb Meter lang, und viele kleine, an die zehn Zentimeter lange Bänder für die Gäste;
- ein kleines Kästchen: es sollte angefertigt werden, um die Bänder hinterher darin aufzubewahren;
- einen Besen, über den das Paar dann springen soll;
- ein Kelch mit Rotwein oder Traubensaft, der kaputt gehen darf;
- ein kleiner Laib Brot und ein wenig Kristallsalz.

Je nachdem, wie gut Ihr Gedächtnis ist und wie ausführlich das Ritual sein soll, können für alle Beteiligten kleine Merkzettel erstellt werden, auf denen der Wortlaut, der Ablauf und eventuelle Liedtexte festgehalten sind.

Ablauf des Rituals

Bereiten Sie vor der Ankunft der Gäste den Ort für das Ritual vor. Wenn möglich, legen Sie einen Kreis aus Steinen oder Teelichten, der groß genug für alle ist. Im Osten des Kreises stellen Sie das Tor auf. In der Mitte oder erhöht auf einem Podest stehen die geschmückten »Throne« für das Paar. Den Altar haben Sie bereits errichtet; legen Sie nun noch alle oben genannten Utensilien darauf. Reinigen Sie alles von negativen Schwingungen und schaffen Sie einen heiligen Raum, indem Sie den Kreis ziehen und die Energie der Elemente und Himmelsrichtungen hereinbitten (siehe Bausteine 4–7,

Seite 85–101). Zur Unterstützung der Zeremonie rufen Sie die Kraft der Liebe und des Herzens, der Lust, der Geduld und der Freundschaft. Auch die Göttinnen und Götter der Liebe freuen sich über Ihre Einladung.

Bitten Sie dann die Gäste in den Kreis. Wenn es nicht zu viele sind, lassen Sie sie einzeln durch das geschmückte Ost-Tor in den Kreis eintreten. Das Paar betritt, geführt vom jeweiligen Zeugen, zuletzt den Kreis und nimmt auf den vorbereiteten Stühlen Platz wie ein König und eine Königin.

- **Teil 1**: Sprechen Sie nun einleitende Worte zur Absicht des Rituals. »Wir haben uns hier zusammengefunden, um Zeugen zu sein, wie zwei Menschen sich miteinander verbinden.« Sie dürfen hier gern ausführlicher werden oder einen passenden Text zum Thema »Liebe« vorlesen.
  Wenden Sie sich dann der Braut zu: »Bist du, (Name einsetzen), hierher gekommen, um dich vor uns allen zu (Name des Partners einsetzen) zu bekennen und mit ihm in ein gemeinsames Leben (oder: einen gemeinsamen Lebensabschnitt) zu gehen?« Warten Sie das zustimmende »Ja« ab. »Wer begleitet dich als Zeuge und gibt dir seinen Segen?« Die Zeugin, die hinter dem Stuhl der Braut steht, stellt sich vor. Dann wenden Sie sich dem Bräutigam zu und fragen ihn das Gleiche. Hat auch er Ja gesagt und der Zeuge sich vorgestellt, bitten Sie die beiden Bindungswilligen laut zu erklären, *warum* sie sich für den jeweiligen Partner entschieden haben. Sie sollen nicht nur sagen, dass sie den Partner lieben und schätzen, sondern auch warum, das heißt, welche Eigenschaften, Angewohnheiten und Aspekte des Partners sie dazu bewogen haben, sich für genau ihn beziehungsweise sie zu entscheiden. So etwas laut zu äußern ist eine sehr liebevolle Geste.
  Hat das Paar seine Motive dargelegt, wenden Sie sich an die Gäste. »Die beiden lieben sich und haben sich ihre Ent-

scheidung offensichtlich gut überlegt. Gibt es irgendwelche Einwände gegen diese Verbindung? Wenn nicht, soll sie jetzt geschlossen werden.«

- **Teil 2:** Wenden Sie sich den Brautleuten zu. »(Name der Braut) und (Name des Bräutigams), aus freien Stücken habt ihr beide euch bereit gefunden, ein Stück eures Lebensweges gemeinsam zu gehen, euch zu lieben und zusammenzuhalten. Was könnt ihr einander versprechen?«
  Jeder der beiden Brautleute gibt nun dem anderen ein Versprechen für die gemeinsame Zukunft ab. Das sollte vorher reiflich überlegt sein. Beide können einander dieselben Versprechen geben, es kann sich aber auch jeder seinen eigenen Text ausdenken.
  Ein allgemeiner Text könnte zum Beispiel so lauten: »Bei meiner Liebe zu dir (Name des Partners), verspreche ich, dich so anzunehmen, wie du bist, deine guten Seiten ebenso wie deine schlechten. Ich verspreche, dich zu lieben in Krankheit und Gesundheit, in Überfluss und Armut und in frohen und schwierigen Zeiten. Ich werde dich respektieren in deinem Denken, Fühlen und Handeln, so wie du bist, ohne zu versuchen, dich zu verändern. Für unseren gemeinsamen Weg biete ich dir meine Liebe an, mein Verständnis und meine Freundschaft.«
  Ein eigener Text könnte noch persönliche Elemente beinhalten, zum Beispiel so etwas wie: »Ich weiß, dass ich manchmal ungeduldig bin, aber ich werde daran arbeiten.«
  Nach dem Versprechen reichen die Zeugen den Ring nach vorn, und die Braut steckt ihn dem Bräutigam an und umgekehrt. Dabei sprechen sie: »Zum Zeichen meines Versprechens und meiner Liebe gebe ich dir diesen Ring.« Sind die Ringe gewechselt, binden die Zeugen dem Paar jeweils am linken Handgelenk ein Band so an, dass es zwar fest sitzt, später aber abgestreift werden kann, ohne durchschnitten zu werden.

Das Paar steht auf. Als Ritualleitung nehmen Sie jetzt die beiden Bänder auf. Rufen Sie die Anwesenden auf, das Gehörte zu bezeugen für den Fall, dass das Paar es vergessen sollte.

Dann wenden Sie sich dem Paar zu: »Vor den Menschen und vor den Mächten, deren Liebe uns alle trägt und erhält, verbinde ich jetzt eure Leben miteinander (für die Dauer von ... Jahren). Ich wünsche euch, dass euch diese Verbindung glücklich machen möge, dass ihr voneinander lernt und euch miteinander entfalten und entwickeln könnt.« Dann verknoten Sie die Bänder so, dass den Brautleuten noch ein wenig Spielraum bleibt, aber dennoch genug vom Band herunterhängt. Applaudieren Sie alle und bestehen Sie auf den obligatorischen Kuss.

- **Teil 3:** Jetzt ist es die Aufgabe der Gäste, die Verbindung mit guten Energien für eine glückliche Zukunft anzureichern. Mit den kleinen Bändern werden nun Wünsche an das große Band geknüpft, welches das Paar verbindet. Die Zeugen machen den Anfang. Sie sprechen einen Wunsch laut aus und knoten ihn dann an das herabhängende Band zwischen dem Paar. Dann nimmt die Zeugin die einzelnen kurzen Bänder und reicht sie im Kreis der Gäste herum, damit sich alle bedienen können. Der Zeuge hebt das herabhängende Ende des Bandes so hoch, dass die Gäste bequem ihre Wünsche hineinknoten können.

Abschließend sind Ihre eigenen Wünsche dran. Lassen Sie das Paar vor den Altar treten. Reichen Sie den beiden den Wein mit den Worten: »Trinkt nun den Wein als Symbol dafür, dass die Freude in eurem Leben immer erhalten bleibt.« Das Brautpaar führt einander den Becher an die Lippen und lässt den anderen trinken. Nehmen Sie dann den Becher und werfen Sie ihn auf den Boden – Scherben bringen Glück. Dann brechen Sie das Brot in vier Teile, zwei bleiben als Opfer auf dem Altar und zwei reichen Sie dem Paar mit den Worten: »Esst nun das Brot als Symbol dafür, dass es in eurem Haus immer genug von dem gibt, was man zum Leben braucht.« Dann nehmen Sie das Salz in die Hand und sprechen: »Nun nehmt eine Prise Salz zu euch als Symbol dafür, dass die Würze im Leben nie verloren geht.« Jeder bekommt ein kleines Salzkristall auf die Zunge gelegt. Dann dürfen alle klatschen, brüllen und das Paar hochleben lassen.

Das Paar verlässt als Erstes den Kreis durch das Tor im Osten. Vor dem Tor befindet sich mittlerweile ein Besen, über den das Paar unter den anfeuernden Rufen der anderen gemeinsam in die Zukunft springt.

Dann ist das Ritual zu Ende. Danken Sie allen Anwesenden für Ihre Unterstützung. Warten Sie, bis alle gegangen sind, um dann den heiligen Raum aufzulösen. Danken und verabschieden Sie die gerufenen Mächte und hinterlassen Sie ein Opfer.

Jetzt ist es Zeit, gemeinsam zu essen und zu feiern. Das Band zwischen den Brautleuten wird abgestreift und in die zuvor eigens angefertigte Schatulle gelegt. Sollten sich die beiden in der Zukunft je trennen wollen, lässt sich dies rituell mit dem Durchschneiden der Schnur unterstützen.

Herbst-Rituale: Ernte und Dank

Der Höhepunkt des Sommers ist überschritten. Die Tage werden wieder spürbar kürzer, die Zeit der Blüte und des Wachstums geht zur Neige. Nun reifen die Früchte dessen, was im Frühjahr gesät wurde und sich im Sommer zu all seiner Pracht entfaltet hat. Der Herbst beginnt als Zeit der Fülle und des Überflusses, wenn nach der Kornernte die Bäume, Sträucher und Büsche voll reifer, saftiger Früchte und nahrhafter

Nüsse und Samenkörner hängen. Noch einmal zeigt sich die Natur in ihrer Schönheit und taucht die Blätter der Bäume in die leuchtenden Farben des Herbstes. Mutter Natur sorgt für ihre Kinder, die sich nun auf härtere Zeiten einstellen müssen. Denn es lässt sich nicht länger leugnen: Der große Abschied naht, das Sterben in der Natur beginnt. Die Blätter fallen, und der Regen verwandelt alles in eine schmutzig-braune Masse. Mücken, Käfer, Schmetterlinge, all diese zahllosen Bewohner des Sommers lassen ihr Leben oder suchen sich einen geschützten Platz, um die kalten Monate überdauern zu können. Die Energien ziehen sich in das Innere der Erde und in die Wurzeln zurück. Im November, wenn die Bäume kahl sind und Nebel über dem Land liegt, haben sich Schmuck und Pracht verabschiedet. Zurückbleibt der Kern, das Wesentliche, auf das man sich im Winter einlassen und konzentrieren kann.

Lebenszeitlich betrachtet steht der Herbst für die Reife, welche die Jugend hinter sich gelassen hat und nach der aktivsten Lebensphase noch einmal die Segel neu setzt. Als Tageszeit steht der Herbst für den Nachmittag bis hin zum Abend.

Geeignete Rituale im Herbst

Für den Herbst bieten sich generell vier Arten von Ritualen an:

- Rituale, die sich mit den Früchten des eigenen Handelns beschäftigen, mit der Ernte dessen, was wir gesät haben;
- Rituale des Dankens für das Geschenk des Lebens und für die Fülle, die es uns in jeder Hinsicht zu bieten hat;
- Rituale des Opfers, der Trennung und des Loslassens;
- Rituale der Wahrhaftigkeit und des ehrlichen Umgangs mit sich selbst.

Was im Herbst besonders begünstigt wird

- **Starke Wurzeln entwickeln:** Verschaffen Sie Körper, Geist und Seele gute Nahrung.
- **Den Ausgleich finden:** Bringen Sie Geben und Nehmen ins Gleichgewicht, finden Sie zu Ihrer inneren Balance und Ausgeglichenheit, lassen Sie Heilung zu und ehren Sie Ihre männlichen und weiblichen Anteile.
- **Bilanz ziehen:** Bringen Sie die Ernte ein, wägen Sie Gewinne und Verluste ab und sorgen Sie für gute Saat fürs kommende Jahr.
- **Loslassen:** Nehmen Sie Abschied, gestatten Sie es sich, leer zu werden, und lassen Sie Ihre Trauer zu, die Sie auch innerlich annehmen.

Der Herbst-Altar

Mit dem Herbst bekommt auch der Altar ein neues Gesicht. Das Thema des Herbstes sind die Gaben der Natur, die vielfältigen Ausdruck finden können. Getrocknete Herbstblätter sorgen für die farblich passende Unterlage. Dicke Zierkürbisse, ein Teller mit Hasel- und Walnüssen, Holunderbeeren, Hagebutten und Samenkörner machen die sinnliche Fülle der Reifezeit spürbar. Auch Sträuße aus Sonnenblumen, Beifuss und Ringelblumen bringen Fröhlichkeit mit. Gegen Ende des Herbstes, wenn sich die Schönheit der Natur dann zurückzieht, nimmt ein ausgehöhlter Kürbis mit Gruselgesicht und einem Teelicht darin der Stimmung ein wenig von der aufkommenden Traurigkeit, welche die absterbende Natur hinterlässt.
Dem Herbst ist als Himmelsrichtung der Westen und das Wasser zugeordnet. Stellen Sie an dieser Seite des Altars eine Schale mit frischem Wasser auf, umrahmt von schönen Muscheln und Flusskieselsteinen.

Im Überfluss baden – Ritual zum Rufen der Fülle

Wenn es irgendwo in Ihrem Leben einen Mangel gibt, dann rufen Sie doch in einem Ritual einmal bewusst die Fülle herbei. Mangelt es Ihnen an Geld, am richtigen Partner oder an ausreichend Kunden für Ihre Firma? Leiden Sie an Zeitmangel, oder fehlt es an Intensität oder Lebensfreude? Fülle ist etwas, das uns allen zusteht. Sie stellt sich jedoch nur dann ein, wenn wir uns diese reiche Gabe auch selbst zugestehen. In diesem Ritual geht es darum, die inneren Glaubenssätze loszulassen, die uns daran hindern, Fülle und Überfluss in unser Leben zu holen.

Vorbereitung des Rituals

Dieses Ritual können Sie zu Hause allein oder mit Freunden zelebrieren. Die Zeit des zunehmenden oder Vollmondes begünstigt Ihr Anliegen. Gestalten Sie zuerst Ihren Altar so um, dass er mit Ihrem Mangel- beziehungsweise Fülleproblem zu tun hat. Das, was Sie rufen wollen, sollte auf Ihrem Altar liebevoll arrangiert werden. Fehlt es Ihnen an Geld? Dann schmücken Sie den Altar mit klingenden Münzen und Scheinen, mit Gold- und Silberflitter und goldfarbenen Kerzen. Mangelt es Ihnen an Liebe, legen Sie Herzen auf den in Rosa und Rot geschmückten Altar oder andere romantische Gegenstände, die für Sie die Liebe repräsentieren.
Was Sie für das Ritual alles brauchen:

- drei Blatt Papier und einen Stift;
- einen feuerfesten Behälter mit Sand, um etwas darin zu verbrennen;
- Feuerzeug oder Streichhölzer;
- eine dicken Kerze in der Farbe Ihrer Wahl;
- ein Messer, um etwas in die Kerze zu ritzen.

Legen Sie all diese Utensilien auf den Altar, sie sollten zu Beginn des Rituals in Reichweite sein.

Ablauf des Rituals

Erden Sie sich und nehmen Sie Kontakt zu Ihrem Tiefenselbst auf (siehe Bausteine 5–7, Seite 87–101). Die Verbindung zur Erde ist hier besonders wichtig, weil sie die Quelle des Überflusses ist. Schaffen Sie dann den heiligen Raum. Ziehen Sie den Kreis, rufen Sie die vier Elemente und Himmelsrichtungen und suchen Sie sich Verbündete der Fülle. Das kann die Kraft der Erde als Mutter der Fülle sein, es können aber auch die Göttinnen und Götter für Wohlstand, Wachstum und Glück sein – die germanische Fulla oder die griechische Demeter mit dem Füllhorn zum Beispiel. Rufen Sie die Kraft der Freigiebigkeit, der überbordenden Fülle, die für alle genug bereit hält.

Konzentrieren Sie sich nun ganz auf sich und Ihr Anliegen. Wenden Sie sich Ihrem Altar zu und spüren Sie den Mangel, den Sie beklagen. Wie fühlt es sich an, kein Geld zu haben, keine Liebe, keine Zeit, keine Kunden? Alle Ihre Sorgen, die Einsamkeit oder die Traurigkeit, sämtliche aufkommenden Gefühle schreiben Sie in Stichworten nun auf das erste Blatt Papier.
Dann suchen Sie nach den Sätzen des Mangels in Ihrem Inneren. Ganz bestimmte Gedanken und Wahrnehmungen in Ihnen haben diesen Mangel angezogen. Einer dieser Sätze könnte somit lauten: »Es gibt nicht genug von allem, es reicht nicht für mich.« Welches Gefühl ruft dieser Satz in Ihnen hervor? Kommt es Ihnen bekannt vor? Dass man gar nicht genug haben kann, weil es nicht genug gibt? Dass man mit den anderen kämpfen muss, um nicht leer auszugehen? Vielleicht haben Sie dergleichen in Ihrer Kindheit erlebt, als Sie mit den Geschwistern konkurrieren mussten. Schreiben Sie auf den zweiten Zettel, wo Sie in Ihrem Leben mit dem Zustand konfrontiert wurden: »Es gibt nicht genug für mich.«

Auf das dritte Blatt Papier schreiben Sie den folgenden Satz des Mangels, der da lautet: »Ich bin es nicht wert.« Sprechen Sie es laut aus: »Ich bin es nicht wert, im Geld zu schwimmen, sorglos und in Fülle zu leben und zu schwelgen. Für Reichtum muss man hart arbeiten.« Oder: »Ich bin es nicht wert, geliebt zu werden, in Liebe zu baden und von ihr eingehüllt und beschützt zu sein. Ich muss mir Liebe verdienen.« – »Ich bin es nicht wert, Zeit für mich zu haben. Ich muss mich beeilen, weil das Leben zu kurz ist.« Spüren Sie einen Widerhall in Ihrem Inneren? Nehmen Sie Ihre Gefühle wahr und schreiben Sie sie auf den dritten Zettel. Vielleicht ist Ihnen jetzt ja besser bewusst, in welcher Hinsicht Sie sich Fülle nicht zugestehen. Wie soll die Fülle zu Ihnen kommen, wenn Sie sie gar nicht hereinlassen?

Jetzt ist es an der Zeit, diese Mangelvorstellungen aus Ihrem Leben zu verabschieden. Machen Sie sich bereit. Nehmen Sie sich ein Blatt Papier nach dem anderen vor. Verbrennen Sie es und gestatten Sie dem Feuer, diese Gedanken und Gefühle zu verwandeln. Lassen Sie den ersten Zettel los, indem Sie sagen: »Ich nehme euch an, ihr Gefühle von Angst, Traurigkeit, Einsamkeit, Sorge etc. Ihr habt zu meinem Leben gehört, doch jetzt brauche ich euch nicht mehr.« Zum zweiten Blatt Papier sprechen Sie: »Ich lasse dich los, Einschränkung im Denken. Von allem ist genug für mich und alle anderen da, die Natur selbst ist Überfluss und Fülle ohne Leistung und Stress.« Und zum dritten Zettel sagen Sie: »Gefühl der Minderwertigkeit, ich gebe dich jetzt ab. Ich bin es wert, alles zu haben, was ich mir wünsche. Ich liebe mich selbst und nehme mich an, wie ich bin.« Warten Sie ab, bis Ihre Zettel vollständig verbrannt sind.

Jetzt sind Sie frei, die Fülle zu rufen. Nehmen Sie die dicke Kerze zur Hand und das vorbereitete Messer. Konzentrieren Sie sich jetzt auf das, was Sie an Fülle anziehen wollen. Stel-

len Sie sich ganz genau vor, wie es sich anfühlt, wenn Sie so viel von allem haben, dass Sie ganz unbeschwert leben können. Stellen Sie sich Ihre Person als lachend, glücklich, fröhlich und aktiv vor.
Die stärkste Kraft, etwas zu rufen, ist die Liebe. Sagen Sie also laut: »Ich liebe Geld, ich liebe Erfolg, ich liebe die Menschen, ich liebe meine Kunden etc. Ich habe es verdient, reich, geborgen und geliebt zu sein.« Und tun Sie auch, was Sie sagen. Lassen Sie das glitzernde Gold durch Ihre Finger gleiten und lieben Sie es. Erschaffen Sie sich ein Bild, bei dem Sie verliebt sind in das, was Sie sich wünschen. Stellen Sie sich vor, wie Sie dem Leben vertrauen und das Leben Ihnen alles schenkt, was Sie sich nur wünschen. Sie haben das Recht glücklich zu sein. Sie haben nur das Allerbeste verdient. Sie sind es wert, in Fülle zu leben.
Dann ritzen Sie in die Kerze: »Liebe zu mir selbst«, darunter »Vertrauen ins Leben« und darunter: »Liebe zu ... (was immer Sie sich wünschen).« Entzünden Sie die Kerze. Sprechen Sie dazu: »Kraft des Feuers, bring die Liebe. Kraft der Erde, bring die Fülle in meine Wirklichkeit.« Jetzt haben Sie einen Prozess der Verwandlung in Gang gesetzt.

Beenden Sie Ihr Ritual, indem Sie sich bei den gerufenen Kräften bedanken, bei den Himmelsrichtungen und Elementen also. Dann öffnen Sie Ihren Kreis. In den nächsten Tagen sollten Sie regelmäßig diese Kerze anzünden. Wenn Sie brennt, erinnern Sie sich wieder an das Ritual, an Ihre Gedanken und Gefühle der Fülle. Holen Sie sich das Bild zurück, das Sie im Ritual erschaffen haben. Wenn es Ihnen dreißig Tage hintereinander gelingt, jeden Tag zehn Minuten diese Kurzmeditation zu machen, dann haben Sie Ihre inneren Muster umgepolt. Jeder Tag ist ein Gewinn für Sie. Sie werden sehen: Die Fülle ist schon unterwegs zu Ihnen.

Danken und Teilen: Herbst-Ritual zum Einbringen der eigenen Ernte

Ein Erntedank-Fest im Herbst ist der krönende Abschluss Ihrer Aktivitäten im Sommer, deren bisherige Ernte Sie nun begutachten und wertschätzen. Im Kreis von Freunden nutzen Sie die Gelegenheit zum gemeinsamen Feiern, zum Danken und Teilen.
In diesem Ritual halten Sie inne im Alltagseinerlei und nehmen sich Zeit, um die eigene Lebenssituation zu überdenken, die Gaben des vergangenen halben Jahres zu genießen und auch etwas dafür zurückzugeben, es gleichsam einzuspeisen in das Große Netz aus Geben und Nehmen.
Zur Durchführung eignet sich die Zeit um Vollmond im Altweibersommer, spätestens jedoch im goldenen Oktober, wenn die bunten Farben des Herbstes die Natur noch einmal leuchten lassen. Ist es warm genug, feiern Sie draußen. Erntedank passt jedoch auch gut in eine Wohnung.

Vorbereitung des Rituals

Fülle und Überfluss sind das Thema des Erntedank-Festes. Nehmen Sie sich also Zeit für die Vorbereitung einer nährenden und sinnlichen Mahlzeit. Backen Sie einen Laib Brot oder einen Kuchen, zum Beispiel Apfel- oder Pflaumenkuchen vom Blech. Nüsse und Früchte, der Saft frischer Beeren und Marmeladen regen zu vielen kreativen Ideen für köstliche Mahlzeiten an.
Für die Zeremonie benötigen Sie für jeden Teilnehmer:

- eine Nuss oder eine schön geformte reife Frucht, am besten Äpfel oder Birnen aus der Region, die gewaschen und in einer Schale aufbewahrt werden;
- ein kleines Küchenmesser zum Schneiden der Früchte sowie einen Nussknacker;
- ein Glöckchen.

Arrangieren Sie, was Sie gekocht und gebacken haben, sowie die Früchte auf einem Altar so, dass schon der Anblick ein sinnliches Erlebnis ist und Lust auf Essen und Trinken macht. Vergessen Sie nicht, einen Strauß Sonnenblumen und ein paar Räucherstäbchen für die Reinigung mit auf dem Altar zu dekorieren.

Ablauf des Rituals

Alle stellen sich im Kreis auf. Nun läuten Sie mit dem Glöckchen den Ritualbeginn ein. In der Mitte steht die Schale mit den Früchten und dem Messer. Es sollte ein fröhliches Ritual sein, das Spaß macht.

Entzünden Sie die Räucherstäbchen, reinigen Sie den Kreis, schaffen Sie den heiligen Raum und rufen Sie dann die Elemente mithilfe von Pantomime, Gesten und diversen Geräuschen – gluckern, brodeln, zischen und stampfen Sie die Elemente herein (siehe Bausteine 4–7, Seite 85–101).
Danach sprechen Sie reihum all jenen Mächten Ihren Dank aus, die Sie in der vergangenen Wachstumsperiode begleitet haben. Danken Sie den göttlichen Kräften, die Ihnen die richtigen »Zufälle« haben zuteil werden lassen, danken Sie den Menschen, die Sie entweder unterstützt haben oder die es Ihnen durch ihr negatives Vorbild ermöglicht haben, aus ihrem Verhalten zu lernen. Nehmen Sie alles an, was Ihnen im Frühling und Sommer begegnet ist, denn es gehört mit zu Ihrer Entwicklung.

Dann nimmt jeder Teilnehmer eine Frucht oder Nuss aus der Schale. Geben Sie sich einige Minuten Zeit, um sich auf sich selbst zu konzentrieren. Denken Sie noch einmal darüber nach, was Sie in diesem Jahr an Lektionen gelernt und an Gaben erhalten haben. Konnten Sie neue Fähigkeiten erproben oder neue Fertigkeiten erlernen? Was war wirklich wichtig für Sie? Können Sie davon etwas weitergeben – Wissen

vielleicht, eine Erkenntnis, die Ihnen geholfen hat, Geld oder Zuwendung?
Treten Sie nun der Reihe nach in die Mitte des Kreises, die Nuss oder Frucht in der Hand. Sie geben jetzt symbolisch etwas von dem, das Sie erhalten haben, an die Gemeinschaft zurück. Die Früchte stehen für Gaben, die Sie erhalten, die Nüsse für schwierige Erkenntnisse, die Sie erlangt haben. Sprechen Sie aus, worum es sich handelt: »Mit diesem Apfel gebe ich etwas von dem zurück, das ich in diesem halben Jahr bekommen habe. Ich habe eine neue Liebe gefunden und möchte nun etwas von dem Glück und der Freude weitergeben, die in mir wohnen.« Schneiden Sie die Frucht in Scheiben oder knacken Sie die Nuss und legen Sie die Stücke wieder in die Schale. Sind alle an der Reihe gewesen, heben Sie die Schale hoch und segnen sie. Sagen Sie: »Gesegnet seien diese Früchte und Nüsse, die Gaben der Fülle dieses Jahres. Wir nehmen an, was uns gegeben wurde, wir entfalten uns Stück für Stück und geben weiter, was wir erhalten haben. Alles ist im Gleichgewicht.« Dann bedienen sich alle an den Fruchtstücken und Nüssen in der Schale und haben dadurch Anteil am Reichtum der anderen. Schmecken Sie die Süße der Früchte, die das Sonnenlicht in sich aufgenommen haben, und die Kraft in den Nüssen. So ist das Leben gedacht: voller Süße und Kraft.
Vielleicht möchten Sie nun auch ein Dankeslied singen.
Segnen Sie jetzt noch die restlichen Nahrungsmittel mit den Worten: »Mit diesen Speisen und Getränken danken wir der Erde, dass sie uns all das bereitstellt, was wir zum Leben brauchen. Wir genießen es mit all unseren Sinnen und freuen uns daran. Möge uns immer genug Nahrung für Körper, Geist und Seele zur Verfügung stehen.« Essen, trinken und feiern Sie dann gemeinsam.

Zum Schluss verabschieden Sie sich von den gerufenen Kräften und lösen den Kreis auf. Lassen Sie ein Opfer zurück –

Blumen, Speisen oder den Rauch von Räucherstäbchen (siehe Baustein 10 und 11, Seite 120 ff. und 122 ff.).

Rituale zur Aktivierung der Selbstheilungskräfte

Der Übergang aus der Zeit der Fülle in die kalte und regnerische Zeit des Abschieds bedarf starker Widerstandskräfte. Wenn die Blätter fallen und sich die Schönheit der Natur verabschiedet, besinnen wir uns wieder auf unsere eigene innere Stärke, die gerade dann zum Tragen kommt, wenn die Äußerlichkeiten an Glanz verlieren. Mit den folgenden Ideen kann diese Energie gestärkt und positiv genutzt werden.

Eine Herbstrassel herstellen

Stellen Sie eine eigene Rassel her, mit der Sie die Energien des Herbstes rufen. Sammeln oder kaufen Sie dazu reife, harte Mais-, Weizen- oder Gerstenkörner und füllen Sie sie in einen verschließbaren Behälter Ihrer Wahl. Das kann ein leerer Joghurtbecher oder eine Metalldose sein, die Sie dann mit einer Plastikfolie oder einem anderen Deckel verschließen.
Ein ausgehöhltes und verziertes Stück Holz oder die Schale eines Kürbisses, die beim Kochen nicht weich wird, ergeben noch stilvollere Rasseln. Der Kürbis muss so geöffnet werden, dass möglichst wenig von der Schale kaputtgeht, dann wird er so lange gekocht, bis sich das Fruchtfleisch vollständig löst. Nach dem Trocknen reiben Sie den Kürbis auf der Außenseite mit ein wenig Öl ein, damit er schön glänzt. Füllen Sie die Körner ein und verschließen Sie den Kürbis mit dem herausgeschnittenen Deckel. Eine Heißklebepistole versiegelt die Zwischenräume.

Energien herbeirasseln

Zur Aktivierung der Selbstheilungskräfte in der kalten Herbstzeit rasseln Sie mit der folgenden Übung Ihre Energien

herbei. Nehmen Sie sich eine halbe Stunde Zeit, in der Sie ungestört sind.
Setzen oder legen Sie sich auf den Boden, oder, wenn der Boden zu hart ist, auf eine Unterlage. Sollten Sie frieren, decken Sie sich mit einer kuscheligen Decke zu. Ziehen Sie geistig einen kleinen Schutzkreis um sich, in den Sie die Elemente hineindenken.
Nehmen Sie dann Ihre Rassel zur Hand und rasseln Sie mindestens fünf Minuten lang. Vernehmen Sie das Geräusch und kommen Sie dabei innerlich zur Ruhe. Die Körner Ihrer Rassel rufen durch die Bewegungen und die Schwingungen Heilungsenergie herbei. Rasseln Sie nun an Ihrem Körper entlang. Beginnen Sie bei den Füßen. Sie rasseln um Ihre Körperteile herum und unterstützen diese Geräusche mit Tönen, die Sie von sich geben: Brummen Sie, summen Sie, singen Sie. Befindet sich die Rassel auf der Höhe des Beckens, dann tönen Sie »uuuh«, auf Bauchhöhe »oooh«, bei der Brust »aaah«, am Hals »eeeh« und am Kopf »iiih«. Diese Schwingungen entsprechen dem jeweils zugehörigen Teil Ihrer Aura. Versuchen Sie dabei, die Vibrationen Ihrer Stimme und des Gerassels im entsprechenden Körperteil zu spüren. Dadurch aktivieren Sie die Energien Ihrer Zellen. Die Schwingungen der Geräusche aktivieren die Selbstheilungskräfte Ihres Körpers. Tut es Ihnen irgendwo weh? Haben Sie Beschwerden? Dann verweilen Sie an dieser Stelle länger mit den Tönen und der Rassel. Unterstützend können Sie sich vorstellen, wie grünes, wohltuendes, linderndes Licht in den schmerzenden Körperteil fließt und alle Zellen in Heilung badet. Nach Beenden der Übung fühlen Sie Ihren ganzen Körper, wie er vibriert und von Leben erfüllt ist. Gestärkt lösen Sie den Kreis auf.

Wo immer Sie positive Energie wecken wollen, können Sie auf diese Herbstrassel zurückgreifen. Rasseln Sie an der Türschwelle und stellen Sie sich vor, wie die Energien der Früchte und des Getreides Fülle auf Ihre Schwelle zaubern, die Sie dann nur noch hereinbitten müssen. Rasseln Sie über Ihrem Bett gute Träume herbei. Rasseln Sie einen Segensspruch in den Eintopf auf dem Herd oder einen Wunsch in den Kuchenteig, bevor Sie ihn in den Ofen stellen. Rasseln Sie um Ihr Auto herum und stellen Sie sich dabei vor, wie die Kräfte des Herbstes um Ihr Auto einen Schutz legen, der Sie nun auf jeder Fahrt begleitet.

Feuer und Erde – ein Loslass-Ritual

Wenn sich der Herbst langsam dem Ende zuneigt, dann geht auch die Pracht des Lebendigen zur Neige. Die Energie der Vergänglichkeit ist überall zu spüren. Der günstigste Zeitpunkt für ein Loslass-Ritual beginnt mit dem Fallen der Blätter, die das große Sterben in der Natur einleiten, und endet, wenn sich eine weiße Schneedecke schützend über die kahle, verlassene Erde gelegt hat. Neumond oder abnehmender Mond ist hier energetisch dem Vollmond vorzuziehen. Loslass-Rituale können allein ebenso gut vollzogen werden wie mit mehreren Teilnehmern.

Vorbereitung des Rituals

Das Loslass-Ritual sollte draußen stattfinden; die Energie des Loslassens wird dann ganz deutlich spürbar. Der späte Nachmittag, besser noch der Abend eignen sich besonders. Eine traditionelle Version des Loslass-Rituals besteht darin, symbolisch eine Strohpuppe zu verbrennen. Dazu benötigen Sie Folgendes:

- Kornähren und Stroh; Sie können als Alternative auch trockenes Reisig und Stecken im Wald sammeln;
- Bast- oder Hanfschnüre zum Zusammenbinden;
- Schmuckgegenstände aus leicht brennbarem Material, die gekauft oder in der Natur gesammelt werden können, wie vertrocknete Blätter, Kräuter, Blüten oder Tannenzapfen;

- eine feuerfeste Schale mit Sand;
- Zündhölzer;
- eine Schaufel zum Vergraben der Asche;
- eine Schüssel mit Wasser und Salz.

Sie können beim Verbrennen der Puppe die obige Schale verwenden oder aber ein richtig großes Feuer an einer dafür geeigneten Stelle machen. In jedem Fall wird die Asche anschließend vergraben. Mit Wasser und Salz in einer Schüssel reinigen Sie sich dieses Mal intensiver als sonst.

Ablauf des Rituals

Ziehen Sie einen Kreis, der Sie selbst und das Feuer einschließt, und schaffen Sie so den heiligen Raum (siehe Baustein 6, Seite 90 ff.). Dann führen Sie eine Reinigungszeremonie durch. Geben Sie einen Teelöffel Salz zum Wasser in die Schüssel und sprechen Sie: »Was bindet und hemmt, was nicht mehr gebraucht wird, wir geben es ab. Wasser löst es, Salz bindet es.« Dann rühren Sie das Wasser links herum und blicken hinein. Stellen Sie sich vor, wie alles, dessen Sie sich entledigen wollen, aus Ihrem Kopf und Ihrem Herzen herausfließt und ins Wasser tropft, wo sich die dunklen Flecken auflösen, während Sie rühren. Sind all Ihre Unkonzentriertheit, Ihre negativen Gedanken und Gefühle herausgeflossen, geben Sie die Schale an den nächste Teilnehmer weiter.

Wenn Sie alle gereinigt sind, beginnen Sie mit den Anrufungen. Nach den Elementen und Himmelsrichtungen rufen Sie die Kräfte des Sterbens, des Vergehens und des Loslassens. An Göttern eignen sich all jene, die sich selbst geopfert haben und gestorben sind – die babylonische Innana, der germanische Herne, der keltische Cerunnos, die griechische Persephone, der ägyptische Osiris und der christliche Jesus. Sie symbolisieren den Gang in die Unterwelt und die dortige Verwandlung. Bitten Sie sie darum, Ihnen beim Abschied vom Alten behilflich zu sein.

Nehmen Sie nun das Reisig sowie das Stroh und binden Sie es so zusammen, dass eine Figur entsteht. Sind Sie zu mehreren, dann machen Sie eine entsprechend größere Figur. Für eine Person reicht eine Puppe von etwa zehn Zentimetern Länge, ansonsten können es ruhig fünfzig Zentimeter oder mehr sein. Beim Fertigen von Kopf, Bauch, Armen und Beinen sollten sich alle beteiligen. Es geht hier allerdings nicht um Schönheit oder Perfektion, und die Figur muss auch nicht frei stehen können.
Wenn sie fertig ist, legen Sie die Strohpuppe in die Mitte. Fassen Sie sich alle an den Händen und nehmen Sie innerlich Kontakt auf zu Ihrem Tiefenselbst auf (siehe Baustein 5, Seite 87 ff.). Dann konzentrieren Sie sich auf Ihr Anliegen. Führen Sie sich vor Augen, was Sie jetzt loslassen wollen. Machen Sie sich innerlich bereit, etwas abzugeben. Nun kann jeder reihum die Strohpuppe mit dem schmücken, was er gern loslassen möchte. Nehmen Sie also zum Beispiel eine vertrocknete Blüte, stopfen Sie sie in die Strohpuppe oder binden Sie sie an ihr fest. Dazu sprechen Sie: »Mit dieser Blüte lasse ich die helle Zeit gehen.« Oder: »Mit diesem Stück Papier lasse ich meinen Ärger über … ziehen.« Spucken Sie den Ärger auf ein Stück Papier und stecken Sie es in die Strohpuppe. Reißen Sie sich ein Haar aus und wickeln es um die Figur. »Mit diesem Haar lasse ich meine Angst los zu versagen.« Wiederholen Sie den Vorgang, so oft Sie wollen.

Dann entzünden Sie das Feuer. Mittlerweile sollte es dunkel sein. Wenn das Feuer richtig brennt, nehmen Sie die Strohpuppe und sprechen: »Wir haben dich gemeinsam geschaffen, damit du für uns den Weg der Verwandlung gehst. Nimm nun mit dir, was wir dir gegeben haben. Mögen sich mit dir alle Energien auflösen, die wir nicht mehr brauchen. Wir lassen

dich *jetzt* los.« Dann übergeben Sie die Strohpuppe dem Feuer. Während die Figur verbrennt, lässt jeder im Geiste noch einmal ganz bewusst los, was da gerade für ihn verbrennt. Sie können währenddessen auch zur Bekräftigung singen oder Töne anstimmen.
Ist das Feuer heruntergebrannt, graben Sie ein kleines Loch in die Erde. Mit der Schaufel nehmen Sie von der Asche und streuen Sie in das Loch. Sprechen Sie dazu: »Was das Feuer verwandelt hat, werde in der Erde zum Humus für neues Wachstum.« Dann nehmen Sie erneut von der Asche und streuen sie in den Wind, einmal in jede Himmelsrichtung. Sprechen Sie dazu folgende Worte: »Was das Feuer verwandelt hat, geht nun seinen eigenen Weg auf den vier Winden der Welt.«

Beschließen Sie das Ritual, indem Sie sich noch einmal an den Händen fassen und die Energie mit der Hui-Methode nach oben schicken (siehe Baustein 9, Seite 120 ff.). Danken Sie den Kräften der Vergänglichkeit, des Loslassens und all jenen, die Sie gerufen haben. Öffnen Sie den Kreis.

Rituale für Lebensübergänge

Leeres-Nest-Ritual

Ihr Kind oder auch das letzte Ihrer Kinder ist bereit, auszuziehen und das gemeinsame Heim zu verlassen. Die Zeit Ihrer intensiven Elternschaft endet nun, und dieser Vorgang ist es wert, mit einem Ritual begangen zu werden.
Sie müssen nun also das Kind seinen eigenen Weg gehen lassen. Ein langer Abschnitt geht zu Ende, der viel Zeit, Kraft und Geduld gekostet hat und der Ihnen auch viel Liebe und Lebendigkeit gegeben hat. Sie sind wahrscheinlich traurig und sorgen sich, ob es Ihrem Kind gut gehen wird in der

großen weiten Welt. Vielleicht stellt sich aber auch ein wenig Erleichterung ein, nun wieder mehr Zeit und Kraft für sich selbst zu haben. In diesem Ritual lassen Sie Ihr Kind gehen, kommen wieder bei sich an und füllen den leeren Raum neu.

Vorbereitung des Rituals

Bereiten Sie das Ritual für den Abend nach dem Auszug Ihres letzten Kindes vor. Jugendliche haben meist ein eigenes Zimmer, das dann teilweise oder ganz leer steht und sich somit für ein Ritual anbietet. Räumen Sie nicht auf, falls Möbel ausgeräumt wurden, sondern behalten Sie alles so bei, wie Ihr Kind es hinterlassen hat. Für das Ritual benötigen Sie folgende Utensilien:

- Fotos Ihres Kindes oder aller Ihrer Kinder, möglichst aus verschiedenen Lebensabschnitten;
- Fotos von sich selbst in Ihrer Mutter- oder Vaterrolle;
- einen kleinen Tisch oder Schemel zur Errichtung eines Altars;
- ein Tuch, Symbole der vier Elemente und ein Kästchen, in das Sie die Fotos hinterher legen können;
- eine weiße Kerze und einen spitzen Gegenstand, um etwas in die Kerze einzuritzen.

Sorgen Sie dafür, dass Sie nach dem Auszug Ihres Kindes eine Stunde ungestört in diesem ausgeräumten Zimmer verbringen können. Es ist auch möglich, das Ritual zu zweit zu machen, das heißt mit dem Partner oder der Partnerin.

Ablauf des Rituals

Ziehen Sie geistig einen Kreis, der das ganze Zimmer einbezieht. Errichten Sie in der Mitte des Raumes einen Altar der Erinnerung. Dazu breiten Sie das Tuch auf dem Schemel aus und legen die Elemente in die jeweiligen Ecken. Während Sie damit beschäftigt sind, rufen Sie die Energien zusammen mit

den Himmelsrichtungen auf den Altar. Dann nehmen Sie die Fotos zur Hand. Stellen Sie eines nach dem anderen auf den Altar und denken Sie zurück an die Zeit, die Sie mit Ihrem Kind verbracht haben. Erinnern Sie sich an die Pubertät Ihres Kindes und die Probleme, die Sie damals hatten. War Ihr Kind schwierig? Wie sind Sie damit umgegangen? Denken Sie an die Schulzeit Ihres Kindheit zurück, an die Freunde und den ersten Schultag. Wissen Sie noch, was Sie Ihrem Kind in die Schultüte gefüllt haben? Was hat ihm am besten geschmeckt? Holen Sie innerlich die Bilder aus der Vergangenheit zurück. Erinnern Sie sich auch noch an die Kindergartenzeit? War Ihr Kind aufgeweckt? Oder eher schüchtern und zurückhaltend? Hat es gern Bilder gemalt und ist nachts zu Ihnen ins Bett gekrochen? Und wie war die Zeit davor? Entsinnen Sie sich, wie Ihr Kind sprechen gelernt hat und welches Wort es als erstes sagen konnte? Wie es krabbeln und gehen lernte? Als Mutter wissen Sie sicher auch noch, wie die Geburt verlief. Waren Sie glücklich, ein Kind zu haben? Oder fühlten Sie sich anfangs überfordert? Quälen Sie Gefühle der Schuld, nicht alles richtig gemacht zu haben?
Lassen Sie alle Bilder aus diesen Jahren vor Ihrem inneren Auge ablaufen. Fühlen Sie, was Sie Ihrem Kind gegeben haben, bis es bereit war, Sie zu verlassen. Fühlen Sie, was Sie von Ihrem Kind an Liebe, Vertrauen und Zuwendung zurückbekamen. Erlauben Sie sich zu betrauern, dass nun alles vorüber ist. Danken Sie dem Leben dafür, dass Sie das Privileg hatten, diese Zeit erleben zu dürfen. Wenn Sie zu zweit sind, dann tauschen Sie sich über Ihre Erinnerungen und Empfindungen aus.

Sobald Sie innerlich bereit sind, lassen Sie Ihr Kind gehen. Entzünden Sie die Kerze und sprechen Sie: »Mein liebes Kind (Name), nach all den langen gemeinsamen Jahren bist du jetzt alt genug, um deinen Weg ohne mich/uns allein weiterzugehen. Ich habe getan, was mir möglich war, und lasse

dich jetzt los. Liebe, Glück und Segen sollen dich beschützen auf deinem Weg.«
Setzen Sie sich nun vor den Altar und kommen Sie innerlich zur Ruhe. Wie fühlen Sie sich? Verlassen und traurig? Oder ein wenig erleichtert? Nehmen Sie die Leere um sich herum wahr. Der äußere leere Raum spiegelt die innere Leere, seitdem Sie Ihr Kind nun entlassen haben. Bleiben Sie bei diesem Gefühl. Können Sie die Leere aushalten? Wenn Sie wollen, gehen Sie nun durch die ganze Wohnung und spüren dem leeren Raum nach, den Ihr Kind hinterlassen hat. Wo fehlt etwas? In der Küche, im Badezimmerschrank? Lassen Sie die Leere einfach da sein. Sie trägt die Energie dessen, was in Zukunft entstehen kann. Sie erschafft einen Raum, den Sie bald gestalten können. Aber lassen Sie sich noch ein wenig Zeit damit. Übereilen Sie nichts.
Setzen Sie sich für heute noch ein paar Minuten ruhig an den Altar und lassen Sie alles auf sich wirken. Sie werden getragen und gehalten im Netz des Lebens, auch in der Leere. Dann beenden Sie das Ritual vorläufig. Löschen Sie die Kerze und danken Sie den Elementen.

Nun schlafen Sie mindestens einmal darüber. Am nächsten Tag können Sie den Raum putzen und energetisch mit Salzwasser oder Rauch reinigen (siehe Baustein 4, Seite 85 ff.). Zünden Sie dabei die Kerze auf dem Altar an und knüpfen Sie an Ihren Rückblick vom Vortag an, der bei der Geburt Ihres Kindes endete. Wie war es denn davor gewesen? Erinnern Sie sich an Ihre Zeit ohne Kind. Was haben Sie gemacht? Was waren Ihre Pläne und Ziele? Sie sind älter und klüger geworden. Welche Zukunftspläne haben Sie jetzt? Wie möchten Sie Ihre neu gewonnene Freiheit nutzen, wo Ihre Kenntnisse und Erfahrungen einbringen? Vielleicht möchten Sie ja lieber noch einen Tag warten, bevor Sie nach Antworten suchen und langsam Ideen entwickeln. In dem Fall lassen Sie den Altar bis zum nächsten Tag stehen und lösen auch den Kreis nicht auf. Sollten Sie Inspiration suchen, dann bietet es sich an, jetzt den Inspirationsspaziergang aus dem Frühlings-Kapitel (siehe Seite 139 ff.) zu machen. Nehmen Sie sich die Zeit, die Sie brauchen.

Wenn Sie sich bereit fühlen, schließen Sie das Ritual ab. Entzünden Sie die Kerze wieder und setzen sich vor den Altar. Spüren Sie in sich hinein. Sie werden merken, wie Ihre Trauer langsam vergeht und eine innere Stärke sich einstellt. Nehmen Sie die Fotos der Vergangenheit noch einmal zur Hand und legen Sie sie dann in die dafür vorgesehene Schachtel. Sprechen Sie dazu: »Ich beende nun diesen Abschnitt meines Lebens. Meine Kraft kehrt zu mir zurück, und ich mache mich bereit für das Neue, das mich erwartet.« Wenn Sie schon konkrete Pläne haben, dann fassen Sie sie jetzt in Worte: »Ich fülle den leeren Raum nun mit ...« Bitten Sie anschließend um den Segen der göttlichen Kräfte für Ihren weiteren Weg. Danken Sie allen gerufenen Kräften. Blasen Sie die Kerze aus und lösen Sie den Kreis auf.

Die Kerze können Sie so lange immer wieder anzünden, wie Sie nach Ideen für Ihre weitere Zukunftsgestaltung suchen. Das Licht der Kerze wird auch in Ihr Inneres Erleuchtung bringen.

Lebe wohl – ein Trennungsritual

Wenn die Liebe zwischen zwei Menschen erkaltet ist und keine Basis für ein gemeinsames Leben mehr existiert, ist es Zeit, sich zu trennen. Ein Ritual erleichtert diesen Schritt. Hat das Paar Kinder, so besteht im Ritual die Möglichkeit, eine saubere Trennung ohne Hass und Schuldzuweisung zu gestalten, die auch den Bedürfnissen der Kinder genug Raum gibt.

Im Trennungsritual bekräftigen zwei Partner ihren Willen und ihre Bereitschaft, die gemeinsame Beziehung zu beenden. Sie vollziehen die Trennung und geben einander frei, um anschließend ein unabhängiges Leben zu führen. Die Kinder

aus dieser Beziehung erkennen die Trennung an und akzeptieren, dass sie keine Schuld daran tragen. Ihre Trauer darüber wird ebenso zur Kenntnis genommen wie ihre berechtigte Forderung, weiter von beiden Eltern geliebt und versorgt zu werden. Vater und Mutter bekräftigen, dass sie auch in Zukunft ihre Elternschaft ernst nehmen.
Im nun folgenden Ritual finden Sie eine Version ohne und eine mit Beteiligung von Kindern. Auch wenn hier von Mann und Frau die Rede ist, kann das Ritual natürlich auch mit gleichgeschlechtlichen Paaren durchgeführt werden.

Vorbereitung des Rituals

Ein Trennungsritual ist keine fröhliche Angelegenheit. Es kann eine nicht-eheliche Partnerschaft ebenso beenden wie die Trennung von Ehepaaren begleiten. Das Ritual kann dabei vor oder nach dem gerichtlichen Scheidungstermin stattfinden. Bei der Ritualvorbereitung sollte man genau prüfen, wie der seelische Zustand der Beteiligten ist und welche Bedürfnisse bestehen. Es bedarf keines Festes, lediglich zweier Zeugen, welche die Zeremonie begleiten. Manchmal hilft es auch, die Eltern des Paares in das Ritual mit einzubinden, wenn Kinder von der Trennung betroffen sind und somit eine Familie aufgelöst wird.

Klären Sie im Vorfeld ab, ob alle Möglichkeiten zur Fortsetzung der Beziehung ausgeschöpft wurden und die Bereitschaft zur Trennung bei beiden Partnern gegeben ist. Sprechen Sie vorher ab, ob die beiden ihre Gründe für die Trennung öffentlich nennen wollen. Sind Kinder beteiligt, ist diese Offenheit empfehlenswert, denn sie befreit sie von den Schuldgefühlen, die jedes Kind bei einer Trennung seiner Eltern empfindet.
Wenn Sie ein Ritual für ein befreundetes Paar zelebrieren wollen, benötigen Sie dazu Folgendes:

- ein Foto des Paares;
- ein feuerfestes Gefäß mit etwas Sand und Papier darin;
- ein Feuerzeug oder Streichhölzer;
- eine rote Schnur und eine Schere;
- Räucherstäbchen, die zu Beginn der Zeremonie entzündet werden;
- mehrere Blatt Papier;
- eine rote und eine blaue Schnur, wenn Kinder beteiligt sind;

Errichten Sie einen Altar, dann sollte er ganz schlicht gehalten sein und nur die Symbole der Elemente und die obigen Utensilien aufweisen.

Ablauf des Rituals

Ziehen Sie den Kreis, reinigen Sie ihn und rufen Sie die Elemente und Himmelsrichtungen. Fassen Sie sich kurz dabei. Bitten Sie die göttliche Quelle um ihren Segen für die Trennung (siehe Bausteine 4–7, Seite 85–101).

Trennung ohne Kinder

Lassen Sie das Paar vortreten, die Zeugen stehen daneben. Sprechen Sie folgende Worte: »Wir sind hier zusammengekommen, um Zeugen der Trennung von (Name der Frau) und (Name des Mannes) zu werden. Wir bitten die unsichtbaren Kräfte, die getroffene Entscheidung euch beiden zum Segen gereichen zu lassen.«
Wenden Sie sich dann der Frau zu: »Willst du, (Name der Frau), dich hier und heute von (Name des Mannes) trennen und eure Beziehung beenden?« Warten Sie das Ja ab und fügen Sie dann nach Absprache hinzu: »Wenn du möchtest, dann sage uns jetzt, warum du dich zu diesem Schritt entschlossen hast.« Wenden Sie sich dann dem Mann zu, stellen Sie ihm dieselbe Frage und fordern Sie auch ihn auf, seine Gründe zu nennen. Verhindern Sie auf jeden Fall, dass ein

Partner die Gründe des anderen kommentiert oder gar ein Streitgespräch aufkommt. Jeder sollte bereit sein, die Gründe des anderen zu akzeptieren, selbst wenn sie ihm nicht nachvollziehbar sind.

Sind beide bereit, nehmen Sie das Foto des Paares und halten es in den Rauch des Räucherstäbchens. Es wird damit zum Symbol der Beziehung. Jeder der Partner nimmt das Foto an einem Ende, dann zerreißen sie es gemeinsam zu kleinen Stücken. Geben Sie die Fetzen in die feuerfeste Schale, in der sie das Papier entzünden, um das Foto nun zu verbrennen. Binden Sie dann die Schnur um die rechte Hand der Frau und die linke Hand des Mannes. Nehmen Sie die Schere und sprechen Sie: »Ihr seid ein Stück eures Weges gemeinsam gegangen. Hier endet dieser Weg. Seid dankbar für die gemeinsamen Erfahrungen, die guten wie die schlechten, und gebt einander nun frei.« Lassen Sie beide sagen: »Ich gebe dich frei.« Dann schneiden Sie die Schnur durch. Die Trennung ist nun vollzogen. Die Reste der Schnur verbrennen Sie mit dem Foto oder vergraben sie. Zum Abschluss sprechen Sie die Worte: »Geht nun ein jeder seinen eigenen Weg weiter. Ich wünsche euch, dass die Schmerzen der Trennung bald heilen und keine Bitterkeit in eurem Herzen zurückbleiben möge. Ich wünsche euch, dass ihr Trost und ein neues Glück finden möget. Seid gesegnet.«

Trennung mit Kindern

Bei der Auflösung einer Familie werden Partnerschaft und Elternschaft getrennt behandelt. Der Beginn des Rituals bleibt gleich. Die Partner stehen in der Mitte, die Kinder daneben. Das Paar bekundet seinen Willen, sich zu trennen. Hier sollten die Partner ihre Gründe in jedem Fall nennen. Vor dem Zerreißen des Fotos lassen Sie nun die Kinder zu Wort kommen. Fragen Sie jedes Kind: »(Name des Kindes), deine Eltern verstehen sich nicht mehr so, wie es für eine

Partnerschaft notwendig ist. Wie geht es dir mit der Trennung?« Das Kind darf nun seine Gefühle äußern und Wut, Angst und Trauer formulieren. Fahren Sie dann fort, indem Sie sagen: »Deine Eltern trennen sich aus Gründen, die mit dir nichts zu tun haben. Kannst du es jetzt annehmen, dass deine Eltern sich trennen, vorausgesetzt, sie kümmern sich weiter beide gut um dich?« Antwortet das Kind mit »Nein«, dann fragen Sie es, was es braucht, um die Trennung zu akzeptieren. Machen Sie ihm dabei klar, dass die Beziehung der Eltern das Kind zwar betrifft, die Entscheidung darüber aber nicht in seiner Hand liegt. Das Kind stimmt schließlich der Trennung zu.

Das Paar zerreißt das Foto, das dann verbrannt wird. Fragen Sie die Kinder, ob sie etwas in diesem Feuer mit verbrennen wollen – die endlosen Streitereien, den Ärger, die Wut oder die Traurigkeit zum Beispiel. Geben Sie jedem ein kleines Stück Papier, das sie anhauchen, ins Feuer werfen und dabei sagen, was verbrennen soll.

Das Durchschneiden der Schnur gehört auch hier mit dazu. Das Paar wird mit der roten Schnur verbunden, zusätzlich knüpfen Sie das blaue Band locker um die Handgelenke der Kinder und der Eltern als Symbol dafür, dass die gemeinsame Elternschaft bestehen bleibt.

Bevor Sie die Trennung endgültig vollziehen, lassen Sie die Eltern formulieren, wie sie sich die Zeit nach der Trennung vorstellen. Folgendes Versprechen können Sie ihnen abnehmen: »Ich verspreche, euch Kinder auch weiterhin von ganzem Herzen zu lieben und mich um euch zu kümmern und für euch zu sorgen. Bei allen Schwierigkeiten zwischen mir und (Name des Partners/der Partnerin) vergesse ich nicht, dass das Wohl der Kinder wichtiger ist als unser Konflikt.« Dann durchschneiden Sie das Band der Beziehung. Das blaue Band zerschneiden Sie ebenfalls, und zwar in so viele Teile, dass die Eltern und jedes Kind ein Stück davon erhält. Überreichen Sie es mit den Worten: »Wir haben eure Versprechen gehört.

Nehmt dieses Stück Schnur zur Erinnerung daran. Auch wir werden es nicht vergessen.«

Damit endet das Ritual. Verabschieden Sie die Elemente und bitten Sie still um Hilfe und Segen für die Beteiligten. Lösen Sie dann den Kreis auf.

Winter-Rituale: Wahrheit und Hoffnung

Wenn die Herbststürme die letzten Blätter von den Bäumen fegen, zieht sich das Leben endgültig ins Innere der Erde zurück. Die kahlen Gerippe der Bäume und Sträucher enthüllen den Kern ihres Wesens: den Stamm und die Äste ohne schmückendes Beiwerk. Der Winter kommt als Ernüchterung nach der Pracht des Herbstes. Die Tage werden schnell kürzer, als würde sich die Erde selbst zum Schlafen zurückziehen. Die zunehmende Dunkelheit prägt unser Lebensgefühl. Unternehmungen im Freien sind wegen der aufkommenden Kälte nur noch begrenzt möglich. Geborgen in der warmen Wohnung beginnt nun bei Kerzenschein und Lebkuchen die Zeit der Besinnung. Ruhe und Rückzug sind somit die Energien des Winters. Nicht Aktivität und Handeln sind jetzt gefragt, sondern das Geschehenlassen und Annehmen all dessen, was da ist. Unsere eigene Sterblichkeit wird uns in dieser Zeit bewusster als zu jeder anderen Jahreszeit.

Energetisch gesehen feiern wir am 21. Dezember, der längsten Nacht des Jahres, den Sieg der Dunkelheit über das Licht. In dieser finsteren Zeit wird dann das Licht wieder neu geboren. Lebenszeitlich betrachtet, steht der Winter für das Alter, seine Weisheit und sein Wissen. Der Winter verweist aber auch auf die Zeit danach, wenn das Sterben vorüber ist und aus dem

Tod das neue Leben erwächst. Mystik und spirituelle Aktivitäten vermischen sich zu dieser Zeit mit dem Alltag. Als Tageszeit steht der Winter für die Nacht, mit all ihren Ängsten, doch auch ihrer Geborgenheit.

Geeignete Rituale im Winter

Für den Winter bieten sich generell fünf Arten von Ritualen an:

- Rituale, die uns helfen, nach innen zu horchen und ehrlich zu uns selbst zu sein;
- Rituale, die unsere Verbindung zur nicht-alltäglichen Wirklichkeit festigen und uns spirituell wachsen lassen;
- Rituale, die unsere eigenen dunklen und versteckten Seiten beleuchten und uns helfen, auch unsere Schattenseiten zu akzeptieren;
- Rituale, die uns den Tod annehmen lassen;
- Rituale, die Verstorbene ehren, die Ahninnen und Ahnen, deren Erben wir sind.

Was im Winter besonders begünstigt wird

- **Zur Ruhe kommen:** Denken Sie nach, hören Sie auf Ihre innere Stimme, bringen Sie Licht in Ihr Leben und nehmen Sie Zeit für sich und Ihre Kreativität bei einer Tasse Tee.
- **Auf Träume achten:** Führen Sie ein Traumtagebuch, deuten Sie Ihre Träume und erkennen Sie die Themen Ihres Unbewussten.
- **Orakel machen:** Legen Sie Tarot-Karten und Runen, erstellen und deuten Sie eigene Orakel.
- **Die spirituellen Sinne öffnen:** Trainieren Sie Ihren siebten Sinn mithilfe von Meditation, Geistreise und Übungen.

Der Winter-Altar

Die Winterenergien sollten nun auch auf Ihrem Altar Einzug halten. Schmücken Sie ihn mit immergrünen Zweigen, die sich in der Adventszeit überall finden, oder binden Sie einen Adventskranz, einen Kreis des Lebens (siehe Seite 128 ff.). Viele Kerzen verbreiten ein anheimelndes Licht. Die Farben des Winters sind Schwarz und Gold oder auch Silber. Mit Schwarz wird die Macht der Dunkelheit geehrt, mit dem Gold die Wiedergeburt des Lichtes und der Hoffnung. Da der Winter dem Element Erde und dem Norden zugeordnet ist, legen Sie einen schönen Bergkristall oder einen Amethyst an die nach Norden ausgerichtete Seite Ihres Altars. Sie verstärken damit zugleich die spirituellen Energien, die im Winter auch im Alltag spürbar werden. Schutzengel sind ebenso passend wie andere Symbole der Hoffnung.
Egal, welches Thema Sie im Winter gerade beschäftigt, nehmen Sie sich in jedem Fall die Zeit, ein wenig in sich zu gehen, und suchen Sie dann ein passendes Symbol für Ihren Altar. Sie können Bilder verstorbener Vorfahrinnen und Vorfahren, derer Sie gedenken möchten, aufstellen, oder auch Bilder aus Ihrer Kindheit, wenn dieses Thema gerade für Sie relevant ist.

Rituale zur Entfaltung der eigenen Kräfte

Ein Gruß an die Nacht: Ritual für den Abend und die Dunkelheit

Das Ziel des Nacht-Rituals ist es, unser Verhältnis zur Dunkelheit zu verbessern. Oft sind Nacht und Dunkelheit für uns nämlich mit Angst besetzt. Inspiriert durch viele Filme ist Finsternis für uns meist gleichbedeutend mit dem Bösen. Dabei ist die Nacht nur die Kehrseite des Tages, und das eine wäre ohne das andere nicht denkbar. Dieses Ritual eignet sich ganz besonders für Menschen, die sich im Dunkeln fürchten, diese Angst aber überwinden wollen. Mit der Nacht akzeptieren wir all das, was wir nicht sehen und nicht kontrollieren können. Der Schlaf und die Träume sind tägliche Vorübungen für die Trennung von unserem Bewusstsein, die ihre endgültige Form dann im Tod findet.

Vorbereitung des Rituals

Für das Nacht-Ritual brauchen Sie lediglich einen Ort, an dem es richtig dunkel ist. Wenn Sie in der Stadt leben, versuchen Sie, einen möglichst gut abgedunkelten Raum zu schaffen. Im Notfall können Sie sich auch die Augen verbinden, allerdings sollten Sie in diesem Ritual nicht sich selbst, sondern Ihre Umgebung als dunkel erleben. Der Raum sollte so beschaffen sein, dass Sie sich wirklich wohl und geborgen fühlen.
An Utensilien benötigen Sie nur ein Streichholz und eine Kerze.

Ablauf des Rituals

Da es im Dezember oft schon am frühen Nachmittag dunkel wird, halten Sie sich einen beliebigen Spätnachmittag oder Abend für dieses Ritual frei. Menschen mit Angst im Dunkeln sollten das Ritual regelmäßig wiederholen.

Der Raum sollte, bis auf eine brennende Kerze, dunkel sein. Machen Sie es sich bequem, ziehen Sie im Geist einen Kreis des Schutzes und der Geborgenheit um sich und verneigen Sie sich kurz vor den Himmelsrichtungen und Elementen.
Blasen Sie dann die Kerze aus und lassen Sie die Dunkelheit auf sich wirken. Wie geht es Ihnen jetzt in der Dunkelheit? Fürchten Sie sich? Können Sie sich erinnern, wie Sie als Kind in der Dunkelheit Angst hatten? Werden Sie sich all Ihrer negativen Gefühle, die in der Dunkelheit aufsteigen, bewusst und trauen Sie sich, sie zu begrüßen. Sagen Sie zum Beispiel:

»Ich grüße dich, kindliche Angst vor den Monstern, Angst vor Überfällen, ich begrüße dich, die Angst, nichts mehr sehen und kontrollieren zu können, ich begrüße dich, Angst vor dem Blindsein, vor dem Tod.« Atmen Sie einige Male tief in den Bauch. Machen Sie sich bewusst, dass Ihre Angst nichts mit der realen Nacht zu tun hat, denn Sie sind momentan ja völlig geborgen. Die Ängste sind ein Produkt der Filme, die Sie sehen, ein Produkt der Erziehung, der kindlichen Phantasien und der reißerischen Zeitungsartikel, die in Ihnen ein Gefühl der Bedrohung wachrufen. Jetzt ist es Zeit, Ihre Angst aus dem Kreis zu verabschieden. Wiederholen Sie dazu den folgenden Satz so lange, bis Sie ihn richtig spüren können: »Ich vertraue mich der Nacht an und bin geborgen in der Dunkelheit. Die Nacht ist meine Verbündete.«

Langsam verlässt Sie Ihre Angst. Schauen Sie sich jetzt noch einmal um. Ihre Augen gewöhnen sich langsam an die Dunkelheit. Sehen Sie die samtene Schönheit der Nacht, ihre Ruhe und Wahrhaftigkeit, die nichts mit grellen Farben überdeckt. Achten Sie auf die unendlich vielen Grauschattierungen, die um Sie herum existieren.

Ehren Sie die Nacht, sie ist eine ganz eigene Welt. Ehren Sie die Tiere und Pflanzen der Nacht, die Katzen und Uhus. Ehren Sie die Stille der Nacht, ihre Flüstertöne, ihre eigenen Gesetze. Sie gehören dieser Nacht jetzt an, sind ein Teil von ihr. Fühlen Sie sich angenommen und behütet von der Nacht.

Wenn Sie sich richtig wohl fühlen, sprechen Sie abschließend folgenden Satz: »Ich grüße dich, Dunkelheit, ich grüße dich, Nacht. Ich bin geborgen in deiner schwarzen Schönheit, ich vertraue mich deinen dunkeln Armen an. In meinen Träumen reise ich beschützt auf deinen Schwingen in andere Welten.«

Mit einem neuen Gefühl von Sicherheit und Geborgenheit können Sie die Kerze jetzt wieder anzünden. Öffnen Sie den Kreis und verneigen Sie sich noch einmal zu den Himmelsrichtungen und Elementen.

Haben Sie diese Übung einige Male wiederholt, können Sie zur Variante für Fortgeschrittene übergehen. Dazu begeben Sie sich in den Wald, anfangs mit einem befreundeten Menschen, später allein. Machen Sie dort dieselbe Übung. Sie werden feststellen, dass Sie irgendwann Ihre Angst völlig verlieren und die Nacht Sie tatsächlich annimmt. Auch die Furcht vor nächtlichen Übergriffen baut sich ab. Sie erobern sich die Nacht zurück.

Wenn Sie sich abends ins Bett legen, genießen Sie jeden Abend fünf Minuten lang das Einbrechen der Nacht. Gehen Sie im Geiste den Tag noch einmal durch und verabschieden Sie ihn und alles, was geschehen ist. Stellen Sie sich vor, wie das Licht des Tages, selbst wenn die Sonne schon vor einer Weile untergegangen ist, all Ihre Gedanken und Sorgen freundlich mitnimmt. Begeben Sie sich dann bewusst in die Arme der Dunkelheit, bitten Sie um Schutz und Unterstützung und vertrauen Sie darauf, dass alles gut wird.

Sein Erbe annehmen: Ritual zur Ehrung der Ahnen

Nicht umsonst beschreibt man die Struktur einer Familie gern mit dem Bild eines Stammbaums. Obwohl wir es gewohnt sind, uns als Individuen zu betrachten, sind wir zugleich auch Teil einer Familie, sozusagen die äußeren Äste eines Baums, dessen Wurzeln zurück bis zur ersten Zelle des Lebens reichen. In unseren Genen tragen wir die Gaben, die Be-*gabungen* unserer Familie weiter, die von einer Generation zur nächsten in uns eine ganz eigene Kombination ergeben haben. Indem wir die Ahnen ehren, bekennen wir uns zum Erbe unserer Familie, zu den Anteilen, die uns gut gefallen, aber auch zu jenen, die wir weniger schätzen. Wir können dieses Erbe schließlich nicht abschütteln, es sitzt in jeder einzelnen Zelle unseres Körpers.

In diesem Ritual nehmen wir bewusst Kontakt auf zur – bisweilen durchaus zwiespältigen – Vergangenheit unserer Familie und damit zu einem Teil unserer eigenen Geschichte. Wir erkennen die Familie als Quelle der Kraft und Unterstützung, wenn es uns gelingt, die guten Gaben anzunehmen und die manchmal schwierigen Aufgaben zu lösen, die ihr Erbe an uns stellt. Wir benennen unsere Ahninnen und Ahnen und speisen dann mit ihnen.

Vorbereitung des Rituals

Der triste November und der dunkle Dezember sind wie geschaffen für dieses Ritual. Wählen Sie eine der beiden Vollmondnächte oder feiern Sie traditionell am 1. oder 2. November, dem christlichen Allerheiligen als dem Nachfolgefest des keltischen Ahnen- und Neujahrsfestes Samhain. Sie können diesmal im Haus drinnen bleiben und müssen sich nicht der Kälte aussetzen.

Bereiten Sie dieses Ritual vor, indem Sie sich mit Ihrer Familiengeschichte befassen. Was wissen Sie über Ihre Urgroß-, Ihre Groß- und die eigenen Eltern? Finden Sie die Namen und so viel wie möglich über deren Geschichte heraus. Besorgen Sie Fotos. Erinnern Sie sich an den einen oder anderen Verstorbenen? Wie war Ihr Verhältnis? Hatten Ihre Ahnen Vorlieben? Was aßen und tranken sie gern?
Zelebrieren Sie das Ritual mit mehreren Menschen. Bereiten Sie ein Mahl vor, das mit Ihrer Familie zu tun hat – Nationalgerichte, bevorzugte Speisen und Getränke der Verstorbenen. Jeder bereitet genug für alle vor. Dann errichten Sie einen Ahnen-Altar, auf dem Fotos oder Gegenstände der Verstorbenen arrangiert werden.
Gibt es Vorfahren, für die Sie sich schämen? Räumen Sie ihnen trotzdem eine Ecke ein, denn aus deren Geschichte erwächst oft Ihre eigene Aufgabe. Schmücken Sie den Altar liebevoll mit vielen Kerzen und frischen Blumen. Dabei kon-

zentrieren Sie sich innerlich bereits auf Ihre Ahninnen und Ahnen.
Am Ende des Rituals opfern Sie Ihren Vorfahren noch eine Kleinigkeit. Wein, Bier, Pralinen, frisches Brot, Tabak, den Rauch von Räucherstäbchen – etwas, das Ihren Verwandten gefallen hätte.
Für das Ritual brauchen Sie an Utensilien:

- Geschirr und Besteck für alle Anwesenden;
- ein zusätzliches Gedeck für Ihre Ahnen;
- gemütliche Kissen oder Decken, wenn Sie am Boden sitzen wollen.

Sie können, bevor Ihre Gäste eintreffen, schon den Tisch für alle decken.

Ablauf des Rituals

Entzünden Sie die Kerzen auf Ihrem Altar und löschen Sie alle Lichter im Zimmer. Stellen Sie sich im Kreis auf und schaffen Sie den heiligen Raum, der den Altar ebenso mit einbezieht wie den Esstisch.
Nach den Himmelsrichtungen und den Elementen rufen Sie Ihre Ahninnen und Ahnen in den Kreis. Dazu bieten sich folgende Worte an: »Wir sind hier zusammengekommen, um den Baum zu ehren, dessen äußerster Zweig wir sind. Wir rufen in den Kreis unsere Ahninnen und Ahnen, unsere Vorgänger in dieser Welt, deren Erbe wir tragen, im Guten wie im Schlechten. Kommt zu uns in diesem Ritual, seid bei uns und lehrt uns, das Erbe unserer Familie mit Würde zu tragen.«

Eine Geistreise zu den Ahnen

Machen Sie es sich am Boden bequem, liegen oder sitzen Sie, wie es Ihnen am angenehmsten ist. Jemand sollte diese Geistreise anleiten, indem er langsam den Text dazu vorliest oder sich einen eigenen Text einfallen lässt.

Schließen Sie nun die Augen und konzentrieren Sie sich auf sich selbst. Atmen Sie tief ein und aus und stellen Sie sich mit jedem Ausatmen vor, wie Sie nach unten in die Erde sinken. Sie werden innerlich ruhig und still. Nichts lenkt Sie mehr ab. Ihr Körper wird immer schwerer. Atmen Sie neunmal aus, dann sind Sie in der Dunkelheit der Erde angekommen.
Hier liegen Ihre Wurzeln, die Geschichte Ihrer Familie. Sie sehen nun den Eingang einer großen Höhle vor sich und treten ein. Versuchen Sie, die Höhle mit allen Sinnen wahrzunehmen. Sehen Sie die hohen, unebenen Wände, deren Decke kaum erkennbar ist, riechen Sie die Feuchtigkeit der Höhle, spüren Sie die Kühle auf Ihrer Haut. Wenn das Bild ganz lebendig vor Ihrem inneren Auge sichtbar ist, vernehmen Sie plötzlich das Gehen vieler Füße auf dem Stein. Hinter Ihrem Rücken betreten jetzt Ihre Ahninnen und Ahnen aus einem Gang kommend die Höhle. Vielleicht erscheinen viele Personen, vielleicht nur einige Auserwählte. Wenden Sie sich im Geiste zu ihnen um. Einige werden Sie kennen, manche blicken zu Ihnen hin, andere sind nicht an Ihnen interessiert. Vielleicht können Sie die Personen sehen, vielleicht spüren Sie sie auch oder wissen einfach von ihnen – das ist egal. Wie geht es Ihnen inmitten Ihrer Ahnen? Was nehmen Sie wahr? Einige werden Sie vielleicht stützen und Ihnen den Rücken stärken. Andere halten Sie womöglich fest oder schränken Sie in Ihrer Entfaltung ein. Lassen Sie alles so sein, wie es ist. Nehmen Sie nur wahr, was geschieht und was Sie dabei fühlen. Vielleicht will Ihnen ja jemand etwas mitteilen? Hören Sie zu.
Nach etwa zehn Minuten – oder wann immer es Ihnen passend erscheint – verabschieden Sie sich von Ihren Ahninnen und Ahnen. Wenden Sie ihnen den Rücken zu und verlassen Sie die Höhle. Atmen Sie wieder neunmal tief ein und aus und mit jeden Einatmen tauchen Sie ein Stück weit aus der Erde auf, bis Sie wieder vollständig in Ihrem Köper angekommen sind. Öffnen Sie die Augen und klopfen Sie Ihren Körper

mit den Händen einmal von oben nach unten ab, um sich wieder ganz bei sich zu fühlen.

Setzen Sie sich in den Kreis und berichten Sie einander reihum, was Sie auf Ihrer inneren Reise wahrnehmen konnten. Wenn Sie nichts erlebt haben, dann seien Sie nicht traurig. Reisen ins Innere sind eine Frage der Übung.
Erzählen Sie einander nun von der Vergangenheit Ihrer Familie, beginnend bei Ihren Eltern. Gehen Sie dabei möglichst weit in die Vergangenheit zurück. Nennen Sie die Namen Ihrer Vorfahren, soweit sie Ihnen bekannt sind, und berichten Sie von Ihrem Erbe. Was haben Sie an Gaben mitbekommen? Von Ihrem Großvater haben Sie vielleicht den starken Willen geerbt, von Ihrer Mutter die Zähigkeit. Wer hat Ihnen was vererbt? Welche Hindernisse stellt Ihnen Ihr Erbe? Den Jähzorn Ihres Vaters zum Beispiel, der Ihnen nun Probleme bereitet? Haben Sie eine Krankheit geerbt? Sprechen Sie es aus. Vielleicht haben Sie bei Ihrer kurzen inneren Reise zu den Ahnen ja noch weitere Informationen erhalten über Energien, die Sie stärken beziehungsweise schwächen und wie Sie damit umgehen sollen.

Wenn alle an der Reihe waren, gehen Sie zum gemütlichen Teil über. Stellen Sie allen Ihr Mahl vor und was es mit Ihrer Familie zu tun hat. Segnen Sie das Essen und legen Sie auf jeden Teller etwas von allem. Vergessen Sie dabei die Ahninnen und Ahnen nicht. Stoßen Sie an auf sie. Beim Essen erzählen Sie einander Geschichten von Ihrer Familie. Trauriges oder Schmerzliches ist ebenso willkommen wie lustige Anekdoten. Zu jeder Familie gehören kummervolle wie auch fröhliche Geschichten.

Dann stellen Sie sich wieder in den Kreis und verabschieden reihum Ihre Ahnen und die anderen Energien, die gerufen wurden. Lösen Sie den Kreis auf. Die Opferteller können

Sie nun ein paar Tage stehen lassen und dann die Speisen schließlich wegwerfen. Aber nur, wenn Ihre Ahnen keine Schwaben waren ...

Rituale zur dunklen Zeit

Den Kreis des Lebens winden: ein Adventsritual

Der Adventskranz ist ein Symbol, das uns ein Stück durch die winterliche Schwermut und Dunkelheit retten und zugleich anregen kann, über uns selbst nachzudenken. Der Kreis steht für den Lebens- und Jahrskreis. Die Zweige eines immergrünen Baumes – der Tanne, der Fichte oder des Buchsbaumes – symbolisieren das Leben, das nie enden wird. Alles kommt und muss wieder gehen. Der Adventskranz ist ein Symbol, dass das Leben nie völlig ausgelöscht wird und dass auf jede dunkle Zeit eine helle folgt.

Wenn Sie ausreichend Zeit haben, binden Sie sich den Kranz selbst. Aus Weiden stellt man dazu entweder ein kreisrundes Innengerüst her oder kauft es fertig in einem Baumarkt. Immergrüne Zweige können Sie dort ebenfalls erwerben oder im Garten oder Wald selbst schneiden. Binden Sie die Zweige mit einer hübschen Schnur oder einem Golddraht so auf dem Weidenkranz fest, dass ein Zweig den Ansatz des vorherigen verdeckt. Dann schmücken Sie den Kranz nach Herzenslust. Lassen Sie Ihrer Kreativität freien Lauf. Was braucht Ihr Kreis des Lebens? Nüsse? Bunte Bänder? Engel und Goldflitter? Oder bevorzugen Sie das Schlichte? Dann stecken Sie einfach nur die vier Kerzen auf. Kerzenhalter gibt es ebenfalls in jedem Baumarkt zu kaufen. Nehmen Sie für jede Jahreszeit eine andersfarbige Kerze, für den Frühling Blau, für den Sommer Rot, für den Herbst Grün und für den Winter Braun oder Dunkelblau. Wenn Sie vier gleiche Kerzen haben, ritzen Sie die Anfangsbuchstaben der Jahreszeiten hinein. Dann räumen Sie Ihrem Kranz des Lebens einen angemessenen Platz in Ihrer Wohnung ein – auf dem Altar zum Beispiel.

Setzen Sie sich nun mit Stift, Papier und einem feuerfesten Gefäß am ersten Adventssonntag vor Ihren Kranz. Nehmen Sie sich etwa eine halbe Stunde Zeit. Zünden Sie die Winter-Kerze an. Dann erinnern Sie sich an den Winter vor einem Jahr. Was ist damals passiert? Wie ist es Ihnen ergangen? Was haben Sie gelernt in dieser Zeit? Welche Probleme gab es, welche Erkenntnisse hatten Sie vor einem Jahr? Halten Sie Ihre Gedanken auf dem Blatt Papier fest. Wenn Sie alles notiert haben, zünden Sie das Papier an der Winterkerze an und legen Sie es brennend in die feuerfeste Schale. Sprechen Sie dazu: »Im Winter habe ich die Reise dieses Jahres begonnen. Ich habe Gutes und Schlechtes erlebt und Folgendes für mich dabei gelernt. (Benennen Sie es.) Ich lasse alles gehen, was vom letzten Winter übrig ist, aller Groll, alle Sorgen verbrennen jetzt mit diesem Papier.«

Anschließend trinken Sie einen Glühwein oder einen leckeren Tee, essen Lebkuchen oder Plätzchen und genießen den restlichen Tag.
An den darauf folgenden Sonntagen machen Sie das Gleiche mit dem vergangenen Frühling, mit dem Sommer und zum Schluss mit dem Herbst. Wenn alle vier Kerzen brennen, hat sich Ihr Jahreskreis vollendet. Sie haben alles losgelassen und sind nun bereit für ein neues Jahr.

Die Hoffnung nie aufgeben: ein Weihnachtsritual

Wenn Sie Weihnachten feiern, den Anlass jedoch nicht unbedingt in der christlichen Tradition begehen wollen, finden Sie hier Ideen für ein alternatives Fest. Möchten Sie nicht im Kreis der Familie feiern, dann nutzen Sie Weihnachten einfach als Gelegenheit für ein schönes Fest mit Freunden.

Energetisch gesehen feiern wir an diesen Tagen die Wiederauferstehung des Lichtes, das nach dem 21. Dezember – nach drei Tagen in der Unterwelt – am 24. Dezember oder am Morgen des 25. Dezember für ein neues Jahr geboren wird und Hoffnung und Leben bringt. Beide Tage eignen sich daher gleichermaßen für das Weihnachtsritual.
Damit das Ritual gut gelingt, können Sie Folgendes tun:

- Sorgen Sie für **gutes Essen**: Gänse, Truthähne und Schweine waren einst heilige Tiere und wurden von unseren germanischen und keltischen Vorfahren zu Mittwinter geopfert und verspeist.

- Backen Sie **Orakel-Plätzchen**, indem Sie mit Lebensmittelfarbe auf die Kekse Symbole aufmalen. Sie können Runen benutzen, wenn Sie sich damit auskennen, oder sich auch selbst Symbole einfallen lassen – ein Plätzchen für die Liebe mit einem Herzen, ein Plätzchen für beruflichen Erfolg mit einem Geldstück zum Beispiel; oder auch ein Plätzchen für inneres Wachstum und eines für Schwierigkeiten, die es zu überwinden gilt. Ist Ihnen das zu viel Arbeit, können Sie auch chinesische Glückskekse kaufen oder andere Orakelsysteme wie Tarot-Karten, Engelskarten oder Ähnliches verwenden.

- **Schmücken** Sie Ihre Wohnung festlich mit immergrünen Zweigen, Kerzen und Symbolen der wieder auferstehenden Sonne. Die Farben Gelb und Gold verbreiten ein heimeliges Gefühl.

- Wollen Sie einander **Geschenke** machen, dann losen Sie einige Wochen vorher aus, wer wen beschenkt, damit niemand leer ausgeht und alle ausreichend Zeit haben, ein schönes Präsent auszusuchen oder selbst anzufertigen. Vielleicht finden Sie ja ein Geschenk, das nicht nur einen materiellen, sondern auch einen ideellen Wert für den anderen hat.

- Feiern Sie ein **Wunsch-Ritual** zur Auferstehung der Sonne. Besorgen Sie dazu für alle Gäste eine Kerze und ein Plätzchen in Stern- oder Sonnenform. Alle setzen sich in einen Kreis oder an den Tisch. Dabei hat ein jeder die Kerze und das Plätzchen vor sich. Sie selbst verwahren das Feuer zum Entzünden der Kerzen. Löschen Sie alles Licht in der Wohnung. Dann sprechen Sie in die Dunkelheit hinein: »So wie das Licht in der dunkelsten Zeit wieder neu geboren wird, so bekommen wir immer dann neue Hoffnung, wenn die Zeiten am schwierigsten sind. Jetzt, da die Sonne wieder eine aufsteigende Bahn nimmt, bitten wir sie, uns aus der Dunkelheit einen Wunsch mitzubringen.« Entzünden Sie Ihre Kerze, halten Sie das Plätzchen hoch und sagen Sie: »Ich wünsche, wünsche, wünsche mir von der Sonne fürs nächste Jahr ... (formulieren Sie Ihren Wunsch).«
  Dann geben Sie die Streichhölzer weiter an den nächsten Teilnehmer. Sobald alle sich etwas gewünscht haben, wird es wieder hell im Raum.

- **Singen und tanzen** Sie, essen und trinken Sie und genießen Sie die Wende zur hellen Jahreshälfte, die nun stattgefunden hat, selbst wenn sie noch eine Weile nicht spürbar ist.

Rituale für Lebensübergänge

Die Weisheit umarmen: Ritual für das Alter

Der Wandel zum Alter vollzieht sich in kleinen Schritten, dennoch ist irgendwann der körperliche Abbau unübersehbar. Wir können nicht länger verdrängen, dass unsere physische Existenz irgendwann ein Ende hat. Wir müssen uns damit befassen, dass der Tod ein Bestandteil unseres Lebens ist, denn wir gehen ihm unweigerlich entgegen. Angst kann uns befallen, Kraft- und Mutlosigkeit uns schwächen, und traurig werden wir uns bewusst, dass wir uns manche Wünsche und Ziele nun nicht mehr erfüllen können. Wir treten in die dritte Phase des Lebens ein. Vom Aufbruch der Jugend über die Zeit der aktiven Gestaltung des Lebens als Erwachsener in Familie und Beruf erreichen wir nun eine neue Stufe. Zusammenhänge werden erkannt und mit dem Wissen eines Menschen, der auf ein langes Leben zurückblicken kann, neu bewertet. Nach der Hektik und der Betriebsamkeit der mittleren Jahre beginnt nun der Weg zur inneren Mitte; äußere Entfaltung geht über in die innere Entfaltung des Wesentlichen.

In diesem Ritual durchschreiten Sie somit das Tor zu Ihrem dritten Lebensabschnitt. Sie erlauben Ihrer Seele, das bisher Erfahrene wertzuschätzen und abzuschließen, um sich dann mit aller Kraft dem zuzuwenden, was die Zukunft für Sie bereit hält. Altes und Neues geben Sie zur Transformation in den Kessel der Verwandlung, dessen Energien heilen und erneuern.

Den Zeitpunkt dieses Übergangs können nur Sie selbst bestimmen. Manche Frauen wünschen sich ein Übergangsritual zur Menopause, dem körperlichen Wechsel, der die Zeit der Fruchtbarkeit beendet. Auch der Zeitpunkt der Pensionierung aus dem Arbeitsleben eignet sich gut. Andere bevorzugen ein Übergangsritual im Anschluss an die so genannte Midlife-Crisis, die meist schon mit vierzig oder fünfzig auftritt. Sie werden spüren, wann genau Sie bereit sind, sich neu zu orientieren und zu neuen Ufern aufzubrechen.

Vorbereitung des Rituals

Die Vorbereitungen für dieses Ritual sind umfangreich und sollten sehr ernst genommen werden. Der Übergang in die dritte Phase des Lebens ist von essenzieller Bedeutung, deshalb gilt es, sich innerlich darauf einzustimmen. Einen Zeitraum von neun bis siebenundzwanzig Tagen sollten Sie sich für diese innere Einstimmung in jedem Fall gewähren; geben Sie sich drei mal drei, drei mal sieben oder drei mal neun Tage dafür. Verwenden Sie für die seelische Vorbereitung Ihren Altar, von dem Sie alle Objekte bis auf die Symbole der vier Elemente entfernen.

Die erste Etappe widmen Sie der Auseinandersetzung mit Ihrer eigenen Sterblichkeit. Fürchten Sie sich nicht davor, denn aus dem Bewusstsein, dass Ihr körperliches Leben irgendwann zu Ende geht, werden Sie eine große Stärke und Kraft entwickeln. Auch der Tod ist nur eine neue Pforte, durch die Sie in die nächste Phase gehen. Stellen Sie also ein Symbol des Todes auf Ihren Altar – die Tarot-Karte »Tod«, einen kleinen Sensenmann, einen kleinen Totenkopf aus Plastik oder auch Tierknochen, wie man sie im Wald manchmal findet. Die folgenden drei beziehungsweise sieben Tage gehen Sie immer wieder an Ihren Altar und spüren in sich hinein, was der Gedanke an den eigenen Tod in Ihnen auslöst. Nehmen Sie alle Gefühle an, die aufsteigen, Angst, Trauer oder sogar Verzweiflung. Der Tod ist die große Kraft der Verwandlung. Vielleicht gelingt es Ihnen ja, ihn als Freund zu akzeptieren, als Lehrmeister, der uns durch die großen Kreisläufe der Entfaltung führt. Schließlich kann Neues nur dann entstehen, wenn das Alte sterben darf und zurückgelassen wird.

Wenn Sie den Eindruck haben, sich genug mit dem Tod beschäftigt zu haben, gehen Sie einen Schritt weiter. Befassen Sie sich nun mit Ihrem bisherigen Leben. Zuerst würdigen Sie Ihre Siege, Erfolge und Errungenschaften. Was haben

Sie alles gemacht, geschafft und erlebt in den vergangenen Jahren? Welche Hindernisse haben Sie überwunden, woran sind Sie stark geworden? Was haben Sie erreicht, im äußeren Leben wie auch in der inneren Entwicklung? Sammeln Sie Symbole Ihrer Siege oder halten Sie sie auf einem Blatt Papier fest, das Sie dann auf den Altar legen. Nehmen Sie sich wieder einige Tage Zeit und kosten Sie es aus, auch die kleinsten Siege Ihres Lebens zu ehren.

Während der dritten Etappe beschäftigen Sie sich mit den unerfüllten Wünschen und Träumen Ihres Lebens. Was haben Sie sich immer gewünscht und nie umgesetzt, sei es, weil die Gelegenheit fehlte, sei es, weil Sie zu lange gezögert haben? Welche Chancen haben Sie nicht ergriffen, wem trauern Sie nach, was bedauern Sie? Sammeln Sie auch dafür Symbole. Legen Sie sie auf den Altar und versuchen Sie dabei zu akzeptieren, dass nicht alle Äste eines Baumes Blüten tragen und nicht jede Blüte zur reifen Frucht wird. Viele Früchte durften Sie ernten, andere waren Ihnen nicht bestimmt. Vielleicht spüren Sie nun aber auch, dass es einige wenige Wünsche gibt, die so stark sind, dass Sie sie gern mitnehmen wollen, um sie doch noch umzusetzen. Entdecken Sie Ihre wahrhaftig starken Lebenswünsche, die es wert sind, noch erfüllt zu werden.

Nach diesen drei Vorbereitungsetappen gehen Sie dazu über, das eigentliche Ritual zu planen, entweder für sich allein oder im Kreis von Gleichgesinnten, die alle diese Vorbereitungszeit hinter sich haben.
Das Ritual kann im Freien stattfinden, muss aber nicht. Der Neumond eignet sich besser als der Vollmond, weil er die Energie des Neuen mit sich bringt.
Der Schauplatz des Rituals sollte sorgfältig vorbereitet werden. Formen Sie einen Kreis aus Teelichten oder Steinen, seien Sie mit Feuer in der Wohnung jedoch vorsichtig. Legen

Sie Symbole für die Elemente in die vier Himmelsrichtungen am Rand des Kreises. In der Mitte steht ein Kessel, und daneben breiten Sie ein schönes Altartuch aus. Ideal ist ein großer alter Kupfer- oder Messingkessel, der auf einem Dreibein über einem Feuer steht und in dem man während des Rituals kochen, das heißt etwas verwandeln kann. Da sich so ein Kessel nur schwer beschaffen lässt und in der Wohnung kein Feuer entzündet werden kann, gilt es zu improvisieren. Eine große Schüssel oder Schale ist ebenfalls geeignet. Als Füllung brauchen Sie für den ersten Teil des Rituals Wasser, mit dem Sie die Schale zu zwei Dritteln füllen, und für den zweiten Teil des Rituals die gleiche Menge heißer Flüssigkeit, entweder eine Gemüsesuppe oder einen Glühwein, was Ihnen geeigneter erscheint. Letzteres wird zuvor auf dem Herd erhitzt und dann in einer Thermoskanne auf dem Tuch bereit gestellt. An Utensilien benötigen Sie außerdem:

- einen großen Kochlöffel und eine Suppenkelle;
- einen Teller voll kleingehackter Kräuter oder Nüsse;
- etwas Salz;
- eine Schere;
- Teller oder Tassen sowie Löffel für alle Beteiligten.

Jeder Teilnehmer bringt außerdem die Symbole aus der Vorbereitungszeit mit und breitet sie nun liebevoll auf dem Tuch aus. Das Todessymbol benötigen Sie jetzt nicht mehr. Als Räucherwerk empfiehlt sich eine Reinigungsmischung aus Lorbeerblättern, Wachholderbeeren und Salbei, die Sie in geringen Mengen auf Räucherkohle verbrennen. Alle sollten ein neues, ungetragenes Kleidungs- oder Schmuckstück für den kommenden Lebensabschnitt dabei haben – ein neues Tuch oder eine Halskette zum Beispiel. Gönnen Sie sich etwas Schönes, Sie haben es verdient.

Ablauf des Rituals

Vor dem Betreten des Kreises machen Sie eine kleine Erdungsübung und räuchern Sie sich danach gegenseitig ab (siehe Bausteine 4 und 5, Seite 85 ff. und 87 ff.). Während Ihnen der Rauch um die Nase weht, machen Sie sich bewusst, dass Sie jetzt alles Alte zurücklassen und vor dem Tor ins Unbekannte stehen.

Betreten Sie den Kreis einzeln durch eine Öffnung des Kreises im Westen. Wenn sich alle im Kreis befinden, schließen Sie ihn im Geiste und rufen die Elemente und Himmelsrichtungen zu Ihrer Unterstützung. Sprechen Sie dann laut den Zweck des Rituals aus: »Wir haben uns hier und jetzt versammelt, um gemeinsam durch das Tor zu treten und die nächste Phase unseres Lebens zu beschreiten. Wir bitten die höheren Mächte und unser eigenes Tiefenselbst, die Verwandlung zu vollziehen, damit wir kraftvoll und voller Zuversicht in die Zukunft gehen können. Wir rufen die schwarzen Göttinnen und Götter des Alters und der Weisheit, die den uralten Kessel von Tod und Wiedergeburt hüten, Cerridwen und Hekate, Pluto, Helle und Urda. In euren Kessel der Verwandlung geben wir unser Leben im Vertrauen darauf, dass dies der Heilung und der Liebe dient. Wir sind bereit, durch die Pforte zu schreiten. Segnet uns in diesem Ritual.«

Sie beginnen im ersten Teil des Rituals damit, all das loszulassen, was zwar lange wichtig für Sie war, nun aber nicht mit hinüber in den nächsten Lebensabschnitt genommen werden soll. Gießen Sie dazu das Wasser in den Kessel und rühren Sie mit dem Kochlöffel gegen den Uhrzeigersinn Salz hinein. Sprechen Sie die Worte: »Was das Wasser löst, bindet das Salz. Wir lassen nun unser bisheriges Leben gehen und vertrauen es euch zur Verwandlung an.« Nun tritt einer nach dem andern vor, schneidet sich mit der Schere eine Haarsträhne ab und wirft sie ins Wasser. Jeder rührt das Wasser links-

herum um und spricht dabei alles aus, was er nun ziehen lassen möchte, etwa: »Mit dieser Strähne vertraue ich mein altes Leben dem Kessel der Verwandlung an. Ich lasse los: meinen Ehrgeiz, den ich nicht mehr brauche, meinen Wunsch nach einem Kind, den ich hier und jetzt aufgebe, meine Angst vor Falten und dem Alter, den Symbolen eines gelebten Lebens, und die Jugend, die vorüber ist.« Lassen Sie sich Zeit. Rühren Sie weiter, während Sie sprechen. Wenn Sie fertig sind, übernimmt die nächste Person den Löffel, ohne das Rühren zu unterbrechen. Sind alle fertig mit Loslassen, nehmen Sie den Kessel, schütten seinen Inhalt weg und stellen ihn wieder in die Mitte. Dann sagen Sie: »Wir geben diese Energien ihrem göttlichen Ursprung zurück.«
Lassen Sie das Bild der Leere auf sich wirken. Sprechen Sie: »Das alte Leben ist nun vergangen. Wir halten nichts fest, was nicht mehr zu uns gehört. Wir sind leer und bereit, Neues zu empfangen.« Schweigen Sie nun und versuchen Sie, auch innerlich zu fühlen, wie das Alte sich auflöst.

Wenn die Konzentration nachlässt und Sie bereit sind, weiterzugehen, dann beginnt der zweite Teil des Rituals. Füllen Sie den Kessel mit der heißen Suppe oder dem Glühwein. Alle legen nun das neue Kleidungs- oder Schmuckstück an, das sie in den nächsten Lebensabschnitt begleiten soll. Sprechen Sie laut aus: »Ich bin hier und jetzt bereit, in die Zukunft zu gehen.« Rühren Sie nun die Suppe rechtsherum, streuen Sie Kräuter darauf und sprechen Sie in die Suppe all das hinein, was Sie aus Ihrem alten Leben an Brauchbarem und Tragfähigem mitnehmen wollen. Sagen Sie beispielsweise: »Ich braue die Suppe der Zukunft und gebe von mir dazu: die Geduld, die ich gelernt habe, den Mut, der mich immer begleitet hat, und den klaren Blick auf die Dinge.« Rühren Sie wie eine alte Kräuterhexe im Kessel und kochen Sie sich Ihr Süppchen. Sie können sich auch für die Zukunft ein Versprechen geben. Was am Kessel der Verwandlung ausgesprochen wird,

wird auch in anderen Welten gehört und gewandelt. Wenn Sie fertig sind, kommt der Nächste dran, ohne das Rühren zu unterbrechen. Die oder der Letzte spricht dann abschließend: »Die Zukunft beginnt jetzt. Mit diesem Kessel bringt sie uns all das, was wir brauchen, um zu heilen, zu lieben und uns zu entfalten. So sei es und so ist es.«

Verteilen Sie nun die Suppe an alle. Lassen Sie sie sich genüsslich munden in dem Bewusstsein, dass Sie sich den Mächten der Verwandlung überantwortet haben, die Sie nie im Stich lassen. Sie sind bereit für eine neue Zeit.
Ist der Kessel leer und die Suppe aufgegessen, beenden Sie das Ritual entweder mit einem Lied oder entlassen die Energie des Kreises mit der Hui-Methode (siehe Baustein 9, Seite 114 ff.). Danken Sie den gerufenen Mächten und erbitten Sie den Segen für alle. Lösen Sie nun den heiligen Raum auf. Eine gemeinsame Mahlzeit oder sogar ein Fest bietet sich als krönender Abschluss des Rituals an.

Dem Tod begegnen: Rituale für den letzten Abschied

Der Tod ist ein schwieriges Kapitel in unserem Leben. Meist findet er unbemerkt im Krankenhaus oder Altersheim statt, in unserem Alltag ist er jedenfalls in der Regel so lange unsichtbar, bis wir selbst betroffen sind oder auch Menschen, die uns nahe stehen. Trifft er unsere Liebsten, dann bricht er in unser Leben mit einer Endgültigkeit ein, die oft nur schwer zu ertragen ist. Rituale helfen uns, mit diesen starken Gefühlen umzugehen, die uns im Angesicht der Unausweichlichkeit und des unwiederbringlichen Verlustes eines geliebten Menschen ergreifen. Wir stehen allein da mit dem Schmerz und der Trauer, dass der Tod eine Lücke in unser Leben gerissen hat, die wir nie mehr zu schließen vermögen. Wir erleben die Enttäuschung und Wut, verlassen worden zu sein, Schuldgefühle und Selbstzweifel, weil wir vielleicht nicht alles gesagt und

getan haben, was nötig oder wünschenswert gewesen wäre. Rituale verbinden uns mit jener Sphäre, in die der Mensch entschwunden ist, der uns nahe gestanden hat. Der Tod eines Menschen bedeutet immer auch die Chance zu erleben, dass Verwandlung das Wesen aller Dinge ist. Wir durchlaufen sie viele Male, bis am Ende unsere gesamte Existenz gewandelt wird.
Die folgenden Ideen können Ihnen Anregungen geben, wie Sie den Abschied von Verstorbenen rituell begleiten können.[22]

Salbung des Toten

Den ersten Kontakt mit einem Verstorbenen haben wir meist im Krankenhaus, denn nur wenige sterben zu Hause in der vertrauten Umgebung. Vielleicht haben Sie den Menschen bei seinem Dahinscheiden ja begleitet. Nun hat die Energie, die Seele, den Leib verlassen. Öffnen Sie deshalb zuerst das Fenster und weisen Sie der Seele, falls sie entschwinden möchte, einen Weg hinaus aus dieser Welt. Nun ehren Sie den Leib des Verstorbenen, der noch vor kurzer Zeit die Seele eines Menschen geborgen hatte und nun zur Erde zurückkehrt.

Früher wurden die Toten von den Angehörigen gewaschen, heute salben Sie den Körper mit einem duftenden Rosenöl oder einem anderen Öl Ihrer Wahl. Nehmen Sie von dem Öl und salben Sie zuerst die Füße des Toten. Sprechen Sie dazu die Worte: »Ich danke dir für den Weg, den deine Füße in dieser Welt gegangen sind.« Salben Sie nun liebevoll die Hände und sagen Sie: »Ich danke für alles, was du von dieser Welt bekommen und was du ihr zurückgegeben hast.« Dann cremen Sie ein letztes Mal das Gesicht des Verstorbenen ein. Lassen Sie sich Zeit dabei. Wenden Sie sich noch einmal an den Toten und sprechen Sie die folgenden Worte: »Ich danke dir für alles, was du gefühlt und gedacht hast. Ich danke dir für die Liebe, die du gegeben hast, und für alle Erlebnisse, die dich zu dem gemacht haben, was du warst. Ich ehre dich hier mit all deinen Schwächen und all deinen Stärken. Sei jetzt verabschiedet aus unserer Welt. Geh deinen Weg ins Licht mit meiner Liebe.«

Die dreitägige Ehrung der Toten

In den meisten spirituellen Traditionen geht man davon aus, dass die Seele noch eine Weile – meist drei Tage – in der Nähe des Körpers oder in der vertrauten Umgebung verweilt, bevor sie endgültig den energetischen Raum der Erde verlässt. Die Beerdigung findet deshalb traditionell nach drei Tagen statt. Räumen Sie, wenn möglich, in dieser Zeit die Wohnung des Toten noch nicht aus. Früher hielt man eine dreitägige Totenwache, was heute jedoch meist nicht mehr möglich ist. Nehmen Sie sich diese Zeit trotzdem für den Abschied. Jetzt haben Sie noch einmal Gelegenheit hinzuspüren, das Vergangene noch einmal Revue passieren zu lassen und das zu sagen, was Ihnen am Herzen liegt.
Wenn Sie danach den Haushalt auflösen, behalten Sie ein Erinnerungsstück und sprechen Sie in den Raum: »Liebe/lieber (Name des Toten), mit diesem Gegenstand verbinde ich dein Lachen und deine Fröhlichkeit, an die ich mich erinnern will, auch wenn du nicht mehr da bist.«

Der Toten-Altar

Ein Altar für den Toten kann uns helfen, Abschied zu nehmen, wenn der Körper nicht mehr da ist. Dieser Altar enthält all das, was wir uns für den Verstorbenen wünschen: dass er Heilung finden möge von den Folgen seiner Krankheit, dass er Glück und Liebe finde und seinen Weg weiterzugehen vermag, verbunden mit den Ahninnen und Ahnen. Werden Sie einen Augenblick still und fühlen Sie, welche Bedürfnisse die Seele des Toten noch haben könnte. Stellen Sie Fotos und Kerzen auf den Altar wie auch Symbole für die Wünsche, die Sie dieser Seele mitgeben wollen. Maximal neun Tage sollten Sie den Altar stehen lassen und immer wieder Zeit davor verbringen. Lassen Sie dann Ihre Trauer los, auch wenn es schwer fällt.

In den ersten drei Tagen kann der Altar jener Ort sein, an dem Sie mit dem Toten noch einmal Kontakt aufnehmen, um sich zu verabschieden. Denken Sie mit Liebe an den Toten, schicken Sie ihm gute Wünsche und vor allem: Vergeben Sie alles, was noch an Schuld zwischen Ihnen steht. Sprechen Sie aus, was zuvor ungesagt geblieben ist, es kommt auch jetzt noch an. Ihre Trauer und Ihre Aufrichtigkeit können vieles wieder gutmachen, was bisher versäumt wurde. Vertrauen Sie darauf.

Die folgenden drei Tage sind Ihnen und Ihrem Verlust gewidmet. Fühlen Sie die Leere, die durch diesen Tod entstanden ist. Trauern Sie und lassen Sie alle Empfindungen zu, die in Ihnen aufsteigen, auch wenn sie widersprüchlich sind: Wut auf den Toten, Panikgefühle und auch Momente, in denen man den Tod nicht wahrhaben will, gehören zum Prozess des Trauerns. Vergeben Sie sich selbst alles, was Sie dem Toten noch schuldig sind oder zu sein meinen. Bitten Sie um Verzeihung und seien Sie sich sicher, dass Ihnen vergeben wird. Jeder kann nur das tun, was ihm in der jeweiligen Situation möglich ist. Wir sind alle nur Menschen, mit Fehlern und Schwächen. Alle Verstrickungen unseres Lebens lösen sich irgendwann auf.

Die letzten drei Tage verbringen Sie vor dem Altar mit dem Akt der Ablösung und – wenn möglich – mit einer Neuorientierung. Lassen Sie spätestens jetzt den Toten gehen und halten Sie ihn nicht länger in dieser Welt. Es ist wichtig für

Sie, von nun an Ihr Leben weiterzuleben, denn Ihre Zeit ist noch nicht gekommen. Vielleicht möchten Sie zum Abschied ja noch ein Versprechen geben.
Ehren Sie das Andenken des Verstorbenen und bauen Sie dann den Altar in dem Wissen ab, dass für den geliebten Menschen alles Notwendige getan wurde. Reinigen Sie danach die Wohnung mit viel Rauch – mit Lorbeerblättern, Wachholderbeeren, Rosmarin und Salbei zum Beispiel. Schicken Sie alle verbliebenen Energien des Toten fort aus Ihren Räumen.

Das Begräbnis-Ritual

In einem Begräbnis-Ritual nehmen wir ein letztes Mal Abschied von einem Menschen, der uns am Herzen liegt. Wir erweisen ihm die letzte Ehre und den gebührenden Respekt für ein gelebtes Leben, das nun sein Ende gefunden hat. In der gemeinsamen Erinnerung suchen wir in unserem Schmerz Trost bei Freunden und Angehörigen. Die gemeinsame Trauer um diesen Verlust unterstützt auch die Seele bei ihrem Abschied. Und sie stärkt uns selbst und die Verbindung der Lebenden zueinander.

Vorbereitung des Rituals

Die Begräbniszeremonie findet vor der Bestattung des Leichnams oder der Beisetzung der Urne statt. Wurde der Tote zuvor aufgebahrt, lässt sich das Ritual auch am offenen Sarg durchführen. Entscheiden Sie, was sich besser realisieren lässt. Sie organisieren das Begräbnis-Ritual für einen Ihnen nahe stehenden Menschen. Denken Sie bei der Vorbereitung an:

- kräftige Freunde, die den Sarg zu Grabe tragen;
- Personen, die singen oder Instrumente spielen und in der Lage sind, passende Musik zu machen;
- Lieder, die Sie mit allen gemeinsam singen können[23];

- eine Schale mit Blumen, Samenkörnern, Kräutern und anderen Gaben, die Sie dem oder der Toten mit in das Grab geben;
- Symbole der Elemente als den großen Mächten der Verwandlung.

Ein Teil des Rituals besteht darin, am Grab etwas über den Toten zu erzählen – eine Geschichte, eine persönliche Erinnerung an seine Stärken und Schwächen. Besprechen Sie mit den Trauernden zuvor, wer bereit ist, bei dieser Ehrung den Anfang zu machen. Das reduziert die Hemmung der übrigen Teilnehmer, ebenfalls einen Beitrag zu leisten.

Im Anschluss an die Zeremonie findet traditionell der Leichenschmaus statt, eine gemeinsame Mahlzeit, die entweder bei den Angehörigen zu Hause oder in einem Restaurant eingenommen wird.

Ablauf des Rituals

Während alle Trauergäste sich im Kreis um den Sarg stellen, sollte Musik erklingen, möglichst von Freunden oder Verwandten gespielt oder gesungen. Sie erweisen dem Toten eine große Ehre, wenn Sie die Musik wählen, die er zu Lebzeiten besonders geliebt hat. Unter den Klängen der Musik wird schweigend der Kreis um alle Anwesenden gezogen. Der Sarg wird nun von Freunden ins Grab hinabgesenkt. Ruht er in der Erde, rufen Sie oder ein anderer Trauernder die Elemente, und zwar still: Dazu wird an einer geeigneten Stelle am Grab eine Kerze im Süden entzündet, eine Schale mit Wasser im Westen gefüllt, ein Stein in den Norden gelegt und ein Räucherstäbchen im Osten entzündet. Dann sollte die Musik enden.
Treten Sie nun vor und sprechen Sie folgende Worte: »Wir sind hierher gekommen, um dich, (Name des oder der Verstorbenen), endgültig aus unserer Welt zu verabschieden. Wir danken dir für die Zeit, die wir mit dir teilen durften, und

es fällt uns schwer, dich nun aus unserem Leben gehen zu lassen. Du hinterlässt eine Lücke, die niemand ersetzen kann. Wir geben dir unsere Liebe mit und unseren Dank, wohin du auch gehen magst auf deiner Reise. Uns bleibt die Erinnerung an dich und an dein Leben.«
Bitten Sie dann alle Anwesenden, dem Toten die letzte Ehre zu erweisen, indem sie eine Blume oder eine andere Gabe ins offene Grab auf den Sarg werfen und dabei etwas über den Verstorbenen erzählen. Das kann eine Geschichte über ein bedeutsames Ereignis sein, das denjenigen mit dem Verstorbenen verbindet, oder auch eine Wertschätzung seiner Eigenschaften, die jemand besonders geliebt hat. Es lässt sich damit auch ein Wunsch verbinden, den man dem Toten mitgibt. Den Anfang machen die Personen, mit denen Sie den Ritualablauf vorher besprochen haben. Die gemeinsamen Geschichten weben ein Netz der Erinnerung an den Toten, der auf diese Weise noch einmal ganz nah spürbar wird. Für die Angehörigen ist es ein großer Trost zu sehen, dass der geliebte Tote auch von anderen als wertvoller Menschen geschätzt wurde.
Haben an diesem Abschnitt alle teilgenommen, treten Sie vor und sagen: »Wir werden noch viel von dir sprechen, denn uns bleiben jetzt nur noch unsere Erinnerungen an dich. Du aber ziehst nun weiter auf deiner Reise. Du gehst dorthin, woher du gekommen bist. Du gehst uns voraus. Erwarte uns dort, wenn wir dir irgendwann nachfolgen. Sei nun frei von allem, was dich hält, sei stark genug weiterzuziehen und sei stolz auf das, was du gewesen bist. Fließe frei wie die Wasser der Welt. Nähre dich vom Licht der Sonne und des Mondes und leuchte wie die Sterne in der dunklen Nacht. Durchschreite nun das Tor auf die andere Seite und betrete die Dunkelheit ohne Angst. Dort findest du Frieden, Heilung und Erneuerung. Möge dich das göttliche Licht führen und leiten.«[24]
Es besteht auch die Möglichkeit, abschließend die Elemente der Verwandlung zu rufen: »Das Feuer entlasse nun deine

Seele von ihrem Körper, das Wasser reinige und erneuere dich, die Erde nehme deinen Leib zu sich zurück, die Luft führe deinen Geist sanft auf die andere Seite. Sei gesegnet.« Singen Sie nun ein gemeinsames Lied, während Erde auf den Sarg geschaufelt wird. Danken Sie den Elementen und den göttlichen Kräften, laut oder leise, je nachdem, wie sie gerufen wurden. Lösen Sie den Kreis schweigend auf.

Beim anschließenden gemeinsamen Mahl erzählen Sie sich weiter Geschichten über den Toten. Sie dürfen durchaus auch kritisch sein, es besteht keine Notwendigkeit, Lügen zu verbreiten. Jede Facette einer Persönlichkeit kann zur Sprache kommen. Aber sprechen Sie mit Freundlichkeit und Liebe, denn dieses Leben ist zu Ende und vermag nichts mehr zu verändern.

Anmerkungen

1 Kraml, Hans: Rituale. Sprachklärungen zu den Grundlagen gesellschaftlicher Wirklichkeit. *in:* Uhl, Florian / Boelderl, Artur R. (Hgs.): Rituale. Zugänge zu einem Phänomen. Düsseldorf, Bonn 1999 (S. 29)
2 Vgl. Anmerkung 1, Hans Kraml (S. 30)
3 Der Begriff geht zurück auf Carlos Castaneda.
4 Some, Malidoma: Die Weisheit Afrikas. München 2002 (S. 21)
5 In Anlehnung an: Bell, Catherine: Ritual. Oxford, New York 1997
6 Vgl. Anmerkung 5: Catherine Bell (S. 12)
7 *Les rites de passage*: Begriff des Ethnologen van Gennep, der alle Arten von Ritualen als Übergangsriten von einem Zustand in den nächsten definierte. Vgl.: Gennep, Arnold van: Übergangsriten. Frankfurt/Main, New York 1986 (Erstausgabe 1909)
8 In der westlichen Welt wird die Beschneidung von Jungen wie auch die ungleich schmerzhaftere Beschneidung von Mädchen zunehmend kritisch als Form der genitalen Verstümmelung betrachtet.
9 Vgl. Grimm, Jacob: Germanische Mythologie. Frankfurt/Main 1985 (Erstausgabe 1835)
10 Gut dokumentiert durch: Turner, Viktor: Das Ritual. Struktur und Anti-Struktur. Frankfurt/Main 1989
11 Luckmann, Thomas: Phänomenologische Überlegungen zu Ritual und Symbol. in: Uhl, Florian / Boelderl, Artur R. (Hgs.): Rituale. Zugänge zu einem Phänomen. Düsseldorf, Bonn 1999 (S. 27)
12 Eine neue Ritualkultur entsteht seit einigen Jahren als eine Art Subkultur. Sie hat in den USA und in England schon eine große Anzahl von Anhängern gewonnen, steckt in Deutschland jedoch noch in den Anfängen. Diese neu-heidnischen Gemeinschaften, die sich selbst als »Neopaganisten«, »neue Hexen«, »Wicca« oder »Druiden« bezeichnen, stoßen auch bei uns auf zunehmendes Interesse. Unter dem Überbegriff »neue Heiden« verbergen sich viele heterogene Gruppen und Einzelpersonen, die eine eigene Spiritualität entwickelt haben. Sie basieren alle in irgendeiner Form auf den naturreligiösen Vorstellungen all jener Religionen, die in der Zeit vor der Einführung des Christentums beziehungs-

weise des Islam auch in Europa und im Orient verbreitet waren und von christlichen Institutionen als »heidnisch« bezeichnet wurden. Manche neuheidnischen Gruppen orientieren sich am keltischen oder germanischen Erbe Europas, andere vermischen Elemente aus den verschiedenen Naturreligionen aus Gegenwart wie Vergangenheit, wie es ihren Vorstellungen und Bedürfnissen entspricht. Da Rituale in naturnah lebenden Stammeskulturen eine zentrale Methode der Anbindung an das Göttliche sind, wurde von der neuheidnischen Bewegung bei der Wiederentdeckung alter europäischer Ritualtechniken und -praktiken Pionierarbeit geleistet, an denen sich auch dieses Buch immer wieder orientiert. In den vorchristlichen Wurzeln unserer Gesellschaft lässt sich eine Vielzahl von Anregungen für spirituelle Rituale finden, die über den vorhandenen bestand weit hinausgehen.

13 Vgl. Starhawk / Valentine, Hillary: Die zwölf wilden Schwäne. Freiburg i. Br. 2001

14 Die Bedeutung des Wassers als Träger von Information und Quelle der Heilung wird in zahlreichen neuen Publikationen untersucht. Vgl. zum Beispiel: Hendel, B. / Ferreira, P.: Wasser und Salz – Urquell des Lebens. Herrsching bei München 2002

15 Eine Auswahl schöner Ritualllieder finden Sie unter »Informationen und Tipps« (siehe Seite 252).

16 Es sind einige englischsprachige Chants auf dem Markt, die deutschen stecken noch in den Anfängen. Eine Auswahl finden Sie unter »Informationen und Tipps« (siehe Seite 252).

17 Salz ist nicht gleich Salz. Am besten verwendet man Stein-, Kristall- oder Meersalz, das in Bioläden erhältlich ist. Das gereinigte Natriumchlorid aus dem Supermarkt enthält nur noch einen Bruchteil der heilenden Substanzen, die den Grundaufbaustoffen des menschlichen Körpers gleichen und derentwegen Salz einst als »weißes Gold« gepriesen wurde. Vgl. www.wasser-und-salz.org

18 Weitere Informationen zur indianischen Visionssuche finden Sie unter »Informationen und Tipps« (siehe Seite 252).

19 Eine Übung der Reclaiming-Gemeinschaft, die dort »offene Tiefenachtsamkeit« genannt wird. Vgl.: Starhawk / Valentine, Hillary: Die zwölf wilden Schwäne. Freiburg i. Br. 2001 (S. 146)

20 Alle Rituale zu den Lebensübergängen wurden der besseren Verständlichkeit wegen so konzipiert, dass eine dritte Person für den Betroffenen das Ritual vorbereitet und durchführt. Das muss

jedoch nicht so gehandhabt werden. Selbstverständlich können die Rituale von den Betroffenen selbst ebenso entwickelt und zelebriert werden wie von mehreren anderen Personen, die sich dann die Rolle der so genannten Ritualleitung teilen. Die beschriebenen Abläufe sind rein als Anregung gedacht.

21 Die erste Phase von Ritualen des Lebensübergangs – das Schaffen des heiligen Raumes – kann sich bisweilen als problematisch erweisen, wenn die Gäste für die spirituelle Seite des Rituals wenig Verständnis aufbringen. In diesem Fall ist es für alle Beteiligten einfacher und entspannender, wenn der Kreis vor dem Eintreffen der Gäste gezogen wird.

22 Die Begleitung eines Sterbenden kann hier nicht mit berücksichtigt werden. Weitere Bücher zum Umgang mit dem Tod finden Sie im Literaturverzeichnis (siehe Seite 250).

23 Greifen Sie auf die unter »Informationen und Tipps« (siehe Seite 252 ff.) gelisteten Rituallieder zurück oder suchen Sie sich Kirchenlieder aus; Sie können den Text auch modifizieren, wenn Ihnen der Inhalt nicht ganz zusagt.

24 Inspiriert durch einen Text der Reclaiming-Gemeinschaft; in: Starhawk u. a.: The Pagan Book of Living and Dying. San Francisco 1997 (S. 149)

Literatur

Rituale in der Wissenschaft

Bell, Catherine: Ritual. Oxford, New York 1997
Gennep, Arnold van: Übergangsriten. Frankfurt/Main, New York 1986
Herriger, Catherine: Die Kraft der Rituale. Macht und Magie unbewußter Botschaften im Alltag. München 1993 (Erstausgabe 1909)
Schäfer, Alfred / Wimmer, Richard (Hrsg.): Rituale und Ritualisierungen. Opladen 1998
Turner, Viktor: Das Ritual. Struktur und Anti-Struktur. Frankfurt/Main 1989
Uhl, Florian / Boelderl, Artur R. (Hrsg.): Rituale. Zugänge zu einem Phänomen. Düsseldorf, Bonn 1999

Praxis der Rituale

Ansha: Magie der Rituale. München 2003
Brandl, Karin: Die magische Mitte. Kreative Rituale im Zentrum der Macht. Augsburg 2002
Egner, Helga: Leidenschaft und Rituale. Was Leben gelingen läßt. Zürich, Düsseldorf 1997
Feistel-Kasparek, Steffi: Weiße Magie für Frauen. München 1999
Fitch, Ed: Magical Rites form the Crystal Well. St. Paul, Minnesota 1992
Folkerts, Helge: Frauenkreise, Feste, Feiern, Rituale um die heilige Mitte, Engerda 1999
Ressel, Hildegard: Rituale für den Alltag. München 1989
Starhawk: Der Hexenkult als Ur-Religion der Großen. Göttingen 1992

Starhawk/Valentine, Hillary: Die zwölf wilden Schwäne. Rituale, Übungen, Ausbildung. Freiburg i. Br. 2001
Weltzien, Diane von: Die Welt der Rituale. München 1994
dies.: Praxisbuch der Rituale. München 1997
dies.: Rituale neu erschaffen. Elemente gelebter Spiritualität. München 1999

Thema »Tod und Begräbnis«

Dalichow, Irene: Das westliche Totenbuch. München 2001
Feinstein, David / Mayo, Peg: Zeit des Lebens – Zeit des Sterbens. München 1996
Rinpoche, Sogyal: Das tibetische Buch vom Leben und vom Sterben. Bern, München 1994
Starhawk u. a.: The Pagan Book of Living and Dying. San Francisco 1997

Informationen und Tipps

Ansprechpartner zum Thema »Indianische Schwitzhütte«

Schwitzhüttenzeremonien werden überall durchgeführt. In Süddeutschland wenden Sie sich zum Beispiel an:

Markus Kapuste
(zum Wandel der Jahreszeiten)
www.kapuste.de
E-Mail: kapuste@t-online.de

Inti Cesar Malasquez, erreichbar über
Gudrun Mussehl
E-Mail: mussehl@t-online.de

Weitere Informationen unter www.schwitzhuetten.de und durch die Zeitschrift »Kurskontakte«

Informationen zum Thema Vision Quest

Das sehr informative Buch von: Weser, Sylvia / Lüpke, Geseko von: Vision Quest, München 2000

Weiterführende Internet-Adressen sind:

www.visions-suche.de
www.CreaVista.de
www.vision-quest.de

Ritualmusik

Die folgenden CDs geben *Anregungen für Lieder und Chants,* die in Ritualen gesungen werden können:

Gila Antara: Fly Like an Eagle – klassische englischsprachige Rituallieder

Arunga Heiden: Lebensfluss – deutschsprachige Rituallieder zum Jahreskreis, den Elementen und vielen anderen Ritualthemen

dies.: Verwandlungen – Kraftlieder und Mantren; anspruchsvolle Lieder für Rituale

Sha: Native Songs – Lieder aus verschiedenen Kulturen, die sich gut für Rituale eignen

Simone Rosenmarie und die Frauentöne: Steige ein in die Barke der Mondin. Heilkraftlieder für die Schattenreiche – Rituallieder von und für Frauen

Barbara Baum und Ensemble: Wir sind Teil ... Lieder im Jahreskreis – deutschsprachige Chants in Eigenproduktion zu verschiedenen Themen

Findhorn Community Singers: When two or more are gathered – spirituelle Lieder mit Noten, die sich gut für Rituale eignen

Für Tanzinteressierte:

Xenos: Fire in the Feet – CD und Anleitungsheft zum Tanzen

Beginners Dances – CD und Anleitungsheft

Zu beziehen sind die CDs, die nicht überall vertrieben werden, bei:

Barbara Besser
Nienberger Kirchplatz 1
48161 Münster-Nienberge
Tel.: 02533-2404

Dank

Es ist schön zu wissen, dass einem andere zur Seite stehen. Ich danke meiner Freundin Kristina für ihre hilfreichen und geduldigen Korrekturen und meiner Freundin Monika für ihre strukturierenden Ideen. Frau Schmidt und Frau Herbinger danke ich für ihre Vorschläge und meiner Familie, Marah, Jonathan und Andreas, für ihre Geduld. Ein ganz dickes Danke gilt meiner Ritualgruppe und all den Menschen, die mit mir Ideen ausgetauscht, Rituale gefeiert und mit mir ihre Erfahrungen geteilt haben.